Attwood
Das Asperger-Syndrom

D1721247

Tony Attwood (geboren 1952) ist seit über 30 Jahren praktizierender klinischer Psychologe. Er hat sich auf die Behandlung des Asperger-Syndroms spezialisiert und mit mehr als 2000 Menschen aller Altersklassen gearbeitet. Als führender Experte zum Thema Asperger-Syndrom leitet er weltweit Workshops und Kurse für Eltern, Fachkräfte und betroffene Menschen und hat mehrere sehr erfolgreiche Bücher verfasst. Sein Buch »Asperger-Syndrom« wurde in 28 Sprachen übersetzt. Im TRIAS Verlag sind von Tony Attwood außerdem »Ein Leben mit dem Asperger-Syndrom« und »Ich mag dich!« erschienen. Tony Attwood lebt mit seiner Frau Sarah in Brisbane, Australien. Sie haben drei erwachsene Kinder.

Tony Attwood

Das Asperger-Syndrom

Das erfolgreiche Praxis-Handbuch für Eltern
und Therapeuten

11 Die Diagnose

12 **Typische Anzeichen**
13 Beispielsituation: »Mögen Sie Deltics?«
14 Autistische Psychopathie
14 Diagnose Autismus

16 **Einschätzskala und diagnostische Beurteilung**
16 Schritt 1: Die Einschätzskala
16 Schritt 2: Die fachärztliche diagnostische Beurteilung
18 Die australische Skala
20 Auswertung

23 **Sechs Wege zur Diagnose**
23 Autismus in der frühen Kindheit
24 Wenn das Kind in die Schule kommt
24 Ein atypischer Ausdruck eines anderen Syndroms
26 Eine sekundäre psychologische Störung
26 Residuales Asperger-Syndrom bei Erwachsenen

29 Das Sozialverhalten

30 **Wichtige Diagnosemerkmale**
30 Sozialverhalten und Kommunikation
31 Weitere Diagnosekriterien
31 Das Spiel mit anderen Kindern
33 Auffällige Verhaltensregeln
35 Lerngeschichten

38 **Sinnvolle Förderprogramme**
38 Was können Eltern tun?
40 Was können Lehrer tun?
42 Lernen in Trainingsgruppen

47 Auf Freundschaften vorbereiten
50 Was verstehen Betroffene unter Freundschaft?
52 Mögliche Schwierigkeiten im Kontakt
53 Langzeitentwicklung
55 Als Erwachsene kommen Betroffene meist besser klar
56 Lernen, anderen in die Augen zu sehen
58 Emotionen werden nicht erkannt
60 Strategien, die helfen, Emotionen zu verstehen
64 Strategien, die helfen, Emotionen auszudrücken
69 Strategien im Überblick

71 Die Sprache

72 **Sprachliche Besonderheiten**
73 Pragmatik oder die Kunst der Konversation
74 Gedankenpausen und Themawechsel
75 Unpassende Bemerkungen und Unterbrechungen
76 Fehlende spontane Nachfrage und Kommentare
77 Comic-Strip-Gespräche
79 Literarische Beschreibung des Asperger-Syndroms
81 Die wörtliche Interpretation
83 Prosodie oder die Sprachmelodie

86 **Weitere sprachliche Besonderheiten**
86 Formelle Wortwahl
87 Idiosynkratischer Wortgebrauch
88 Das Aussprechen von Gedanken
89 Auditive Beeinträchtigungen und Verzerrungen

91 Der Sprachfluss
93 Strategien im Überblick

95 Interessen und Routinen

96 Ungewöhnliche Spezial-interessen und Regeln

97 Horten ungewöhnlicher Gegenstände
99 Personenverehrung in der Adoleszenz
99 Kleine Kinder brauchen Routinen
100 Interessen und Routinen als Diagnosekriterien

101 Mit Spezialinteressen und Routinen umgehen

101 Die Funktion von Spezialinteressen
103 Umgang mit Spezialinteressen
104 Spezialinteresse konstruktiv verwenden
107 Wiederkehrende Routinen
109 Strategien im Überblick

111 Motorische Unbeholfenheit

112 Welche Fähigkeiten sind betroffen?

113 Motorische Unbeholfenheit als Diagnosekriterium
113 Fortbewegung
114 Ball spielen
114 Gleichgewicht und manuelles Geschick
115 Unleserliche Handschrift

116 Zu hastiges Arbeiten
116 Lockere Gelenke
117 Rhythmusgefühl
118 Das Tourette-Syndrom
119 Katatone und parkinsonsche Symptome
120 Dysfunktion des Kleinhirns
120 Strategien im Überblick

123 Die Kognition

124 Die »Theory of Mind«

124 Geschichten interpretieren
126 »Gedankenblindheit«

128 Gedächtnis und Flexibilität des Denkens

129 Außergewöhnliches Langzeit-gedächtnis
129 Flexibilität des Denkens
131 Fertigkeiten im Lesen und Rechnen
132 Berücksichtigen Sie die andere Denkweise
133 Streben nach Perfektion und Individualismus
134 Verminderte Aufmerksamkeit
135 Das Fähigkeitsprofil in Intelligenztests

136 Fantasie, Kreativität und visuelles Denken

136 Einsame Fantasiespiele
139 Visuelles Denken
140 Einstein war ein visueller Denker
141 Strategien im Überblick

143 Die sensorische
Empfindlichkeit

144 **Die Klangempfindlichkeit**
145 Das Unbehagen verstehen
148 Geräusche ausblenden und
vermeiden

150 **Weitere sensorische
Besonderheiten**
151 Die Berührungsempfindlichkeit
153 Die Geschmacksempfindlichkeit
154 Die visuelle Empfindlichkeit
156 Die Synästhesie
156 Strategien im Überblick

159 Service

160 **Häufig gestellte Fragen**

209 **Anschriften und Internetadressen**

209 **Bücher zum Weiterlesen**

210 **Fragebögen**

216 **Literaturverzeichnis**

222 **Anmerkungen**

225 **Stichwortverzeichnis**

Vorwort zur 1. Auflage

Der Bundesverband zur Förderung von Menschen mit Autismus *Autismus Deutschland e.V.* ist erfreut über die Herausgabe der Übersetzung des Buches »Das Asperger-Syndrom« von Tony Attwood. Er begrüßt es sehr, dass dieses hervorragende Werk unseren Eltern und Fachleuten nun auch in deutscher Sprache zugänglich ist.

Leider gibt es in der Bundesrepublik Deutschland immer noch wenig spezielles Wissen über das Asperger-Syndrom. Gerade diese betroffenen Menschen, die zunächst nur durch ein eigenartig erscheinendes Sozialverhalten auffallen, benötigen häufig viele Jahre zur Diagnose-Erstellung. Bis dahin müssen sie sich unter schwierigsten Bedingungen in der Gesellschaft, in der Schule und bei der Arbeit zurechtfinden. Sie werden meist beiseite gedrückt und gemobbt. So vergeht wertvolle Zeit ohne Verständnis und die nötige Förderung für sie. Sie fallen bezüglich der Hilfestellung durch alle Maschen der Bürokratie.

Mit der Übersetzung dieses Praxis-Handbuches wird eine wichtige Lücke gefüllt. Der Bundesverband zur Förderung von Menschen mit Autismus *Autismus Deutschland e.V.* empfiehlt diesen Ratgeber sowohl Eltern als auch Fachleuten als eine wertvolle Hilfe für den Umgang mit Menschen mit dieser speziellen Ausprägung von Autismus.

Autismus Deutschland e.V.
Bundesverband zur Förderung von
Menschen mit Autismus

Maria Kaminski
(Vorsitzende)

Vorwort des Autors

Was ist eigentlich das Asperger-Syndrom? Bis vor wenigen Jahren kannte kaum jemand diesen Begriff, doch mittlerweile scheint es fast in jeder Schule ein Kind zu geben, das dieses Syndrom aufweist. Die erste Charakterisierung solcher Kinder wurde vor 66 Jahren von Hans Asperger, einem Wiener Kinderarzt, veröffentlicht. Er entdeckte ein einheitliches Muster von Fähigkeiten und Verhaltensweisen, das vor allem bei Jungen auftritt. Es beinhaltete einen Mangel an Einfühlungsvermögen, eine gering entwickelte Fähigkeit, Freundschaften zu schließen, die Bereitschaft, Monologe zu führen, die intensive Beschäftigung mit einem sehr speziellen Interessengebiet sowie unbeholfene Bewegungen. Doch seine Pionierarbeit wurde erst in den 1990er-Jahren international anerkannt. Bis vor Kurzem mögen Eltern und Lehrer zwar erkannt haben, dass ein Kind sich auffällig verhielt, aber weder wussten sie, warum, noch wussten sie, wo sie Hilfe bekommen konnten. Ich habe dieses Buch als Ratgeber für Eltern und Fachleute geschrieben, um ihnen bei der Erkennung und Behandlung von Kindern und Erwachsenen zu helfen, die unter dem Asperger-Syndrom leiden. Es basiert auf einer umfangreichen Sichtung der Fachliteratur und auf meiner Erfahrung als Klinik-Psychologe. In den vergangenen 30 Jahren bin ich mehr als tausend Menschen mit diesem Syndrom begegnet, die sich von ihrem Alter, ihren Fähigkeiten und ihrem sozialen Hintergrund sehr voneinander unterschieden. Immer wieder war ich beeindruckt von ihrer Geduld beim Erwerb von Fähigkeiten, die andere Menschen auf Anhieb erlangen. Auch zolle ich Eltern und Lehrern Respekt, die trotz mangelnder Hilfsmittel und Anleitung imstande sind, bei betroffenen Kindern wesentliche Fortschritte zu erzielen.

Tony Attwood

Die Diagnose

Welche typischen Anzeichen gibt es und nach welchen Kriterien und Einschätzskalen richtet sich die diagnostische Beurteilung?

Typische Anzeichen

Sie sehen aus wie jedes andere Kind und sie verfügen über normale intellektuelle Fähigkeiten. Trotzdem scheinen sie andere Menschen nicht zu verstehen.

Ein Beispiel: Während ein Teenager vor der Kasse im Supermarkt wartet, bemerkt er über eine Frau, die vor ihm steht, laut: »Ist die aber dick!« Teilt man ihm in ruhiger Form mit, dass er so etwas nicht sagen darf, erwidert er ebenso laut wie zuvor: »Aber sie ist doch wirklich dick!« Der Teenager versteht weder die Verlegenheit von Mutter oder Vater noch die Wirkung seiner Bemerkungen auf die Gefühle der Frau. Ein solches Kind begreift gar nicht, warum man seinen Kommentar missbilligt – wo es doch eine genaue Beschreibung der Statur dieser Frau gegeben hat!

Häufig hat das Kind ein ausgeprägtes Interesse an einem Thema, seien es Verkehrsmittel, Tiere oder ein Bereich der Wissenschaft. Diese Interessen kommen und gehen, immer aber nehmen sie einen Großteil der Freizeit ein. Es kommt vor, dass ein vom Syndrom betroffenes Kind eine Redewendung wortwörtlich auffasst, wie zum Beispiel den Satz: »Du hast wohl die Sprache verloren?«. Oft hat das Kind eine übergenaue oder pedantische Ausdrucksweise und man hat den Eindruck, als spräche man mit einem menschlichen Wörterbuch.

In der Schule fällt ein ungleiches Profil der Fähigkeiten auf. Das Kind kann ein bemerkenswert gutes Langzeitgedächtnis haben, kann eine außergewöhnliche Konzentration an den Tag legen, wenn es um sein spezielles Interessengebiet geht, und hat seine eigene originelle Methode, Probleme zu lösen. Hingegen zeigt es unter Umständen wenig

Motivation und Interesse für Aktivitäten, die seine gleichaltrigen Klassenkameraden faszinieren – eine Veranlagung, die auf spezielle Lernschwierigkeiten sowie auf motorische Unbeholfenheit hinweist. Im Klassenzimmer und auf dem Pausenhof ist das Kind meist isoliert und oftmals wird es von anderen Kindern gehänselt. Eltern wie Lehrer stimmen darin überein, dass ein solches Kind, das normal aussieht und normale intellektuelle Fähigkeiten hat, aus irgendeinem unerklärlichen Grund andere Menschen nicht zu verstehen und keine Beziehung zu ihnen zu finden scheint – zumindest nicht in dem Maße, wie es in seinem Alter eigentlich vorauszusetzen wäre.

Beispielsituation: »Mögen Sie Deltics?«

Als der Postbote die Briefe für Haus Nummer 20 einstecken wollte, lief ihm ein junges Mädchen entgegen. Die Familie war erst vor Kurzem eingezogen, und er war neugierig auf die Namen und den Hintergrund der neuen Bewohner. Doch bevor er guten Morgen sagen konnte, stellte das Mädchen ihm die Frage: »Mögen Sie Deltics?« Im Stillen rätselte der Mann, was dieses Wort wohl bedeuten könnte, ob ein Deltic etwa eine neue Schokoladenmarke oder eine Figur aus einer Fernsehserie sei. Ehe er antworten konnte, fuhr das Mädchen fort: »Das sind die stärksten Dieselzüge. Der 2:30 Uhr von Kings Cross ist ein Deltic, ich habe

27 Fotos von Deltics.« Der Mann war erleichtert zu wissen, worum es ging, aber er verstand nicht recht, warum sie sich damit an ihn wandte. Das Mädchen erging sich nun in einer Beschreibung der Eigenschaften dieser ihm gänzlich unbekannten Lokomotive. Ganz offenbar interessierte es sie überhaupt nicht, was er von solchen Zügen hielt, und sie schenkte seinen höflichen Hinweisen, er müsse in seiner Runde fortfahren, keinerlei Beachtung. Schließlich blieb ihm nicht anderes übrig, als sie ziemlich brüsk zu unterbrechen und mit einem raschen »Auf Wiedersehen« davonzugehen. Er wunderte sich, dass dieses exzentrische Kind so viel über Züge wusste, und fragte sich, während er seinen Weg fortsetzte: »Warum meinte sie, ich würde mich für Züge interessieren? Sie hat mich kaum angesehen und mich ständig unterbrochen. Kann sie über nichts anderes sprechen? Sie war wie ein wandelndes Lexikon.«

Diese Szene ist zwar frei erfunden, doch ist sie typisch für die Begegnung mit einem Kind, das unter dem Asperger-Syndrom leidet: Der Mangel an sozialen Fähigkeiten, die begrenzte Möglichkeit, einen wirklichen Dialog zu führen, und ein intensives Interesse an einem bestimmten Thema sind wesentliche Züge des Leidens. Die Eltern solcher Kinder berichten, wie isoliert ihr Kind in der Schule ist und dass es nur wenige richtige Freunde hat. Diese Kinder scheinen die Körpersprache anderer Menschen nicht deuten zu können und machen Bemerkungen, die zwar richtig, aber möglicherweise peinlich sein können.

Autistische Psychopathie

Lorna Wing war die Erste, die den Begriff Asperger-Syndrom in einem 1981 veröffentlichten Aufsatz verwendete. Sie beschrieb darin eine Gruppe von Kindern und Erwachsenen. Sie wiesen Merkmale auf, die dem Profil von Fähigkeiten und Verhalten ähnelten, die der Wiener Kinderarzt Hans Asperger geschildert hatte. In seiner 1944 veröffentlichten Doktorarbeit beschrieb er vier Jungen, die in ihren sozialen, sprachlichen und kognitiven (gedanklichen) Fähigkeiten ungewöhnlich waren. Er benutzte den Ausdruck »autistische Psychopathie«, um das zu beschreiben, was er als eine Form der Persönlichkeitsstörung ansah. Es ist interessant, dass er den Begriff »autistisch« verwendete wie auch ein Landsmann von ihm, Leo Kanner, der kurz zuvor in den Vereinigten Staaten eine eigene Darstellung autistischer Kinder veröffentlicht hatte. Beide Autoren schilderten dasselbe Symptommuster und benutzten denselben Begriff.

Leider fand Hans Aspergers Beschreibung in Europa und in den Vereinigten Staaten in den folgenden 30 Jahren kaum Beachtung. Dennoch behandelte er auch weiterhin Kinder mit autistischer Psychopathie. Er eröffnete ein Heilpädagogisches Institut für solche Kinder, und eine Kollegin, Schwester Viktoria, leitete das erste Erziehungsprogramm in die Wege, das Sprachtherapie, Theaterspiele und Leibeserziehung mit einschloss. Tragischerweise kam sie um, als das Institut gegen Kriegsende von den Bomben der Alliierten zerstört wurde; aber Hans Asperger war auch weiterhin ein hoch geschätzter Kinderarzt.[1] Er starb 1980, nur wenige Jahre bevor das Syndrom, das seinen Namen trägt, internationale Anerkennung fand.

Diagnose Autismus

Sowohl Leo Kanner als auch Hans Asperger berichteten über Kinder, die kaum soziale Interaktion, fehlende Kommunikation und ein ausgeprägtes Interesse an speziellen Themen an den Tag legten. Leo Kanner beschrieb Kinder mit einem ausgeprägteren Autismus, wohingegen Hans Asperger über Kinder berichtete, die weit mehr Fähigkeiten besaßen. Dennoch beherrschte Leo Kanners Arbeit in der Folge unsere Auffassung vom Autismus, sodass die Diagnosekriterien einen auffallenden Mangel an Reaktionsfähigkeit auf andere Menschen und gravierende Sprachstörungen mit einschlossen. Es ist das typische schweigsame und unnahbare Kind. Der Psychologin Lorna Wing fiel auf, dass einige Kinder in den ersten Jahren ihres Lebens die typischen autistischen Züge aufwiesen, dass sie jedoch eine flüssige Redeweise hatten und den Wunsch äußerten, mit anderen in Kontakt zu treten.

Einerseits hatten sie sich so weit entwickelt, dass die Diagnose des klassischen Autismus (gemäß den durch Leo Kanners Arbeit aufgestellten Kriterien) nicht mehr zutreffend war; andererseits hatten sie noch immer große Probleme mit subtileren sozialen Fähigkeiten und Gesprächen. Sie ähnelten mehr den Fällen, die Hans Asperger geschildert hatte. Seit den 1990er-Jahren herrscht die Auffassung vor, dass das Asperger-Syndrom eine Variante des Autismus und eine tief greifende Entwicklungsstörung ist. Das heißt, das Leiden beeinflusst die Entwicklung einer weit reichenden Palette von Fähigkeiten. Heute wird es als Untergruppe des autistischen Spektrums angesehen und hat seine eigenen Diagnosekriterien. Auch gibt es Grund zu der Annahme, dass es wesentlich häufiger vorkommt als der klassische Autismus und auch bei Kindern diagnostiziert werden kann, die niemals zuvor für autistisch gehalten wurden.

Merkmale des Asperger-Syndroms

Lorna Wing[2] beschrieb die wesentlichsten Züge des Asperger-Syndroms wie folgt:

- Mangel an Empathie (Einfühlungsvermögen)
- naive, unzureichende und einseitige Interaktion
- gering ausgeprägte Fähigkeit oder Unfähigkeit, Freundschaften zu schließen
- pedantische, repetitive Redeweise
- gering ausgeprägte nonverbale Kommunikation
- intensive Beschäftigung mit Spezialthemen
- unbeholfene und schlecht koordinierte Bewegungen und sonderbare Körperhaltungen

Einschätzskala und dia-gnostische Beurteilung

Um zur Diagnose Asperger-Syndrom zu gelangen, können Eltern eine Einschätzskala ausfüllen oder es erfolgt eine diagnostische Beurteilung durch Fachleute.

Nur wenige Eltern und Fachleute, das heißt Lehrer, Therapeuten und praktische Ärzte, kennen die Symptome des Asperger-Syndroms. Von daher ziehen sie es gar nicht in Erwägung, ein Kind auf tief greifende Entwicklungsstörungen hin untersuchen zu lassen.

Schritt 1: Die Einschätzskala

Sicherlich sind die Standard-Einschätzskalen, die für den Autismus erarbeitet wurden, nicht für Kinder mit Asperger-Syndrom geeignet.[3] Glücklicherweise wurden zwei neue Skalen entwickelt, mit deren Hilfe sich herausfinden lässt, ob Kinder an diesem Syndrom leiden. Sie sind für Eltern und Lehrer konzipiert; die erste wurde in Schweden entwickelt[4], die zweite in Australien[5]. Sie basieren auf den offiziellen Diagnosekriterien der Fachliteratur über die damit verbundenen Merkmale und einer großen klinischen Erfahrung. Im Folgenden finden Sie die australische Skala für das Asperger-Syndrom (Seite 18).

Schritt 2: Die fachärztliche diagnostische Beurteilung

Eine diagnostische Beurteilung nimmt viel Zeit in Anspruch und umfasst die Untersuchung spezifischer Aspekte der sozialen, sprachlichen, kognitiven und motorischen Fertigkeiten sowie qualitative Aspekte der Interessen des Kindes. Es kann auch ein Test stattfinden, bei dem eine Reihe psychologischer Verfahren zur Anwendung kommt. Darüber hinaus findet stets ein Gespräch mit den Eltern statt, um Informationen über die Entwicklungsgeschichte und das Verhalten ihres Kindes in speziellen Situationen zu erhalten. Eine weitere unschätzbare Informationsquelle sind Berichte von Lehrern sowie Sprach- und Beschäftigungstherapeuten.

Während der diagnostischen Beurteilung konstruiert der Spezialist Situationen, um spezifische Verhaltensweisen herauszufinden, und macht sich Notizen auf einer Kontrollliste für diagnostische Anzeichen. Wenn er das Sozialverhalten untersucht, hält er fest, inwieweit Reziprozität besteht, wie die andere Person in das Gespräch oder Spiel mit einbezogen wird, wann Augenkontakt erwartet wird; ferner die Palette der Gesichtsmimik und der Körpersprache. Er fragt das Kind, was es sich unter Freundschaft vorstellt, und bittet es, eine Reihe von Emotionen zu erkennen und auszudrücken. Die Eltern werden über das Verständnis ihres Kindes in Bezug auf die Regeln des Sozialverhaltens befragt, über seine Reaktionen auf den Druck von Gleichaltrigen, das Ausmaß seines Wettbewerbsgeistes und seine Fähigkeiten im Spiel mit anderen Kindern. In einem klinischen Umfeld ist es gewöhnlich nicht möglich, die Interaktionen des Kindes mit Gleichaltrigen zu beobachten; daher kann es angebracht sein, einen Besuch zu vereinbaren, bei dem das Kind im Klassenzimmer und

auf dem Schulhof beobachtet wird. Erst so wird eine vollständige Beurteilung seiner sozialen Fähigkeiten möglich.

Sprachliche Fähigkeiten

Bei Verdacht auf Asperger-Syndrom erstellt der Spezialist auch ein genaues Profil der sprachlichen Fähigkeiten. Das Muster schließt oft einen leicht verzögerten Sprechbeginn mit ein, aber wenn das Kind dann sprechen lernt, sind die Eltern zumeist schnell von seinen unaufhörlichen Fragen und seinen einseitigen Gesprächen genervt. Im Laufe der diagnostischen Beurteilung hält der Arzt fest, wie viele Fehler das Kind in den praktischen Aspekten der Sprache macht, das heißt, wie die Sprache im sozialen Kontext verwendet wird. Häufig ist zu beobachten, dass das Kind – wenn es nicht weiß, was es auf eine Frage antworten soll – nicht um eine Erläuterung bittet, sondern nur ungern zugibt, dass es keine Erwiderung weiß; in diesem Fall wechselt es oftmals zu einem Thema über, bei dem es sich auskennt, oder es zögert einfach sehr lange, bis es eine Antwort gibt. Die Sprechweise kann flüssig und gehoben sein, aber die Auswahl der Wörter ist ungewöhnlich – ein wenig pedantisch oder übermäßig förmlich. Das Kind kann einen merkwürdigen Tonfall haben, der nicht mit dem anderer Kinder seiner Umgebung übereinstimmt, oder auch eine überkorrekte Aussprache an den Tag legen. Wichtig ist auch, wie oft die Personalpronomen falsch verwendet werden, wann das Kind seinen Vornamen benutzt, statt mich oder ich zu sagen, wann es etwas wortwörtlich interpretiert und ob es seine Gedanken bei Gelegenheiten ausspricht, wo man eigentlich erwarten würde, dass es schweigt.

Die australische Skala

Der folgende Fragebogen[6] wurde für Kinder im Grundschulalter entwickelt. In diesem Alter fallen ungewöhnliche Verhaltensmuster und Fähigkeiten am häufigsten auf.

Jeder Frage oder Aussage folgt eine Skala von 0 bis 6, wobei 0 das gewöhnliche Ausmaß für Kinder dieser Altersgruppe, 6 das ungewöhnlichste angibt.

Soziale und emotionale Fertigkeiten:

1. Fehlt es dem Kind an Verständnis dafür, wie es mit anderen Kindern spielen kann? Beispiel: Es kennt die ungeschriebenen Regeln von sozialen Spielen nicht.
2. Vermeidet es den sozialen Kontakt lieber, wenn es die Möglichkeit hat, mit anderen Kindern zu spielen, etwa in der Schulpause? Beispiel: Es geht in einen abgelegenen Raum oder in die Bibliothek.
3. Ist sich das Kind sozialer Konventionen oder Verhaltensmaßregeln nicht bewusst und neigt es dadurch zu unangemessenen Handlungen und Bemerkungen? Beispiel: Es sagt etwas zu jemandem, ohne sich bewusst zu sein, dass diese Bemerkung womöglich verletzen könnte.
4. Fehlt es dem Kind an Empathie, d. h. dem intuitiven oder unmittelbaren Verständnis für die Gefühle anderer Personen? Beispiel: Es erkennt nicht, dass eine Entschuldigung einer anderen Person helfen könnte, sich besser zu fühlen.
5. Scheint das Kind zu erwarten, dass andere Leute seine Gedanken, Erfahrungen und Meinungen kennen? Beispiel: Es erkennt nicht, dass man etwas nicht weiß, weil man zu dem Zeitpunkt nicht mit dem Kind zusammen war.
6. Muss das Kind besonders ausgiebig beruhigt werden, insbesondere wenn Dinge verändert werden oder schiefgehen?
7. Fehlt es dem Kind an Feingefühl im Gefühlsausdruck? Beispiel: Das Kind zeigt eine für die Situation übermäßig starke Belastung oder Gefühlsbewegung.
8. Fehlt es dem Kind an Angemessenheit in seinem Gefühlsausdruck? Beispiel: Es versteht nicht, welches Ausmaß seines Gefühlsausdrucks bei verschiedenen Personen angemessen ist.
9. Ist das Kind nicht daran interessiert, an Wettkämpfen, Spielen oder Aktivitäten teilzunehmen?
10. Ist das Kind gleichgültig gegenüber dem Anpassungsdruck? Beispiel: Es folgt nicht der neuesten Mode bei Spielsachen oder Kleidung.

Kommunikative Fertigkeiten:

1. Interpretiert das Kind Bemerkungen wörtlich? Beispiel: Es wird durch Redewendungen wie »sich warm anziehen müssen«, »Blicke, die töten können« oder »jemandem die Augen öffnen« verwirrt.

2. Hat das Kind eine ungewöhnliche Sprachmelodie? Beispiel: Das Kind scheint einen ausländischen Akzent zu haben oder einen gleich bleibenden Tonfall, bei dem die Betonung der Schlüsselwörter fehlt.

3. Erscheint das Kind desinteressiert an den Kommentaren und Bemerkungen des Gesprächspartners? Beispiel: Es fragt nicht nach und nimmt nicht Stellung zu Gedanken oder Einstellungen des Gesprächspartners.

4. Tendiert das Kind in Gesprächen zu weniger Blickkontakt, als man es erwarten würde?

5. Ist die Sprache des Kindes übergenau oder pedantisch? Beispiel: Es spricht förmlich oder wie ein wandelndes Wörterbuch.

6. Hat das Kind Probleme, einen Gesprächsverlauf zu korrigieren? Beispiel: Wenn das Kind verwirrt ist, fragt es nicht nach, sondern wechselt zu einem vertrauten Thema oder benötigt eine Ewigkeit, um über eine Antwort nachzudenken.

Kognitive Fähigkeiten:

7. Liest das Kind Bücher vorrangig zur Information und scheint nicht an fiktiven Welten interessiert? Beispiel: Es ist ein gieriger Leser von Lexika und wissenschaftlichen Büchern, aber nur wenig an Abenteuergeschichten interessiert.

8. Hat das Kind ein ungewöhnliches Langzeitgedächtnis für Ereignisse und Fakten? Beispiel: Es merkt sich das Nummernschild von einem früheren Auto des Nachbarn, oder es erinnert sich deutlich an Vorgänge, die mehrere Jahre zurückliegen, egal wie jung es zu dem Zeitpunkt war.

9. Zeigt das Kind keine sozialen »So-tun-als-ob«-Spiele? Hiermit ist Folgendes gemeint: Andere Kinder werden in seine imaginären Spiele nicht einbezogen, oder das Kind ist verwirrt von den »So-tun-als-ob«-Spielen der anderen Kinder.

Spezifische Interessen:

1. Ist das Kind fasziniert von einem bestimmten Thema und sammelt es begierig Informationen und Statistiken dazu? Beispiel: Das Kind wird zu einem wandelnden Lexikon an Wissen über Autos, Landkarten oder Spieltabellen.

2. Ist das Kind übermäßig beunruhigt durch Veränderungen der Alltagsroutine? Beispiel: Es ist belastet, wenn es auf einem anderen Weg als gewöhnlich zur Schule geht.

3. Entwickelt das Kind fein ausgebildete Gewohnheiten oder Rituale, die in einer bestimmten Reihenfolge vollzogen werden müssen? Beispielsweise muss es immer seine Spielsachen aufreihen, bevor es zu Bett geht.

Motorische Fertigkeiten:

1. Hat das Kind eine schlechte motorische Koordination? Beispiel: Es ist ungeschickt im Ballfangen.
2. Hat das Kind einen merkwürdigen Gang, wenn es läuft?

Andere Merkmale: Kreuzen Sie bitte in diesem Teil an, ob das Kind folgende Merkmale zeigt.

1. Ungewöhnliche Angst oder Unbehagen aufgrund
   – gewöhnlicher Geräusche, z.B. von elektrischen Geräten
   – eines Lichtstrahls auf der Haut oder der Kopfhaut
   – des Tragens bestimmter Kleidungsstücke
   – unerwarteter Geräusche
   – des Erkennens bestimmter Objekte
   – lauter, überfüllter Orte, z.B. Kaufhäuser
2. Eine Tendenz, zu klatschen oder zu schaukeln, wenn es erregt oder bekümmert ist
3. Fehlende Empfindlichkeit für geringfügigen Schmerz
4. Später Spracherwerb
5. Ungewöhnliche Gesichtsgrimassen oder -tics

Auswertung

Wenn die Mehrheit der Fragen mit Ja beantwortet wird und die Einschätzung zwischen zwei und sechs liegt (das heißt auffällig über dem normalen Wert), so

bedeutet das nicht automatisch, dass das Kind das Asperger-Syndrom hat. Dennoch besteht diese Möglichkeit, und es empfiehlt sich eine Überweisung an eine Stelle, wo eine endgültige Diagnose erfolgen kann. Zweifellos werden die in den folgenden Kapiteln beschriebenen Strategien weiterhin relevant sein, da sie die Fragen der Einschätzskala aufgreifen.

Fähigkeiten und Interessen: Die kognitiven, das heißt die gedanklichen und das Lernen betreffenden Fähigkeiten werden genauso beurteilt. Man prüft, wie gut das Kind die Gedanken und die Gefühle anderer Menschen versteht; hierbei werden mehrere Geschichten zu Hilfe genommen. Von Bedeutung ist zudem, was das Kind gerne liest; man testet sein Langzeitgedächtnis für Einzelheiten und Bagatellen sowie die Qualität seiner fantasievollen Spiele – sowohl wenn es allein spielt als auch wenn es dies mit anderen tut.

Auch die speziellen Interessen des Kindes werden genauer untersucht. Relevant ist, ob sie typisch für ein Kind dieser Altersstufe sind und inwieweit sie im Gespräch und in der Freizeit eine vorherrschende Rolle einnehmen; ferner werden die Art und die Geschichte dieser Interessen festgehalten. Darüber hinaus befragt man die Eltern nach Reaktionen ihres Kindes auf Veränderungen in der Alltagsroutine, auf Unvollkommenheit, Chaos und Kritik.

Schließlich untersucht man die motorischen Fähigkeiten; das Kind wird ermutigt, einen Ball aufzufangen und herumzukicken, zu rennen, zu zeichnen und zu schreiben. Von Bedeutung für die Diagnose ist, ob irgendwelche merkwürdigen Handbewegungen gemacht werden oder ob das Kind hin und her schaukelt, insbesondere, wenn es glücklich oder gestresst ist; des Weiteren werden Zuckungen und Grimassen beobachtet.

Man fragt die Eltern nach jeder ungewöhnlichen Empfindlichkeit gegenüber Geräuschen, Berührungen und Lebensmitteln sowie nach jeder auffälligen Empfindlichkeit gegenüber noch so geringfügigen Schmerzen oder körperlichen Beschwerden.

Andere Krankheiten in Betracht ziehen

Schlussendlich untersuchen die Fachleute das Kind auf irgendwelche Anzeichen von Angst, Depression und das Aufmerksamkeitsdefizit-Syndrom; es wird ermittelt, ob es noch ähnliche Kinder auf einer (oder beiden) Seite(n) der Familie gibt. Gleichermaßen von Bedeutung ist, ob irgendwelche wichtigen die Gesundheit betreffenden Vorkommnisse während der Schwangerschaft, der Geburt oder der frühen Kindheit zu verzeichnen waren.

Es muss betont werden, dass kein Diagnosemerkmal des Asperger-Syndroms ganz eindeutig ist; man findet kaum ein Kind, bei dem jedes einzelne Merkmal

gleich stark ausgeprägt ist. Jedes Kind ist hinsichtlich der Ausprägung in jedem der angesprochenen Bereiche individuell verschieden. Ein Spezialist sollte deshalb unbedingt auch alternative Diagnosen und Erklärungen in Betracht ziehen.

Ein sozialer Rückzug und eine unzureichende Beteiligung am sozialen Geschehen können auch die Folge einer Sprachstörung sein. Sicherlich hat die semantisch-pragmatische Sprachstörung Gemeinsamkeiten mit dem Asperger-Syndrom.

Kleine Kinder mit spezifischen Lernproblemen und Entwicklungsverzögerungen können auch ein ungewöhnliches Sozialverhalten entwickeln, und man muss überlegen, ob das Profil ihrer Fertigkeiten und Verhaltensweisen mit ihrem Entwicklungsniveau im Einklang steht.

Es kommt auch vor, dass Kinder mit einem hohen Intelligenzquotienten das freie Spiel als langweilig empfinden, sich daraufhin beträchtliche Kenntnisse auf spezifischen Gebieten verschaffen und infolgedessen exzentrisch wirken; dennoch ist das Profil ihrer sozialen und sprachlichen Fähigkeiten innerhalb des Normalen und entspricht nicht dem von Kindern mit Asperger-Syndrom.

Die Differenzialdiagnose anderer Leiden, die dem Asperger-Syndrom ähneln oder mit ihm assoziiert werden, wird an dieser Stelle nur angedeutet. Es soll genü-

Aufmerksamkeitsdefizit-Syndrom

Kinder, die unter dem Aufmerksamkeits-Defizitsyndrom leiden, weisen oft einige Merkmale auf, die auf das Asperger-Syndrom hindeuten. Obwohl das zwei unterschiedliche Störungen sind, schließen sie sich nicht gegenseitig aus, und ein Kind kann von beiden betroffen sein. Es bedarf einer gründlichen Untersuchung einer breiten Skala von Fertigkeiten und Verhaltensweisen, um zwischen beiden zu unterscheiden. Außerdem muss man berücksichtigen, dass es Kinder gibt, die von Natur aus schüchtern, introvertiert oder ängstlich sind.

gen, dass der Diagnoseprozess die Untersuchung einer ganzen Reihe von Erklärungen und alternativen Entwicklungsstörungen mit einschließt, die die Anzeichen bestätigen können, welche auf das Asperger-Syndrom hinzuweisen scheinen. Der Schlussteil dieses Prozesses besteht darin, die Informationen, die man bei der diagnostischen Beurteilung erlangt hat, auf die formalen Diagnosekriterien anzuwenden.

Diagnosekriterien

Weder Hans Asperger noch Lorna Wing legten ganz explizit die Kriterien für eine Diagnose fest, und zum gegenwärtigen Zeitpunkt gibt es keine allgemein gültige Vereinbarung. Fachleute haben die Wahl zwischen vier Kriteriengruppen: Zwei wurden von Organisationen entwickelt, zwei von Fachleuten. Die restriktivsten und strengsten Kriterien stammen von der WHO, die diese in ihrer zehnten Ausgabe der »International Classification of Diseases« veröffentlicht hat, sowie von der American Psychiatric Association, die sie in der vierten Ausgabe ihres »Diagnostic and Statistical Manual of Mental Disorders« aufführt. Die am wenigsten restriktiven Kriterien wurden von Peter Szatmari und seinen Kollegen aus Kanada erstellt sowie von Christopher und Carina Gillberg aus Schweden. Im Serviceteil (ab Seite 211) dieses Buches finden Sie die einzelnen Kriteriengruppen aufgelistet. Es ist Ansichtssache, welche Kriterien man anwenden möchte; ich selbst ziehe die der Gillbergs vor, da sie eindeutig, präzise und umfassend sind.

Sechs Wege zur Diagnose

Forschungen zeigen, dass das Durchschnittsalter für die Diagnose bei acht Jahren liegt, doch reicht die Altersskala von Kleinkindern bis hin zu Erwachsenen.[7]

Ich habe mich im Laufe vieler Jahre auf die Diagnose und Behandlung von Kindern und Erwachsenen mit Asperger-Syndrom spezialisiert; meiner Auffassung nach gibt es sechs verschiedene Wege, um eine Diagnose zu treffen.

Autismus in der frühen Kindheit

Einer der Gründe, warum Lorna Wing eine größere Akzeptanz des Begriffs Asperger-Syndrom vorschlug, war die Erkenntnis, dass ein bestimmter Anteil der Kinder, die in den Vorschuljahren die typischen Anzeichen für Autismus aufwiesen, später bedeutende Verbesserungen in der Kommunikation und der Entfaltung ihrer Fähigkeiten zeigen.

Das Kind, das sich zuvor zurückgezogen und unter schweren Sprachstörungen gelitten hatte, entwickelte im Laufe der Zeit eine flüssige Sprechweise und ist somit in der Lage, sich – mit einer gewissen Unterstützung – in eine normale Klasse zu integrieren. Es steht nicht mehr abseits, ist nicht mehr stumm, und sein Verhalten und seine Fähigkeiten stimmen mit der Diagnose des Asperger-Syndroms überein.[8]

Diese Verbesserung kann mit bemerkenswerter Schnelligkeit erfolgen und noch vor dem Alter von fünf Jahren eintreten.[9] Es ist nicht klar, ob dies bei manchen Kindern ein natürliches Phänomen ist oder ob es frühen Interventionsprogrammen zuzuschreiben ist (wahrscheinlich trifft beides zu). Dennoch war die vorige Diagnose auf klassischen Autismus bei dem kleinen Kind richtig, aber das Kind hat gemäß des autistischen Kontinuums Fortschritte gemacht – bis zu dem Erkrankungsgrad, den wir Asperger-Syndrom nennen.

Es ist ganz wichtig, dass die Diagnose auf Autismus regelmäßig überprüft wird, damit man feststellen kann, ob die genauere Diagnose nun Asperger-Syndrom lautet und ob das Kind an entsprechende Förderstellen überwiesen werden sollte.

Wenn das Kind in die Schule kommt

Es ist gut möglich, dass die Entwicklung des Kindes in den Vorschuljahren ohne Auffälligkeiten vonstatten ging und dass weder Eltern noch Ärzte jemals in Betracht zogen, das Kind könnte autistisch sein.

Dennoch ist der erste Lehrer, den das Kind hat, mit den Maßstäben für normales Verhalten und normale Fähigkeiten bei kleinen Kindern vertraut und beobachtet, dass das Kind das Spielen mit anderen meidet, die Regeln des Sozialverhaltens innerhalb der Klasse nicht versteht, ungewöhnliche Sprechgewohnheiten hat und eine außergewöhnliche Fantasie an den Tag legt, sich ferner von einem bestimmten Thema ganz besonders angezogen fühlt und sehr unbeholfen beim Zeichnen, Schreiben oder

Ballfangen ist. Es kann sich zudem störend und aggressiv verhalten, wenn es in nicht vermeidbare Nähe zu anderen Kindern gerät oder wenn es auf etwas warten muss.

Zu Hause benimmt sich das Kind möglicherweise ganz anders; es spielt mit seinen Geschwistern und interagiert in relativ normaler Weise mit seinen Eltern. Doch unter ihm nicht vertrauten Umständen und im Zusammensein mit Gleichaltrigen treten die Anzeichen stärker hervor. Diese Kinder haben zwar die klassischen Symptome, doch sehen ihre Lehrer keinen wirklichen Grund, sie an Spezialisten zu verweisen. Sie werden ihre ganze Schulzeit hindurch als sonderbar angesehen und versetzen ihre Lehrer immer wieder in Erstaunen.

Ein atypischer Ausdruck eines anderen Syndroms

Es ist möglich, dass die frühe Entwicklung des Kindes und seiner Fähigkeiten als ungewöhnlich erkannt wurde und dass die Untersuchung den Verdacht auf eine bestimmte Störung nahelegt. Das Kind hatte beispielsweise eine verzögerte Sprachentwicklung oder es wurde von einem Sprachtherapeuten behandelt. Doch eine sorgfältige Beobachtung der sozialen und kognitiven Fähigkeiten des Kindes sowie seiner Interessengebiete lässt darauf schließen, dass das Profil komplexer ist und hier eher die Di-

Eins von 300 Kindern zeigte Asperger-Syndrom

In einer in Schweden durchgeführten Studie wurde eine für Lehrer konzipierte Einschätzskala verwendet, mit der sie Kinder in ihren Klassen erkennen sollten, bei denen Verdacht auf Asperger-Syndrom bestand. Solche Kinder wurden dann einer diagnostischen Beurteilung unterzogen, wobei man die üblichen Kriterien anlegte. Ursprünglich war man davon ausgegangen, dass etwa ein Kind unter tausend das Asperger-Syndrom aufweist (eine ähnliche Häufigkeit wie beim Autismus). Die Studie ergab jedoch, dass das Asperger-Syndrom unter 300 Kindern etwa einmal vorkommt.[10] Es ist also viel häufiger als Autismus und folglich kann bei der Mehrheit der Betroffenen vorher keine Diagnose auf Autismus gestellt worden sein.

agnose Asperger-Syndrom zutrifft. Vielleicht war bei dem Kind zuvor schon das Aufmerksamkeitsdefizit-Syndrom diagnostiziert worden, was zur Annahme verleitete, dieses eine Syndrom erkläre alle anderen Merkmale. Manchmal wird ohne Schwierigkeiten ein anderes Leiden erkannt, wie eine zerebrale Lähmung oder die Neurofibromatose (Recklinghausen-Krankheit). Obwohl den Spezialisten auffällt, dass das Kind einen atypischen Ausdruck aufweist, reichen ihre Kenntnisse über das Asperger-Syndrom nicht aus, um diese Möglichkeit in Betracht zu ziehen. Schließlich erkennt ein Spezialist die Symptome, oder die Eltern lesen etwas über das Syndrom und wenden sich an die dafür zuständige Stelle.

Falls also eine Diagnose gestellt wurde, so schließt sie nicht aus, dass noch ein zweites Leiden – wie das Asperger-Syndrom – vorliegt; klinische Erfahrungen und Forschungsstudien haben bewiesen, dass es Kinder mit zweifacher Diagnose gibt.

Autismus oder Asperger-Syndrom bei Verwandten

Wird bei einem Kind die Diagnose auf Autismus oder Asperger-Syndrom gestellt, so unterrichtet man seine Eltern bald darauf von den unterschiedlichen Formen, in denen diese Erkrankung ihren Ausdruck findet. Solche Informationen werden aus der Fachliteratur oder aus Gesprächen mit Spezialisten oder anderen Eltern einer örtlichen Selbsthilfegruppe bezogen. Möglicherweise erhebt sich dann die Frage, ob noch ein weiteres Familienmitglied das Asperger-Syndrom haben könnte. Es gibt Familien, in denen mehr als ein Kind unter dem Syndrom leidet oder wo das Syndrom in mehreren Generationen beobachtet wurde, sodass sie Erfahrungswerte haben.

Eine sekundäre psychologische Störung

Ein Kind mit Asperger-Syndrom wird während der Grundschulzeit möglicherweise als etwas exzentrisch oder zurückgezogen eingestuft, weist aber keinerlei Anzeichen auf, die eine Überweisung zwecks einer Diagnose nötig machen. Das kann sich im Teenageralter ändern. Die Versuche des Heranwachsenden, an den Aktivitäten Gleichaltriger teilzunehmen, können zu Depressionen führen, weil der Betroffene vielleicht verspottet wird. Ein Jugendpsychiater erkennt dann schnell, dass es sich hierbei um die sekundäre Folge des Asperger-Syndroms handelt.

Werden diese Zustände diagnostiziert und behandelt, ist der Spezialist möglicherweise der Erste, der die Symptome des Asperger-Syndroms erkennt. Oft ziehen sich die vom Syndrom Betroffenen während ihrer Adoleszenz ganz in ihre eigene Welt zurück, sprechen mit sich selbst und verlieren das Interesse an sozialen Kontakten und an Hygiene. Unter Umständen besteht der Verdacht, sie könnten eine Schizophrenie entwickeln, aber eine sorgfältige Untersuchung ergibt, dass ihr Verhalten nicht psychotisch, sondern eine verständliche Reaktion auf das Asperger-Syndrom während der Adoleszenz ist.

Viele junge Erwachsene mit diesem Syndrom berichten von starken Angstgefühlen. Der Betroffene kann sogar Panikattacken oder Zwangshandlungen entwickeln (zum Beispiel wäscht er sich aus Angst vor Ansteckung häufig die Hände).

Residuales Asperger-Syndrom bei Erwachsenen

Heutzutage, da wir das Asperger-Syndrom besser kennen und verstehen, werden nicht nur Kinder oder Jugendliche an entsprechende Spezialisten verwiesen. Manche Erwachsene bitten aus eigenem Antrieb um eine diagnostische Beurteilung. Für einen Spezialisten ist es dann wichtig, zuverlässige Informationen über die Fähigkeiten und Verhaltensweisen zu erhalten, die der Erwachsene als Kind hatte. Eltern, Verwandte oder Lehrer können eine Quelle für unschätzbares Wissen sein, wenn es darum geht, die Erinnerungen, die der Erwachsene an seine Kindheit hat, aufzufrischen.

Fehldiagnosen

Es kommt vor, dass psychiatrische Institutionen für Erwachsene einen Menschen anhand seiner Symptome auf atypische Schizophrenie oder Alkoholismus diagnostizieren. Die Häufigkeit von Schizophrenie bei Menschen mit Asperger-Syndrom ähnelt der Häufigkeit dieser Krankheit bei der allgemeinen Bevölkerung, aber die Symptome können bei manchen Menschen, oberflächlich gesehen, ähnlich sein – was zu Fehldiagnosen führt.

Manchmal ist Alkoholismus ein Anzeichen für eine Depression oder den Versuch, die eigene Angst zu überwinden, die man im Beisein anderer hat; in diesem Fall trinkt der Betroffene sich Mut an. Manchmal kann hier aber auch die Diagnose auf Asperger-Syndrom gestellt werden.

In sehr seltenen Fällen kommt es vor, dass ein am Asperger-Syndrom Leidender eine Straftat begeht; oft steht diese dann im Zusammenhang mit seinem speziellen Interesse. Beispielsweise war ein junger Mann von Zügen fasziniert, und während er einmal auf einem Bahnsteig stand, entschloss er sich, eine Lokomotive zu »stehlen«. Nach der Tat wurde stark bezweifelt, dass er böse Absichten gehabt habe; er war lediglich von der Lok ungeheuer fasziniert gewesen. Daher kann es vorkommen, dass bei strafrechtlichen Verfahren vor Gericht ein psychiatrisches Gutachten eingeholt wird.

Hilfebedarf

Schlussendlich wird in den Arbeitsämtern bei der Stellenvermittlung klar, dass Menschen mit einer starken Ausprägung des Syndroms besondere Hilfe bei der Arbeitsvermittlung benötigen; ihr Personal kann daher die Betroffenen zur Diagnose überweisen und eine spezielle Berufsberatung empfehlen.

Es gibt sechs Wege zur Diagnose. Ungeachtet dessen, ob bei dem Kind oder dem Erwachsenen, um das/den Sie sich Sorgen machen, bereits eine Diagnose gestellt wurde – die folgenden Kapitel werden Ihnen weitere Informationen über die Merkmale des Syndroms liefern. Darüber hinaus zeige ich Strategien auf, mit deren Hilfe gewisse Fähigkeiten gelernt werden können, die nicht betroffene Personen ohne Schwierigkeit erringen, die von einem Menschen mit Asperger-Syndrom jedoch oft mit einiger Mühe erworben werden müssen.

Das Sozialverhalten

Der Umgang mit Anderen gestaltet sich zwar nicht einfach, aber es ist möglich, die Betroffenen dabei zu unterstützen und z. B. auf Freundschaften vorzubereiten.

Wichtige Diagnosemerkmale

Die Gesellschaft beurteilt Menschen danach, wie sie aussehen, sich benehmen und sprechen. Ein Betroffener fällt wegen seines Sozial- und Sprechverhaltens auf.

Eine erwachsene Frau mit Asperger-Syndrom beobachtete als Kind, wie neue Bewohner in das auf der gegenüberliegenden Straßenseite befindliche Haus einzogen; sofort rannte sie zu einem der Kinder. Aber anstatt einer gewöhnlichen Begrüßung und der Frage »Hallo, hast du Lust, mit mir zu spielen?« verkündete sie: »Neun mal neun ist 81!«[1] Das exzentrische Sozialverhalten solcher Menschen kann sehr auffällig sein.

Sozialverhalten und Kommunikation

Die Diagnosekriterien versuchen ganz grundsätzlich, das ungewöhnliche Profil der Fähigkeiten und Verhaltensmerkmale des Asperger-Syndroms zu definieren. Dabei beziehen sich alle Merkmale auf gestörte Sozialverhaltensweisen. 1989 arbeiteten Carina und Christopher Gillberg sechs Kriterien heraus, die auf ihren in Schweden durchgeführten Untersuchungen basierten. Zwei der Kriterien beschreiben Aspekte des Sozialverhaltens.

Das erste Kriterium wird »soziale Beeinträchtigung« genannt. Sie liegt vor, wenn ein Kind mindestens zwei der folgenden Merkmale aufweist:
- die Unfähigkeit, mit Gleichaltrigen zu interagieren
- der mangelnde Wunsch, mit Gleichaltrigen zu kommunizieren bzw. in Kontakt zu treten
- ein fehlendes Verständnis für soziale Signale

- ein sozial und emotional unangebrachtes Verhalten

Ein anderes Kriterium erkundet die nonverbale Kommunikation, spiegelt aber auch Beeinträchtigungen im Sozialverhalten wider, wenn das Kind mindestens eines der folgenden Merkmale aufweist:
- begrenzte Gestik
- unbeholfene/linkische Körpersprache
- eingeschränkte Mimik
- unangemessener Ausdruck
- sonderbarer, starrer Blick

Weitere Diagnosekriterien

Im selben Jahr veröffentlichten Peter Szatmari und seine Kollegen aus Kanada Diagnosekriterien, und in drei von fünf Fällen werden ungewöhnliche Arten des Sozialverhaltens beschrieben.[2] Sie heben verschiedene Aspekte hervor, denen die Gillbergs keine besondere Aufmerksamkeit geschenkt hatten, und zwar: die Schwierigkeit, die Gefühle anderer zu erspüren; das Nichtansehenkönnen anderer Menschen; die Unfähigkeit, »Botschaften mit den Augen zu geben«; die Angewohnheit, zu nahe an andere Leute heranzutreten.

1990 veröffentlichte die Weltgesundheitsorganisation eigene Diagnosekriterien für das Asperger-Syndrom. Sie betonte darin, dass das freie Spiel des Kindes einen Mangel an gemeinsamen Interessen, Aktivitäten, Emotionen und Verhaltensanpassungen aufweisen kann, die dem sozialen Kontext entsprechen.

Die neuesten Kriterien wurden 1994 von der American Psychiatric Association veröffentlicht. Ihr erstes bezieht sich auf eine qualitative Beeinträchtigung bei der sozialen Interaktion, die viele Merkmale miteinschließt, die bereits in den vorigen Kriterien beschrieben wurden; ihrer Meinung nach kann es dem Kind auch an einer sozialen und emotionalen Reziprozität fehlen: Mit anderen Worten, das Kind dominiert die Interaktion, vermag nicht auf andere einzugehen.

In dem Maße, wie wir unser Wissen über die ungewöhnlichen Aspekte des mit dem Asperger-Syndrom assoziierten Sozialverhaltens weiterentwickeln, werden die Diagnosekriterien eindeutiger. Im jetzigen Stadium basiert vieles von diesem Wissen eher auf Eindrücken und Erfahrungen aus dem Klinikalltag als auf exakten wissenschaftlichen Untersuchungen. Nichtsdestotrotz finden Sie auf den folgenden Seiten noch weitere Einzelheiten zum abweichenden Verhalten der vom Syndrom betroffenen Kinder im sozialen Kontext.

Das Spiel mit anderen Kindern

Hans Asperger berichtet, dass Kinder, die von dem Syndrom betroffen sind, sich nicht gerne mit anderen zusammentun, ja sogar Angst bekommen können, wenn sie gezwungen werden, sich einer Gruppe anzuschließen.[3] Das kleine Kind mit Asperger-Syndrom scheint nicht zu wissen, wie man mit Gleichaltrigen umgeht (und auch keine besondere Motivation dazu zu haben). Es scheint ganz zufrieden mit sich selbst zu sein.

Sula Wolff[4] zitiert ein Kind mit Asperger-Syndrom, dessen Worte typisch sind:

>> *Ich kann einfach keine Freundschaften schließen ... Ich bin gerne für mich und schaue meine Münzsammlung an ... Ich habe zu Hause einen Hamster. Der bietet mir genügend Gesellschaft ... Ich kann mit mir allein spielen. Ich brauche andere Menschen nicht.[5]* <<

Will Ihr Kind die Kontrolle behalten?

Die betroffenen Kinder sind eher egozentrisch als egoistisch. Manche beobachten das Spiel aus der Distanz oder ziehen es vor, mit viel jüngeren oder älteren Kindern zusammen zu sein. Wenn ein am Asperger-Syndrom leidendes Kind an einem gemeinsamen Spiel teilnimmt, neigt es dazu, das Geschehen beherrschen zu wollen. Sozialer Kontakt wird toleriert, solange die anderen Kinder sich seinen Regeln unterwerfen. Manchmal wird soziale Interaktion auch vermieden, nicht wegen der mangelnden Fähigkeit, am Spiel teilzunehmen, sondern wegen des Wunsches, die vollständige Kontrolle über das Geschehen und die Aktivität zu haben.

Donna Williams schildert[6] ihre eigene Kindheit so: »Alle mussten sich an meine Spielregeln halten. Kay war aus meiner Nachbarschaft. Sie war wohl das beliebteste Mädchen in unserem Jahrgang. Sie stellte ihre Freundinnen in einer Reihe auf und sagte: ›Du bist meine allerbeste Freundin, du meine zweitbeste ...‹ Ich war die Zweiundzwanzigste. Und ein stilles jugoslawisches Mädchen war die Letzte. Ich war hübsch, ich war fröhlich, und manchmal war ich unterhaltsam, aber ich wusste nicht, wie man mit Kindern spielt. Ich konnte höchstens ganz einfache Spiele oder Abenteuer erfinden und ihnen manchmal erlauben, daran teilzunehmen, solange sie sich an meine Spielregeln hielten.«[7]

Andere Kinder einzubeziehen bedeutet, dass man sich der Gefahr eines nicht vorher zu bestimmenden Ablaufs, einer anderen Interpretation oder Schlussfolgerung aussetzt. Das vom Asperger-Syndrom betroffene Kind interessiert sich nicht für Aktivitäten, die andere Kinder gerne tun, und ist wenig geneigt zu erklären, was es selbst tut. Dieses Kind scheint in einer »Luftblase« zu spielen und kann ärgerlich werden, wenn andere Kinder in seine Sphäre eindringen. Wenn es mit sich allein spielen möchte und andere Kinder sich für sein Spiel interessieren oder sich ihm anschließen möchten, kann es ziemlich abweisend, ja sogar aggressiv werden, nur um seine Einsamkeit zu gewährleisten.

Zieht es sich auf dem Schulhof zurück?

In der Schule findet man das betroffene Kind zur Mittagszeit meist allein an einer abgelegenen Stelle des Pausenhofes; manchmal spricht es mit sich selbst, oder es sitzt in der Bibliothek und liest etwas. Ein Kind, das man fragte, warum es sich nicht mit den anderen Schulkameraden auf dem Pausenhof unterhalten würde, antwortete: »Danke, aber das brauche ich nicht.« Betroffene Kinder ziehen es bei Weitem vor, mit Erwachsenen Kontakte zu pflegen, da sie diese für viel interessanter und bewanderter halten und Erwachsene außerdem mit ihrem mangelnden sozialen Einfühlungsvermögen besser zurechtkommen.

Das Kind sieht sich selbst nicht als Mitglied einer bestimmten Gruppe und geht lieber seinen eigenen Interessen nach als denen der anderen Kinder auf dem Schulhof oder in der Klasse. Es ist oft weder interessiert an Sportarten, die Konkurrenzgeist erfordern, noch an Mannschaftsspielen. Ein Beispiel: Während eines Baseballspiels war ein Kind mit Asperger-Syndrom wie die anderen Mitglieder des Teams durchaus imstande, den Ball zu schlagen und zu werfen. Als ein Kamerad aus seiner Mannschaft losrannte, jubelten die anderen und sprangen vor Aufregung in die Höhe, um ihn

anzuspornen. Aber das Kind mit Asperger-Syndrom blieb ruhig stehen und zeigte keinerlei Regung – da es von einem Schmetterling abgelenkt war. Es hatte kein Interesse am Erfolg seiner Mannschaft. Ein Jugendlicher mit Asperger-Syndrom berichtet, er sei unfähig, ein Gefühl des Triumphs beim Mannschaftssport zu empfinden, da er nicht verstehe, wie und warum jemand Befriedigung darüber empfinden könne, dass der Gegner sich unterlegen fühle.

Das am Asperger-Syndrom leidende Kind wird meist selten zu Partys eingeladen und hat nur wenige echte Freunde. Kleine Kinder sind zufrieden, wenn sie mit sich selbst oder ihren Geschwistern spielen können. Älteren Kindern hingegen wird die Isolation, in der sie sich befinden, bewusst; ab einem bestimmten Alter bemühen sie sich, mit Gleichaltrigen Kontakt aufzunehmen. Nicht selten werden sie dann abgewiesen. Das beobachten zu müssen, ist für die Eltern vielleicht einer der traurigsten Augenblicke ihres Lebens.

Auffällige Verhaltensregeln

Das Kind mit Asperger-Syndrom scheint sich über die ungeschriebenen Regeln des Sozialverhaltens nicht im Klaren zu sein und sagt oder tut unabsichtlich und unüberlegt Dinge, die andere Menschen kränken oder ärgern können. Beispielsweise hält ein Teenager mit Asperger-Syndrom plötzlich in einem Gespräch inne, um sich laut über die Unregelmäßigkeit der Zähne seines Gegenübers auszulassen. Vielleicht trifft dies tatsächlich zu, doch die Bemerkung ist nicht dazu angetan, einen harmonischen Gesprächsfluss zu fördern. Ein anderes Kind, das von Computern fasziniert ist, bekommt zufällig ein Gespräch zwischen seinen Eltern mit, in dem erwähnt wird, dass die Nachbarn einen neuen Computer besitzen. Es geht sogleich zu ihnen hinüber, weil es das neue Gerät ausprobieren will. Aber leider ist es schon 23 Uhr und die Nachbarn liegen bereits im Bett. Die Nachbarn sind natürlich über die Störung zu später Stunde nicht besonders erfreut.

Sobald man einem betroffenen Kind die Verhaltensregeln erklärt hat, ist es durchaus möglich, dass es sie von da an peinlich genau einhält und sogar auf ihre Einhaltung pocht. Unter Umständen wird es zum »Polizisten« seiner Klasse und legt jeden Fehler offen, selbst wenn ein solches Benehmen die üblichen Verhaltensregeln bricht. Ein Beispiel: Im Verlauf einer Unterrichtsstunde war ein Lehrer einen Augenblick lang abgelenkt; in der Zwischenzeit verübte ein Kind, zum Vergnügen der anderen, einen Streich. Der Lehrer bemerkte es und fragte: »Wer hat das getan?« Es folgte ein langes Schweigen, das dann von dem Kind mit Asperger-Syndrom gebrochen wurde, indem es den Mitschüler verpetzte, der den Streich verübt hatte; dass die anderen Kinder es mit missbilligenden Blicken bedachten,

weil es das Gesetz des Schweigens verletzt hatte, fiel ihm gar nicht auf.

Betroffene wirken ungehobelt

Gelegentlich wirkt der Betroffene in seinem Verhalten ungehobelt. So wollte ein junger Mann die Aufmerksamkeit seiner Mutter auf sich ziehen, die eben mit einigen Freunden in eine Unterhaltung vertieft war, und sagte deshalb: »Hallo, du!« Impulsiv und im Unklaren über die Folgen sagte er das Erstbeste, was ihm in den Sinn kam. Außenstehende können somit leicht den Eindruck gewinnen, er habe schlechte Manieren, sei rücksichtslos oder verwöhnt; sie werfen den Eltern einen vernichtenden Blick zu und fassen das ungewöhnliche Sozialverhalten als ein Ergebnis elterlicher Inkompetenz auf. Möglicherweise machen sie auch eine Bemerkung wie: »Wenn ich Ihren Sohn zwei Wochen bei mir zu Hause hätte, würde ich ihm das schnell abgewöhnen.« Es ist ganz wichtig, dass auch andere Leute verstehen, dass das Kind nicht ungehobelt ist, sondern kein anderes taktvolleres Verhalten an den Tag legen kann und nicht versteht, welche Wirkung es auf andere Leute hat.

Nach und nach lernt das Kind mit Asperger-Syndrom die Regeln des Sozialverhaltens – mehr durch rationale Analyse und Unterweisung als durch natürliche Intuition. Es muss scharf darüber nachdenken, was es tun soll. Tatsächlich kann man zuweilen beobachten, dass ein Kind sich viel Zeit nimmt, um zu entscheiden, was es tun oder sagen soll, wo andere Kinder sofort antworten; für das Kind mit Asperger-Syndrom ist Nachdenken sehr notwendig.

Lerngeschichten

Carol Gray hat die »Lerngeschichten«-Technik entwickelt, die ein Kind dazu befähigt, Signale und Handlungen in spezifischen sozialen Situationen zu verstehen. Auch hilft diese Technik anderen Leuten, die Perspektive des Kindes zu verstehen und zu begreifen, warum sein Sozialverhalten naiv, exzentrisch oder ungehorsam erscheinen mag. Dazu gehört das Erfinden einer Kurzgeschichte, die eine bestimmte Situation beschreibt und in der geeignete Handlungen und Reaktionen vorgeschlagen werden.

Ein Beispiel: Dem Lehrer ist gemeldet worden, dass sich das Kind beim Schlangestehen vor der Ausgabe des Mittagessens vorgedrängelt hat. Die erste Erklärung dafür kann sein: Dieses Kind ist verantwortungslos, aggressiv oder ungehobelt. Das mögen Erklärungen sein, die auch auf andere Kinder zutreffen, aber die erste Phase in dieser Technik besteht darin, die Situation aus der Perspektive des Kindes mit Asperger-Syndrom zu betrachten. Gespräche mit dem Kind über den Vorfall ergeben möglicherweise, dass es nicht recht verstand, warum es sich für die Ausgabe des Mittagessens anstel-

len, warum es sich in eine Schlange eingliedern, wo es sich darin eingliedern und wie es sich beim Warten verhalten sollte. Dieses Wissen kann bei anderen Kindern vorausgesetzt werden, nicht aber bei einem vom Asperger-Syndrom betroffenen Kind.

Diesem Kind scheint es oft an dem zu mangeln, was man »gesunden Menschenverstand« nennt. Doch es kann lernen, wie es sich zu verhalten hat, wenn man ihm eine verständliche Erklärung gibt.

Was muss eine Lerngeschichte enthalten?

Beim Erfinden der Kurzgeschichte wird eine Situation beschrieben, bei der die relevanten sozialen Signale, die erwarteten Handlungen und die Information, worum es eigentlich geht und warum, dargelegt werden. Die Geschichten werden nach spezifischen Richtlinien geschrieben, die auf Grays eingehender Anwendung dieser Technik beruhen. Sie müssen vier Satztypen enthalten, die in einem ganz bestimmten Verhältnis zueinander stehen:

- **Deskription:** Bestimmen Sie ganz objektiv, wo die Situation sich abspielt, wer darin vorkommt, was die Betreffenden tun und warum.
- **Perspektive:** Beschreiben und erklären Sie (wenn nötig) die Reaktionen und Gefühle der anderen in der gegebenen Situation.
- **Direktive:** Legen Sie fest, was das Kind erwartungsgemäß tun und sagen soll.

- **Kontrolle:** Entwickeln Sie Strategien, die dem Kind helfen, sich zu erinnern, was es tun und wie es die Situation verstehen kann. Diese werden oft von dem Kind selbst vorgeschlagen und aufgeschrieben und können sein spezielles Interesse mit beinhalten.

Zwischen diesen vier Satztypen muss eine Ausgewogenheit bestehen, wobei darauf zu achten ist, dass nicht allzu viele direktive und nicht zu wenige deskriptive und perspektivische Sätze vorkommen. Gray empfiehlt ein Verhältnis von 0 bis 1 direktiven und/oder Kontrollsätzen zu je 2 bis 5 deskriptiven und/oder perspektivischen Sätzen. Ansonsten wird die Geschichte zu einer Aufzählung von Dingen, die zu tun sind, ohne dass erklärt würde, wann oder warum sie getan werden sollen. Das verwendete Vokabular muss dem Alter des Kindes, seinem Leseverständnis und dem Aufmerksamkeitsumfang entsprechen.

Schildern Sie die Abläufe in der Gegenwart

Gewöhnlich werden die Geschichten in der ersten Person und im Präsens geschrieben – so, als würden die Ereignisse genau in dem Moment geschildert, wo sie stattfinden. Das vermeidet Probleme mit der Zeitwahrnehmung und der Syntax. Die Anfangsgeschichte kann eine Situation schildern, in der sich das Kind bereits richtig verhält, damit es sich zuerst auf das Erlernen der Spielregeln kon-

zentrieren kann. Eine für ein Vorschulkind gedachte Geschichte sollte nur aus einigen wenigen groß geschriebenen Wörtern pro Seite bestehen sowie Fotos und Illustrationen enthalten. Kinder, die noch nicht lesen können, dürfen sich die Geschichte auf einem Tonband anhören. Eltern und Lehrer älterer Kinder können die Geschichte konstruieren, als wären sie Journalisten, und sich dabei der Sprache und der grafischen Darstellungen einer Zeitung oder eines Zeitschriftenartikels bedienen. Beispielsweise kann ein Artikel über die Verhaltensregeln zwischen Freunden geschrieben werden oder darüber, was man tun und sagen sollte, wenn man beim Einkauf mit den Eltern einem Klassenkameraden begegnet.

Beispiel für eine Lerngeschichte

Im Folgenden eine Geschichte, die sich auf eine der oben geschilderten Situationen bezieht (in der einem Lehrer gemeldet wurde, dass ein kleines Kind sich störend verhalten hatte, während es in der Schlange auf sein Mittagessen wartete):

Meine Schule hat viele Räume (Deskription). Ein Raum heißt Essenssaal (Deskription). Gewöhnlich essen die Kinder das Mittagessen im Essenssaal (Deskription). Die Kinder hören die Essensglocke läuten (Perspektive). Die Kinder wissen, dass die Essensglocke ihnen sagt, sie sollen sich an der Tür aufstellen (Perspektive). Wir bilden eine Schlange, um denjenigen Schülern gegenüber fair zu sein, die am längsten gewartet haben (Perspektive). Jeder, der ankommt, stellt sich am Ende der Schlange an (Direktive). Wenn ich ankomme, werde ich versuchen, mich ans Ende der Schlange anzuschließen (Direktive). Alle Kinder sind hungrig. Sie wollen essen (Perspektive). Ich werde versuchen, ruhig in der Essensschlange zu stehen und zu warten, bis ich an der Reihe bin und mein Mittagessen kaufen kann (Direktive). Essensschlangen und Schildkröten sind beide sehr langsam (Kontrolle). Manchmal bleiben sie stehen, manchmal gehen sie weiter (Kontrolle). Mein Lehrer wird sich darüber freuen, dass ich ruhig gewartet habe (Perspektive).

Diese Geschichte ist auf ein bestimmtes Kind zugeschnitten. Das Kind hat ein besonderes Interesse an Reptilien, daher hat das Schlüsselwort »Schildkröte« eine besondere Bedeutung. Das Wort »gewöhnlich« wurde absichtlich gewählt, da das Mittagessen natürlich auch an anderen Orten eingenommen werden kann. Das Wort »versuchen« wurde ausgesucht, um hervorzuheben, dass wir nicht ständig Vollkommenheit erwarten. Die Wörter »manchmal« und »wahrscheinlich« können auch verwendet werden, um eine wörtliche Interpretation zu vermeiden und das Kind zu befähigen, sich auf Änderungen in Routine und Erwartung einzustellen. Folglich ist die Erfindung der Lerngeschichten eine raffinierte Technik, um sicherzustellen, dass das Kind die Gründe und Signale in den Verhaltensregeln versteht, die so wichtig in unserem Leben sind.

Sinnvolle Förderprogramme

Eltern und Lehrer können auf vielfältige Weise anregen und unterstützen. Auch spezielle Trainingsgruppen sind ein gutes Übungsfeld für soziale Fähigkeiten.

Es ist sinnvoll, die Spiele und Aktivitäten zu beobachten, mit denen sich Kinder desselben Alters beschäftigen, und sie dann mit dem eigenen Kind zu üben. Wenn die beliebtesten Spiele für Jungen in der Schule das Spiel mit Bällen und Spielzeugautos sind, dann sollten Eltern mit ihrem Kind Fangen spielen, Ballfertigkeiten trainieren sowie Fantasiespiele mit Autos üben. Das Ziel hierbei ist nicht nur, dass das Kind in dem jeweiligen Spiel sicherer wird, sondern auch zu zeigen, was es sagen und tun sollte und wie es Spielkameraden mit einbezieht. Manchmal müssen selbst die grundlegendsten Regeln erklärt werden, beispielsweise dass man den Ball nur an Mannschaftskameraden weitergibt – trotz des Drängens der Mannschaftsgegner. Es müssen also grundlegende und spezifische Spielfertigkeiten vermittelt werden.

Was können Eltern tun?

Natürlich kann es durchaus sein, dass andere Kinder nicht so nachsichtig und tolerant sind, um ein Kind mit Asperger-Syndrom in ihr Spiel einzubeziehen; daher ist es wichtig, dass Sie als Eltern die besten Freunde Ihres Kindes werden und so mit ihm spielen, als wären Sie selbst Kinder. Gehen Sie auf einen Abenteuerspielplatz, formen Sie Sandkuchen und spielen Sie Fangen – Sie haben die Geduld und das Verständnis, mit Ihrem Sohn oder Ihrer Tochter zu spielen und sie anzuspornen, zu lernen, was sie in bestimmten Situationen tun müssen.

In der nächsten Phase sollten Sie Ihr Kind beobachten, wenn es mit anderen Kindern spielt, und sich aufschreiben, wenn Ihnen auffällt, dass ihm spezifische Fähigkeiten fehlen, die es noch lernen muss. Das können folgende sein:

Wie beginnt, führt und beendet man das Spiel?

Möglicherweise muss das Kind lernen, wie man fragt: »Darf ich mitspielen?« oder sagt: »Ich will jetzt alleine spielen.« Ansonsten besteht die Gefahr, dass es das Offenkundige allzu überdeutlich zum Ausdruck bringt, indem es beispielsweise sagt: »Du willst nicht tun, was ich dir befehle – dann will ich auch nicht mit dir spielen«, denn ihm ist nicht klar, dass solche Kommentare Freundschaften zerstören können.

Das Kind mit Asperger-Syndrom will vermutlich die totale Kontrolle bei der jeweiligen Aktivität übernehmen und keine anderen Vorschläge akzeptieren, oder es will keine anderen Kinder in das Spiel mit einbeziehen. Es ist wichtig, ihm zu erklären, dass die Aktivität nicht »falsch« ist, wenn sie auf eine andere Weise (als die von ihm geplante) praktiziert wird, und dass man in kürzerer Zeit zu besseren Ergebnissen kommt, wenn man Geräte und eingebrachte Ideen miteinander teilt.

Zeigen Sie Ihrem Kind, wie man sich aus dem Spiel zurückziehen kann. Für den Fall, dass das Kind alleine spielen will, muss man ihm sozial akzeptable Kommentare und Handlungen beibringen. Möglicherweise wird es als aggressiv abgestempelt; eine genauere Beobachtung jedoch ergibt, dass es einfach nicht gelernt hat, dass ein solches Verhalten Isolation nach sich zieht. Das Kind ist nicht aggressiv, um eine beherrschende Stellung einzunehmen oder Besitz zu erlangen. Sobald es die geeigneten Sätze kennt, sollte man die anderen Kinder bitten, seinen Wünschen gegebenenfalls auch nachzukommen.

Fehler im Sozialverhalten geschehen aufgrund mehrerer Faktoren, vor allem dann, wenn das Kind die Auswirkungen seines Verhaltens auf die Gefühle anderer nicht versteht und ihm nicht klar ist, was es tun soll, oder wenn es keine bessere Möglichkeit des Betragens kennt. Selten steht hinter einem solchen Verhalten eine böse Absicht. Erklären Sie dem Kind immer, was es hätte tun sollen, und fragen Sie es, wie sich der andere nach dem, was es gesagt oder getan hat, wohl fühlen mag.

Laden Sie einen Freund ein

Laden Sie einen potenziellen Freund ein. Tun Sie alles, damit dieser Besuch erfolgreich verläuft – beispielsweise indem Sie einen Ausflug organisieren und dafür sorgen, dass auch ein Erwachsener mit den Kindern spielt, damit die eingeschränkten sozialen Fähigkeiten des Kindes wettgemacht werden. Verläuft der Besuch erfreulich, so ist sehr wohl möglich, dass das Kind danach seinerseits eingeladen wird.

Melden Sie Ihr Kind in einem Verein an. Der Vorteil solcher Aktivitäten ist, dass Kinder gewöhnlich überwacht und organisiert werden. Die Eltern müssen dem zuständigen Betreuer allerdings die Probleme ihres Kindes erklären, damit er auf dessen Bedürfnisse eingehen kann. Außerdem sollten sie mit ihm – bereits mit Erfolg erprobte – Strategien besprechen, dann wird er diese auch umsetzen.

Was können Lehrer tun?

Die Schulklasse bietet dem Kind mit Asperger-Syndrom eine Gelegenheit, eine ganze Reihe angemessener Sozialverhaltensweisen zu lernen. Im Folgenden einige Strategien:

»Benutzen« Sie andere Kinder als Modelle, die dem Kind vormachen, was es zu tun hat. Möglicherweise stört es und hält – aus Unkenntnis – die Verhaltensregeln seiner Klasse nicht ein. In diesem Fall sollten Sie es zuerst bitten, sich anzuschauen, was die anderen Kinder tun, beispielsweise: still sitzen, ruhig arbeiten oder in einer ordentlichen Reihe warten. Sagen Sie dem Kind, dass es die anderen Kinder beobachten und nachahmen muss, was sie tun (vorausgesetzt das, was sie tun, ist richtig).

Es gibt eine ganze Reihe von Aktivitäten, bei denen kleine Gruppen von Kindern in einem Team zusammenarbeiten. Das Kind benötigt vermutlich Anleitung, wenn es darum geht, sich abzuwechseln, anderen eine gerechte Chance zu geben und ihre Vorschläge aufzunehmen. Ein Problem bei Wettbewerbsspielen kann sein, dass ein Kind mit Asperger-Syndrom immer das Erste sein will – nicht unbedingt aus dem Wunsch heraus, den anderen überlegen zu sein; dahinter kann auch das Bestreben stehen, sich in die Gruppe der anderen Teilnehmer einzufügen und die eigene Position zu kennen. Der Grund kann aber auch die persönliche Befriedigung durch Erfolg sein.

Achten Sie in der Pause auf das Kind. Für die meisten normalen Kinder ist die beste Zeit während des Schultags die Freizeit auf dem Pausenhof. Anders beim Kind mit Asperger-Syndrom. In der Pause ist ein solches Kind am verletzbarsten, denn es weiß nicht, wie es mit der Situation umgehen soll. Die Aufsichtspersonen des Schulhofs müssen wissen, mit welchen Problemen es konfrontiert ist, und seine Einbeziehung fördern bzw. respektieren, wenn das Kind allein sein will. Außerdem kann es sein, dass ein solches Kind auf dem Schulweg verletzbar ist und in dieser Zeit Aufsicht benötigt.

Versuchen Sie, Vorbild zu sein

Machen Sie vor, wie man mit einem betroffenen Kind eine Beziehung aufbaut und pflegt. Die Klassenkameraden wissen oft nicht recht, wie sie auf das ungewöhnliche Sozialverhalten reagieren sollen. Sie schauen dann auf den Lehrer, der es ihnen vormachen muss. Daher ist ganz wichtig, dass der Lehrer Toleranz, Unterweisung in sozialen Fähigkeiten und Ermutigung praktiziert, da seine Vorgehensweise von den Kindern imitiert wird. Auch ist es wichtig zu erkennen und zu loben, wenn Klassenkameraden besonders hilfsbereit sind.

Erklären Sie dem Kind, wo es sich sonst noch Hilfe holen kann. Für das kleine Kind ist der Lehrer vermutlich der einzige Mensch, von dem es Information und Beistand erhält. Es ist wichtig, ihm zu erklären, dass es im Fall eines Problems auch von den anderen Kindern Hilfe erbitten und erhalten kann.

Fördern Sie mögliche Freundschaften

Jedes Kind in der Klasse hat seine eigene Persönlichkeit, und es kann eine ganze Weile dauern, bis das Kind mit Asperger-Syndrom lernt, mit jedem Einzelnen umzugehen. Anfangs kann es hilfreich sein, die Interaktion mit einer begrenzten Anzahl von Gleichaltrigen zu fördern, die dem Kind gerne zeigen wollen, wie es an ihren Spielen teilhaben kann. In dieser Phase ist es gleichgültig, ob die Freunde Jungen oder Mädchen sind. Sobald erkannt worden ist, wo Freundschaften möglich sind, sollten Sie die entsprechen-

den Kontakte in der Klasse und auf dem Pausenhof fördern. Diese neuen Freunde können das Kind beschützen, wenn Kinder aus anderen Klassen es hänseln oder tyrannisieren. Sie sind geneigt, das Kind in ihre Spiele zu integrieren, in der Klasse als sein Fürsprecher zu fungieren und ihm zu erklären, was es in bestimmten Situationen tun oder sagen muss – falls der Lehrer einmal nicht zur Verfügung steht. Es ist bemerkenswert, wie hilfsbereit und tolerant kleine Kinder dann sein können.

Dr. Jekyll und Mr. Hyde

Dem Kind ist wahrscheinlich durchaus bewusst, dass es im Klassenzimmer bestimmte Verhaltensregeln einhalten muss; es versucht daher, unauffällig zu sein und sich wie die anderen Kinder zu benehmen. Dieser Druck zur Anpassung und Selbstkontrolle kann zu einer enormen emotionalen Spannung führen, die erst losgelassen wird, wenn das Kind nach Hause kommt. Hier benimmt sich das Kind anders; es ist dann fast so wie bei Dr. Jekyll und Mr. Hyde. Diese Verhaltensweise wird bei vielen Kindern mit Asperger-Syndrom beobachtet und bedeutet nicht unbedingt, dass die Eltern unfähig sind, mit ihrem Kind umzugehen. Es ist hilfreich, wenn der Lehrer eine Reihe entspannender oder allein zu tätigender Beschäftigungen kennt, denen sich das Kind widmen kann, sobald es nach Hause zurückgekehrt ist. Auch wäre denkbar, dass die Eltern ihrem Kind eine gewisse

Zeit für Entspannung oder für energetische Übungen zugestehen, damit sich die Spannung, die sich im Laufe eines langen Schultags angehäuft hat, wieder löst.

Lernen in Trainingsgruppen

In der Forschungsliteratur wird von einigen Fällen berichtet, wo Jugendliche mit Asperger-Syndrom im Gruppentraining Sozialverhalten lernten.[8] Die Gruppen bieten die Gelegenheit, eine ganze Reihe schwieriger sozialer Fähigkeiten zu lernen und einzuüben. Sie können Bestandteil von Rhetorik- und Theaterklassen der Schule sein oder innerhalb eines speziellen Förderprogramms von Spezialisten geleitet werden. Im günstigen Fall besteht die Gruppe aus Jugendlichen mit Asperger-Syndrom, die in unterschiedliche Schulen gehen, und aus einigen normalen Kindern. Die Anzahl der Gruppenmitglieder sollte nicht zu hoch sein, um eine individuelle Unterweisung und eine sehr geringe Störung zu gewährleisten.

Vor den Sitzungen zählen Gruppenmitglieder, ihre Lehrer und Familien Beispiele für erlebte Situationen auf, in denen ausgeprägte soziale Fähigkeiten vorteilhaft gewesen wären. Damit entsteht allmählich ein Profil über die Stärken und Schwächen eines jeden Teilnehmers. Auch sollte man diese Gelegenheiten im Einzelnen untersuchen, um die Wahrnehmung des Betroffenen und seine Interpretation des Vorfalls – ferner Signale,

Beweggründe und gebotene Alternativen – zu ermitteln. Ich räume ein, dass Menschen mit Asperger-Syndrom die Gedanken und Gefühle anderer Menschen in einem sozialen Kontext nicht vollständig verstehen können, aber auch Sie und ich verstehen wahrscheinlich nicht immer all ihre Gedanken und Gefühle. Im Folgenden erhalten Sie Vorschläge für Aktivitäten, die in einer Gruppe praktiziert werden können.

Vorfälle nachspielen

Spielen Sie aktuelle Vorfälle noch einmal durch, bei denen der Betroffene sich nicht sicher war, ob es alternative Handlungen oder Kommentare gegeben hätte, oder bei denen er die Signale falsch verstand. Dann proben Sie geeignete Alternativen, die von den Teilnehmern vorgeschlagen werden.

Führen Sie unangebrachtes Sozialverhalten vor, und bitten Sie die Teilnehmer, die Fehler aufzuzeigen. Der Gruppenleiter kann über jemanden berichten, der auf sozialem Gebiet äußerst unbeholfen ist, und die anderen Teilnehmer müssen dann die Fehler erkennen. Nach und nach werden die Fehler subtiler. Der Anschaulichkeit halber können dafür Videofilme verwendet werden (Mr. Bean eignet sich hervorragend dafür). Auch das Vorspielen, was man auf keinen Fall tun sollte, kann für die Teilnehmer ein großes Vergnügen sein, ehe sie dann ihre soziale Kompetenz demonstrieren.

Betreuung durch einen pädagogischen Berater

Da viele der in diesem Buch angesprochenen Fertigkeiten nur selten zu den spezifischen Komponenten des Lehrplans gehören, ist es ganz wichtig, dass das Kind mit Asperger-Syndrom von einem pädagogischen Berater betreut wird, der ihm in Einzelgesprächen oder in der Arbeit mit einer kleinen Gruppe zeigt, wie es sein Sozialverhalten verbessern kann. Wie viele Stunden dafür aufgewendet werden müssen, hängt vom jeweiligen Kind ab (der Berater sollte jedoch über das Asperger-Syndrom und entsprechende Förderprogramme unterrichtet sein). Wenn nicht genügend finanzielle Mittel für einen Berater zur Verfügung stehen, dann kann auch ein Kind aus einem höheren Jahrgang als »Tutor« diese Aufgabe übernehmen.

Soziales Denken prüfen

Von Margaret Dewey[9] und Hadyn Ellis und ihren Kollegen[10] wurde ein Test entwickelt, mit dem man das soziale Denken bei Jugendlichen mit Asperger-Syndrom prüfen kann. Er bietet eine ausgezeichnete Quelle für Beispiele, die auf solche Menschen anwendbar sind.

Die Gedichte und Autobiografien von Menschen mit Asperger-Syndrom lassen erkennen, dass auch andere Betroffene dieselben Situationen und Gefühle erlebten. Dadurch ist die Möglichkeit gegeben, sich in andere hineinzuversetzen, und man bekommt das Gefühl, dass man nicht allein ist. Zahlreiche Autobiografien sind erhältlich, die von Francesca Happé[11] besprochen wurden. Die Gruppe kann auch ihre eigenen Gedichte oder Lebensgeschichten schreiben. Im Folgenden werden einige Beispiele aus einer Trainingsgruppe wiedergegeben. Ein immer wiederkehrendes Thema ist das Brückenbauen, wie es in dem Gedicht von Jim beschrieben wird.

Schilderungen, um soziales Denken zu prüfen

Beispiel 1: Charlie, 23 Jahre, war mehrere Monate lang arbeitslos. An jenem Tag war er hoffnungsvoll, denn er war auf dem Weg zu einem Vorstellungsgespräch. Als Charlie mit dem Fahrstuhl zu seinem Gesprächstermin fuhr, sagte ein fremder Mann, der mit ihm in der Kabine stand, freundlich zu ihm: »Schöner Tag heute, nicht?« In diesem Augenblick erblickte Charlie zufällig sein Spiegelbild. Sein Haar stand merkwürdig in die Höhe, doch er hatte keinen Kamm bei sich. Also wandte er sich an den freundlichen Fremden und fragte ihn: »Haben Sie einen Kamm dabei, den Sie mir einen Augenblick lang leihen könnten?«

Schickt sich eine derartige Bemerkung und welche Wirkung hatte sie wohl auf den Fremden?

Beispiel 2: Keith, 25 Jahre, arbeitete als Angestellter in einem Büro in der Innenstadt. In der Mittagszeit ging er meist mit seinem Essen in einen kleinen Park und setzte sich in die Sonne auf eine Bank. Oft riss er ein Stück seines Sandwichs in kleine Brocken und warf diese den Tauben zu. Als er eines Tages zu seiner Lieblingsbank kam, stand ein Kinderwagen daneben. Nicht weit davon entfernt sah Keith eine junge Frau, die einem älteren Kind auf der Schaukel Schwung gab. Das Baby im Kinderwagen begann zu schreien, doch die Mutter hörte es nicht, weil die Schaukel laut quietschte. Nun wusste Keith: Wenn sein Neffe, der ebenso im Säuglingsalter war, schrie, bedeutete dies manchmal, dass sich eine Klammer an seiner Windel geöffnet hatte. Statt die Mutter darauf hinzuweisen, dass ihr Kind schrie, betastete er die Kleidung des Babys auf der Suche nach einer offenen Klammer.

War es richtig von ihm, die Kleidung des Babys zu untersuchen? Und was könnte die Frau gedacht haben, als sie Keith dabei sah? Was hätte er stattdessen tun können?

Die folgenden sehr persönlichen Gedichte stammen von drei Betroffenen.

....

Drei Perspektiven

Vanessa: Warum eigentlich ich?

>> *Mit einem Fuß drinnen und mit dem andern draußen,*
so fühlt man sich mit Asperger-Syndrom.
Manchmal denke ich: Warum eigentlich ich?
Dann wieder finde ich, dass es die beste Art zu leben ist.
Ist man wenig anders als alle anderen,
hat man das Gefühl, Zweitbester zu sein.
Niemand versteht so richtig,
wie schwer das Leben damit ist.
Ich sehe aus wie jedes andere Kind,
aber Kleinigkeiten machen mich einfach rasend.

Gedichte von Dianne Mear

>> *Überall sind Menschen,*
die sprechen und grellfarbene Kleider tragen.

Ihr Sprechen klingt wie das Stampfen von Pferdehufen.
Die grellfarbenen Kleider blenden mich,
das Gerede tut in meinen Ohren weh,
die grellen Farben tun in den Augen weh.
Oh, warum können die Menschen nicht still sein und
gedämpfte Farben tragen?
Menschen sind eine sehr unlogische Rasse.
Nichts, was sie sagen,
nichts, was sie tun,
macht einen Sinn.
Oh, warum können Menschen nicht logisch sein?

Jim: Brücken bauen

>> *Ich baute eine Brücke*
aus dem Nirgendwo – über das Nichts
und fragte mich, ob auf der anderen Seite
wohl etwas wäre.
Ich baute eine Brücke
aus dem Nebel – über die Dunkelheit
und hoffte, es gäbe ein Licht
auf der anderen Seite.
Ich baute eine Brücke
aus der Verzweiflung heraus – über die Vergessenheit und wusste,
es gäbe Hoffnung
auf der anderen Seite.
Ich baute eine Brücke
aus der Hölle – über das Chaos
und vertraute darauf, dass es Stärke gäbe
auf der anderen Seite.
Ich baute eine Brücke
aus der Hölle – über den Terror
und es war eine gute Brücke, eine starke Brücke,
eine schöne Brücke.
Es war eine Brücke, die ich selbst gebaut hatte,
nur mit meinen Händen als Werkzeugen
und meiner Beharrlichkeit als einziger Stütze.
Mit meinem Glauben als Brückenbogen und meinem Blut als Nieten.

Ich baute eine Brücke und ging darüber,
aber da war niemand, der auf mich gewartet hätte
auf der anderen Seite.[12] ◄◗

Manchmal ist es notwendig zu erklären, dass die schwierige Situation, in der der Betroffene sich seiner sozialen Kompetenz nicht sicher war, nicht immer durch sein Verschulden entstand.

» *Heute Abend übten wir soziale Fertigkeiten. Wir hatten ein sehr gutes Gespräch über das Verstehen der Körpersprache anderer Leute. Es ist nicht leicht zu erkennen, was sie denken, ohne auch zu wissen, was sie denken; es ist so, wie wenn man weiß, dass jemand gestresst ist, aber nicht weiß, warum er es ist. Ich nehme an, ich bin es.* «

Tagebucheintrag eines
Gruppenteilnehmers

Situationen üben

Geben Sie eine Unterweisung in Körpersprache, wobei Sie jede Haltung erklären sollten. Daraus kann man dann auch ein Spiel mit dem Namen »Errate die Mitteilung« machen.

Proben Sie, wie man sich in potenziellen Situationen verhalten sollte, zum Beispiel, wenn ein Mensch gehänselt wird, oder wie man eine andere Person zum Tanzen auffordert oder um eine Verabredung bittet.

Eine Videokamera und ein Videorekorder ermöglichen den Teilnehmern, ihre Darstellungen zu sehen. Dabei sollten Sie darauf achten, dass die dazu geäußerten Kommentare überwiegend positiv sind. Vorführung und Kommentare können die Form eines Fernsehspiels oder einer Talentshow annehmen; aber man sollte dafür sorgen, dass die Teilnehmer nicht von der Technik abgelenkt werden.

Selbst wenn die Teilnehmer Fähigkeiten erlangt haben, die unter dem Beifall der Gruppe vorgeführt wurden, kann es dennoch ein Problem für sie sein, das Erlernte in den Alltag einzubringen und zu verallgemeinern. Das heißt, der Betroffene weiß zwar theoretisch, was er tun soll, aber er kann den ersten Schritt nicht machen oder sieht die Signale nicht, die anzeigen, dass die Fähigkeiten in verschiedenen Situationen angewendet werden können. Es ist wichtig, dass auch zwischen den einzelnen Sitzungen praktische Übungen und Überwachung erfolgen. Eltern und Lehrer müssen über neu erlangte Fähigkeiten informiert werden, damit diese in verschiedenen Situationen geübt werden können. Einer der Vorteile, auch normale Kinder in der Gruppe zu haben, ist, dass sie die anderen Gruppenmitglieder in Situationen, wo kein Lehrer oder Elternteil zugegen ist, lenken und unterstützen können.

Geschichten und Rollenspiele

Verfassen Sie eine Geschichte oder ein Theaterstück, in dem die Eigenschaften der Person mit Asperger-Syndrom von Vorteil sind. Sie ist der Held. Die Eigenschaften können zum Beispiel ein besonderer Sinn für Details, ein sehr gutes Gedächtnis für bestimmte Szenen, die sich abgespielt haben, sowie Ehrlichkeit und umfassende Kenntnisse über ihr spezielles Interesse sein.

Nehmen Sie die Biografien berühmter Wissenschaftler und Künstler unter die Lupe, und suchen Sie darin nach Indikatoren, die Aufschluss darüber geben, ob sie dieselben Eigenschaften aufwiesen und dieselben persönlichen Erfahrungen machten wie manche Gruppenmitglieder. Daraus könnte man auch eine Hausaufgabe oder eine Rechercheaufgabe machen. Ein guter Ausgangspunkt wären die Biografien von Einstein oder Mozart.

Üben Sie Situationen in Rollenspielen, anhand derer der Betroffene zu lernen hat, wann er das Offenkundige nicht aussprechen sollte (oder zumindest nur in Gedanken), da es auf den anderen Menschen beleidigend wirken könnte. Es gibt Anlässe, wo man besser schweigt.

Machen Sie Übungen, bei denen die Teilnehmer wichtige Menschen in ihrem Leben beschreiben müssen, wobei sie Ausdrücke verwenden sollten, die nicht nur deren körperliche Merkmale, sondern auch deren Persönlichkeit skizzieren sowie das, was sie an ihnen mögen/bzw. nicht mögen.

Gruppen, die soziale Fertigkeiten trainieren, können auch Übungen aufnehmen, die die Fähigkeit der Gesprächsführung sowie das Verstehen und Ausdrücken von Emotionen verbessern. Solche Gruppen können sowohl erzieherischen wie unterhaltenden Charakter haben. Die Dauer einer jeden Sitzung variiert je nach Fähigkeitsniveau und Fortschritt der Teilnehmer. Nach und nach werden immer effizientere Fähigkeiten entwickelt. In der Zwischenzeit können Eltern, Lehrer und Therapeuten ihre Kenntnisse und ihre Fantasie vereinigen, um dem Fähigkeitsprofil eines jeden Kindes entsprechend spezielle Methoden zum Erlernen des Sozialverhaltens zu entwerfen.

Auf Freundschaften vorbereiten

Die Forschung hat eine Sequenz von Entwicklungsphasen in Vorstellung und Ausdruck von Freundschaft ausgemacht. Im Laufe ihrer Reifung ändern Kinder ihre Meinung über das, was freundschaftliches Verhalten für sie darstellt. Sue Roffey und ihre Kollegen haben die komplexen Interaktionen zwischen intellektueller und moralischer Entwicklung und sozialen Erfahrungen beschrieben und vier Phasen skizziert.[13]

Erste Phase: Vorschulalter

Während der Vorschuljahre ändert sich gewöhnlich das Spielverhalten der Kinder: Nach und nach spielen sie nicht mehr neben jemandem, sondern mit jemandem. Sie lernen, dass sie sich manchen Spielen und Beschäftigungen nur dann hingeben können, wenn sie bereit sind, bestimmte Dinge miteinander zu teilen und sich abzuwechseln. Auch sind sie nun meist in der Lage, anders mit Konflikten umzugehen, und verhalten sich weniger egozentrisch und besitzergreifend, was Spielgeräte angeht. Die beliebtesten Kinder sind diejenigen, die von sich aus Initiativen entfalten und beispielsweise sagen: »Spielen wir doch einmal …«, die Gesellschaft der anderen begrüßen und sie in ihr Spiel mit einbeziehen. Ihre Erklärung, warum jemand ihr Freund ist, beruht vornehmlich auf einfachen Faktoren, wie zum Beispiel räumlicher Nähe.

Das zeigt ein Gespräch von Sue Roffey mit einem Dreijährigen:
- »Warum ist Julio dein Freund?«
- »Weil ich ihn mag.«
- »Warum magst du ihn?«
- »Weil er mein Freund ist.«
- »Warum noch magst du ihn?«
- »Weil er neben mir wohnt.«[14]

Es ist wichtig, dass kleine Kinder mit Asperger-Syndrom angeleitet werden, Spielgeräte zu teilen, jemanden aufzufordern, sich ihrer Beschäftigung anzuschließen und positive Initiativen zu ergreifen.

Zweite Phase: 5.–8. Lebensjahr

Die nächste natürliche Phase liegt zwischen dem fünften und achten Lebensjahr. Kinder beginnen zu verstehen, dass Gegenseitigkeit notwendig ist, um eine Freundschaft aufrechtzuerhalten. Auch erfüllen Freunde praktische Bedürfnisse und sind hilfreich; einfache Aspekte der Persönlichkeit des anderen werden nun wichtig. Ein Freund ist jemand, auf den man sich im Bedarfsfalle verlassen kann, oder der Dinge verleiht, die man benötigt. Diejenigen Kinder, die bei ihren Gleichaltrigen gut angesehen sind, sind in ihrem Handeln freundschaftlich und großzügig.

Gespräch mit einem sechsjährigen Mädchen:
- »Warum ist Martina deine Freundin?«
- »Weil sie neben mir sitzt und mir ihren Bleistift leiht.«
- »Aus welchem Grund ist sie noch deine Freundin?«
- »Weil sie zu meiner Party kommt und ich zu ihrer gehe.«[15]

Wie wichtig Freundschaft ist, zeigt die Aussage eines Kindes: »Ein Freund ist jemand, der macht, dass man sich gut fühlt. Ein Freund teilt Dinge mit einem.«

Ein Kind mit Asperger-Syndrom, das sich in der zweiten Phase befindet, muss lernen, entgegenkommend zu seinen Freunden zu sein, Zuwendung und Interesse zu zeigen und anderen zu helfen – sowohl in praktischen Dingen als auch bei Aktivitäten in der Schule.

Dritte Phase: 9.–13. Lebensjahr

Die dritte Phase ist die präadoleszente Phase, die vom neunten bis zum dreizehnten Jahr reicht. In diesem Alter beobachtet man eine klare Trennung der Geschlechter; Freundschaft basiert nun auf Ähnlichkeit, gemeinsamer Erkundung, emotionaler Unterstützung und einem zunehmenden Sich-bewusst-Werden, wie die anderen einen sehen. Freunde können jetzt unzertrennlich und sehr vertraut miteinander sein.

- »Warum ist Peter dein Freund?«
- »Weil wir zusammen Spaß haben.«
- »Gibt es noch andere Gründe dafür?«
- »Er hilft mir, wenn ich etwas nicht richtig schreiben kann.«

Ein Freund ist »jemand, mit dem man reden kann und der einem zuhört«. Ein Freund »sollte nett zu einem sein und einen nicht anbrüllen«.[16]

Da Freundschaft in der präadoleszenten Phase meist auf gemeinsamen Interessen basiert, ist es ganz wesentlich, dass Kinder und Jugendliche mit Asperger-Syndrom Gelegenheit haben, Menschen zu begegnen, die dieselben Fähigkeiten und Interessen wie sie selbst haben, damit sie die Bedeutung von Selbstoffenbarung und Zuhören sowie das Erkennen der Gedanken und Gefühle anderer lernen.

Leider stellt es für sie oft ein großes Problem dar, zu bereits bestehenden Freundschaften dazuzustoßen, und sie können am Boden zerstört sein, wenn eine echte Freundschaft aus irgendwelchen Gründen zu Ende ist.

Vierte Phase: Adoleszenz

Die vierte Phase spielt sich während der Adoleszenz ab, wo Freundschaft auf Vertrauen, auf einem höheren Maß an Selbstoffenbarung und einer größeren Wertschätzung von gegenseitigen oder bewunderten Aspekten der Persönlichkeit des jeweils anderen beruht. Auch gibt es dann eine Tendenz von Zweierfreundschaften hin zu Gruppen, die die eigenen Werte teilen.

Was eine 13-Jährige unter Freundschaft versteht:

- »Warum ist Amber deine Freundin?«
- »Weil ich ihr meine Geheimnisse anvertrauen kann.«
- »Aus welchem Grund ist sie noch deine Freundin?«
- »Weil wir über viele Dinge dasselbe denken.«[17]

Jugendlichen mit Asperger-Syndrom fällt es zumeist schwer, Persönliches preiszugeben; auch ziehen sie platonische

Freundschaften vor. Sie benötigen Beratung, wenn es darum geht, die sich wandelnden Bedürfnisse und Anforderungen von Freundschaften zu verstehen, und sie müssen sich mit ihren eigenen Idolen und ihrem kleinen Kreis potenzieller Freunde identifizieren können. Daher ist ein solches Kind unter Umständen wesentlich entspannter und geselliger im Umgang mit nur einem Freund als in einer Gruppe. Die Wertesysteme von Kindern mit Asperger-Syndrom ähneln eher denen von Erwachsenen, und das kann natürlich die Freundschaft mit Gleichaltrigen behindern. Dennoch können auch solche Jugendliche durchaus Freundschaften schließen. Sie benötigen die Gelegenheit dazu und gegebenenfalls Rat und etwas Beistand.

Was verstehen Betroffene unter Freundschaft?

In den frühen Kindheitsjahren macht es dem Kind vielleicht nichts oder nur wenig aus, dass es keine Freunde hat. Wenn man es bittet zu erklären, was es unter Freundschaft versteht, so ist gut möglich, dass es eine Antwort gibt, die auf einen mangelnden Reifegrad schließen lässt.[18] Auch junge Erwachsene wissen oft nicht recht, was ein guter Freund eigentlich ist. Ein Junge beantwortete die Frage mit dem Satz: »Jemand, der Dinge für mich trägt und mir Geld leiht«; andere als praktische Eigenschaften fielen ihm nicht ein. Fragt man ein solches Kind, ob es Freunde in der Schule und zu Hause hat, antwortet es möglicherweise mit Ja. Doch Gespräche mit Eltern und Lehrern sowie die Beobachtung des Kindes ergeben, dass dies nur Wunschdenken ist oder dass sich das Kind gar nicht im Klaren darüber ist, dass es mehr zufällige Bekannte als wahre Freunde hat.

Es gibt eine ganze Reihe von Büchern und Aktivitäten, die Kinder ermuntern, sich darüber Gedanken zu machen, was ein guter Freund ist; sie stellen einen wichtigen Bestandteil des Lehrplans für Kinder mit Asperger-Syndrom dar. Auch ist es wichtig, auf beobachtete Beispiele freundlicher Gesten hinzuweisen und dazu zu sagen: »Das war eben eine sehr freundschaftliche Geste« oder das Kind zu fragen: »Was sollte ein Freund in solch einer Situation tun?« Lehrer können Arbeitsbögen erstellen, die sich mit den Eigenschaften der Freundschaft beschäftigen.

Auch gibt es Gruppenübungen; beispielsweise kann man mit Kindern darüber diskutieren, wie man feststellt, ob der andere einen wirklich mag, was Freunde tun oder was man tun könnte, um sich Freunde zu machen.

Wie können Sie Ihr Kind unterstützen?

Manchmal kann das Kind sich ausgerechnet zu den auffälligsten Kindern in der ganzen Klasse hingezogen fühlen und versuchen, mit ihnen Freundschaften zu schließen. Doch vielleicht üben diese Kinder keinen sehr guten Einfluss aus. Dennoch kann ein gegenseitiges Interesse bestehen, und es ist möglich, dass das Kind kritisiert wird, wenn es ihr Benehmen imitiert. Folglich ist es legitim, dem Kind von manchen Freundschaften abzuraten und ihm wiederum andere zu empfehlen.

Zudem besteht das Problem, dass andere Kinder die Naivität des Kindes mit Asperger-Syndrom möglicherweise ausnutzen.

Sie machen sich unter Umständen einen Spaß daraus, es in Schwierigkeiten zu bringen. Einem Mädchen im Teenageralter in einem strengen katholischen Internat wurde von seinen »Freundinnen« vorgeschlagen, es solle doch zu einer bestimmten Lehrerin – einer Nonne – gehen und ihr eine ganz spezielle Frage stellen. Das tat das Mädchen, da ihm nicht klar war, wie obszön die Frage war. Es wurde vom Internat verwiesen. Den Lehrern muss klar sein, dass hinter einem solchen Betragen nicht grundsätzlich eine böse Absicht steckt. Sie sollten das Kind fragen: »Hat dir jemand aufgetragen, das zu tun?«, ehe sie eine Bestrafung ins Auge fassen.

Der Betroffene muss sein Anderssein erkennen

Wenn der Betroffene ins Teenageralter kommt, kann ihm schmerzlich bewusst

Übungsbogen für Grundschulkinder

Rozanne Lanczak[19] führt Übungen auf, die für Kinder im Grundschulalter sinnvoll sind. Danach könnte ein Arbeitsbogen folgendermaßen aussehen:

- Jeder mag … und will ihr Freund sein, weil sie so … ist.
- Schreibe auf, wie … ihren Freunden hilft.
- Mache eine Zeichnung von dir selbst, auf der du freundlich und hilfsbereit aussiehst. Schreibe etwas Entsprechendes dazu.
- Dein bester Freund liegt im Krankenhaus. Was kannst du tun und sagen, um deinen Freund aufzuheitern?
- Wie fühlst du dich, wenn du mit deinem besten Freund zusammen bist?
- Was möchtest du gerne für deine Freunde tun?

werden, dass er keinen richtigen Freund hat und dass er von den geselligen Aktivitäten der Gleichaltrigen ausgeschlossen ist. Er wird möglicherweise deswegen deprimiert sein oder aber leugnen, dass irgendetwas mit ihm nicht in Ordnung ist, und besonders empfindlich auf den bloßen Hinweis reagieren, er sei anders. So ein Jugendlicher kann verzweifelt darüber sein, dass andere im Mittelpunkt der Aufmerksamkeit stehen und – im Gegensatz zu ihm – viele Freunde haben. Wenn er sich in denselben Aktivitäten versucht und dieselben Witze erzählt wie sie, wird er verspottet. Unter solchen Umständen muss der Betroffene – auch wenn es widerwillig geschehen mag – zuerst einsehen, dass er anders ist als die anderen und Hilfe benötigt, ehe er eine Beratung und eine Trainingsgruppe für das Erlernen sozialer Fähigkeiten in Erwägung zieht.

Mögliche Schwierigkeiten im Kontakt

Das Bevorzugen der Einsamkeit oder ungeschickte Versuche des Kontaktknüpfens können von anderen Teenagern missverstanden werden. Zeigt der Betroffene kein Interesse an romantischen Beziehungen, so ist gut möglich, dass er marginalisiert wird, ja man sagt ihm vielleicht sogar nach, er sei homosexuell. Derartige Bemerkungen können für den Jugendlichen mit Asperger-Syndrom sehr schmerzlich sein. Ein normaler Teenager wäre im Stande, über solche kritischen Bemerkungen und über die eigene Sexualität mit seinem besten Freund zu diskutieren, aber leider hat der Jugendliche mit Asperger-Syndrom oft keine derartige Vertrauensperson.

Eltern oder Geschwister können ersatzweise als »beste« Freunde fungieren und den Jugendlichen ermuntern, offen über die während des Tages erlebten emotionalen Höhen und Tiefen zu sprechen. Das wird wahrscheinlich nicht sofort nach der Rückkehr des Kindes aus der Schule geschehen, sondern erst später, am Abend, wenn es entspannt und bereit zu sprechen und zuzuhören ist. Die Rolle für die Eltern besteht dann darin, Unterstützung und Trost zu bieten und die Selbstachtung wiederherzustellen.

So kommt es vielleicht vor, dass ein junger Mann sein Gegenüber ziemlich bald fragt, ob er beim Autofahren seine Sonnenblende herauf- oder herunterklappt. Wenn der Gefragte sie hochklappt, dann kann das die abrupte Beendigung des Gesprächs zur Folge haben. Das heißt, der Betroffene findet in einer Art »Schwarz-Weiß-Verfahren« heraus, wer für ihn infrage kommen könnte. Möglicherweise versucht er zu verstehen, was Freundschaft ist, indem er eifrig Seifenopern im Fernsehen anschaut. In solchen Sendungen werden Beziehungen gewöhnlich übermäßig dramatisiert, daher eignen sie sich nicht als primäre Informationsquelle für Freundschaft. Es ist auch nicht ungewöhnlich, dass ein vom Asperger-Syndrom Betroffener das Maß der Selbstoffenbarung übertreibt und einen möglichen Freund oder eine Gruppe in Verlegenheit bringt, indem er zu viel enthüllt. Ein weiterer Punkt ist, dass ein solcher Mensch oft meint, wenn er selbst jemanden gern habe, müsse der andere zwangsläufig ebenso empfinden. Möglicherweise versteht er die Signale des an-

Bücher zum Thema

Es gibt auch bekannte Bücher für normale Teenager, die davon handeln, wie man Freundschaften schließt und pflegt. Ein solches Buch ist »Making Friends« (»So machst du dir Freunde«), das von Andrew Matthews verfasst wurde.[20] Der Text und die Cartoons stellen einige Komponenten vor, die bedeutsam für Freundschaften sind: beispielsweise, wie wichtig es ist, zuzuhören und entgegenkommend zu sein, wie man Menschen sagt, dass sie deren nicht, die auf den Wunsch nach einer nur flüchtigen oder platonischen Freundschaft hindeuten.

sich geirrt haben, und wie man eingesteht, dass man selbst sich geirrt hat. Die Erfahrung hat gezeigt, dass gerade die letzten beiden Dinge jungen Erwachsenen mit dem Asperger-Syndrom besonders schwerfallen. Ein solcher junger Mensch kann sehr ungewöhnliche Methoden haben, abzuschätzen, ob eine bestimmte Person sich für eine Freundschaft eignen könnte, die für Außenstehende zunächst gar nicht nachvollziehbar ist.

deren nicht, die auf den Wunsch nach einer nur flüchtigen oder platonischen Freundschaft hindeuten.

Verwirrung bei romantischen Beziehungen

Doch schließlich ist durchaus möglich, dass ein Betroffener ein romantisches Interesse für eine andere Person entwickelt, das auf Gegenseitigkeit beruht, und es kann daraus eine Beziehung entstehen. Ein junger Mann beispielsweise war sehr aufgebracht, als seine kurze Pubertätsromanze zu Ende war, und stellte fest: »Das Leben war leichter, solange ich mich nicht darum kümmerte« – eine Klage, die von vielen Teenagern zu hören ist. Obwohl er glücklich war, als er eine neue Freundin gefunden hatte, war er äußerst verwirrt darüber, dass sie nicht genau dieselben Dinge liebte wie seine vorherige Freundin. Er hatte gemeint, sobald er einmal gelernt habe, was man sagt und tut, könne er dieses Wissen auf alle seine nachfolgenden Freundinnen anwenden. (Doch ist das ein Merkmal, das nicht nur auf Menschen mit Asperger-Syndrom zutreffen muss.)

Langzeitentwicklung

Elizabeth Newsom[21] und ihre Kollegen haben die Langzeitentwicklung von Kindern mit Asperger-Syndrom erforscht, indem sie ausführliche Gespräche mit Eltern und Betroffenen führten. Der Wunsch eines Teenagers, Freunde zu haben, kann überwältigend sein, wie die folgende Schilderung der Mutter eines Betroffenen besonders eindrücklich zeigt.

·····

Eine Mutter

Überwältigender Wunsch nach Freundschaft

>> *Er ging in unseren örtlichen Jugendclub. Sie waren zuerst begeistert von ihm, denn Donald ist groß, er ist ein hervorragender Torwart, und all die kleinen Jungen dort verehrten ihn wie einen Helden. Aber sie fanden bald heraus – verstehen Sie, dazu braucht man nicht einmal einen ganzen Abend –, dass etwas mit ihm nicht in Ordnung war. Und wenn er von diesem Club nach Hause kam, dem ersten – er muss es zuvor bei etwa zehn Clubs in dieser Gegend versucht haben –, hatten sie ihn immer zusammengeschlagen, angespuckt und seinen Pullover zerrissen. Eines Tages sagte ich zu ihm: »Donald, warum lässt du dir das gefallen? Du bist stärker als diese Jungen, warum wehrst du dich nicht?« Und er sagte dann: »Es ist besser als nichts. Das andere ist mir egal.« Ich glaube, er suchte so verzweifelt Kontakt, dass er sich lieber zusammenschlagen ließ, als allein zu sein. Und das war ein Albtraum, und das ging jahrelang so, mit einem Club nach dem anderen.*[22] <<

·····

Ein anderer junger Mann in den Zwanzigern ging mit seinen Freunden in Discotheken und sah ihnen dabei zu, wie sie mit Mädchen zusammentrafen. Er beobachtete ihre begehrlichen Blicke und ihre Körpersprache und bemerkte, dass die Mädchen mit einer ähnlichen Körpersprache darauf reagierten. Aber er konnte ihre Körpersprache nicht imitieren und sagte: »Die Augen der Mädchen werden kalt, wenn sie mich anschauen. Ihre Blicke besagen: ›Nicht für dich, nicht für dich‹.« Trotz seiner beachtlichen akademischen Leistungen wurde er depressiv und entwickelte einen Selbsthass, da es ihm nicht gelang, eine Freundin zu finden.

Vermutlich fallen einem solchen Menschen, der Anstrengungen unternimmt, um beliebt zu sein, einige Leute auf, die im Umgang mit anderen Menschen kompetent sind; daher versucht er, ihre Persönlichkeit, ihre Kleider und ihre Stimme nachzuahmen. Es ist dann fast so, als übernähme er den Charakter eines anderen, der erfolgreicher ist als er.[23] Es ist durchaus möglich, dass der Betroffene seine Freunde nicht in seiner Altersgruppe, seinem Milieu oder seiner Kultur sucht. Leider wird dies von anderen zuweilen falsch gedeutet.

Orientierung an religiösen oder politischen Gruppen

Einige Menschen haben Schwierigkeiten mit den komplexen Problemen der Moral und suchen eine Orientierung in religiösen oder politischen Überzeugungen. Das kann auch eine Gelegenheit sein, andere Menschen mit ähnlichen Ansichten zu treffen und über das, was moralisch oder sozial angemessen ist, zu diskutieren. Doch können dadurch auch Probleme mit der Umgebung entstehen. Ein junger Mann hielt die örtliche Gruppe der Hells Angels (die alle aus einer bestimmten ethnischen Gruppe stammten) sämtlich für Diebe und Drogendealer; seine diesbezüglichen Ansichten, die er Zeitungsartikeln entnahm, teilte er ihnen unverblümt mit, wann immer er sie traf. Zum Glück hatte er einen Schutzengel … ihm ist nichts passiert.

Vereine

Eine Methode, Freundschaften zu schließen, besteht darin, Vereinen beizutreten, die mit dem speziellen Interessengebiet des vom Asperger-Syndrom Betroffenen in Verbindung stehen. Computerclubs, Amateur-Astronome oder Treffen von Eisenbahnfans können Foren darstellen, wo man etwas über sein Interessengebiet lernt und wo sich echte Freundschaften entwickeln können. Auch bieten das Internet, Brieffreundschaften und Newsletter Menschen mit Asperger-Syndrom die Möglichkeit zu korrespondieren, Einblicke in die Gefühle anderer sowie Informationen zu erhalten und Freundschaften zu schließen. Kontaktadressen können sowohl von örtlichen Vereinen für Kinder, die autistisch sind oder unter dem Asperger-Syndrom leiden, als auch

Schlüsselfakten über Freunde auswendig lernen

Es ist allerdings möglich, sich spezielle Strategien anzueignen. Der Betroffene kann bestimmte Schlüsselfakten über jeden seiner Freunde auswendig lernen oder aufschreiben; wenn er sie dann trifft oder mit ihnen am Telefon spricht, hat er praktisch eine Art »Skript« von Gesprächsthemen parat. Eine junge Frau erinnerte sich daran, dass sie immer, wenn während eines Gesprächs mit einer bestimmten Freundin eine Pause entstand, nach dem Zuhause der Freundin in London fragen sollte. Also stellte sie diese Frage ganz automatisch, vergaß aber oft, daran zu denken, dass ihre Freundin schon vor mehreren Jahren aus London weggezogen war.

von den Newslettern nationaler Organisationen angefordert werden.

Als Erwachsene kommen Betroffene meist besser klar

Die Selbstzweifel und die Isolation, welche die Adoleszenz prägen, nehmen gewöhnlich ab, wenn der Betroffene älter und reifer wird. In der höheren Schule befindet man sich in erzwungener Nähe zu anderen Teenagern, die nicht gerade die tolerantesten Kameraden sind, denen man aber nicht aus dem Weg gehen kann. Als Erwachsener hat man schließlich eine größere Wahlmöglichkeit, was Aktivitäten, Bekannte und Lebensrhythmus betreffen. Auch ist die Zeit ein hervorragender Erzieher, und letztendlich erwirbt der Betroffene Fähigkeiten, die ihm in seiner Kindheit unerreichbar schienen. Es ist wichtig, Teenager aufzubauen und zu erklären, dass sie nicht verzweifeln müssen, weil am Ende des Tunnels immer ein Licht ist! Es ist sehr gut möglich, dass sie am Ende jemanden finden, der sie versteht und tatsächlich mit ihnen befreundet sein will, wie auch das von Beispiel von Jim zeigt.

Die psychologische Forschung hat festgestellt, dass Ähnlichkeit eine der Hauptkriterien bei der Wahl von Freunden ist. Das hat viele Menschen mit Asperger-Syndrom dazu gebracht, ihre Freunde unter jenen zu finden, die dasselbe Problem haben. Tatsächlich wurden aus einigen Freundschaften erfolgreiche Ehen.

Lernen, anderen in die Augen zu sehen

Klinische Beobachtungen ergaben, dass ein Kind mit Asperger-Syndrom wichtige Punkte in einer Unterhaltung oft nicht durch den Einsatz der Augen unterstreicht, beispielsweise wenn es zu spre-

....

Jim
Strategie für eine funktionierende Freundschaft

>> *Ich hatte eine Freundin – nicht eine Verwandte, eine Mutter oder Tante, deren Liebe und Pflicht sie antrieb, auf mich einzuwirken, und auch keine Spezialistin, zu deren Beruf es gehörte, meinen Zustand zu beobachten –, sondern einfach eine Person, die mich interessant genug fand, um mich näher kennenlernen zu wollen. Eine Freundin, die – ohne besondere psychologische Kenntnisse oder pädagogische Ausbildung – ganz allein ein paar Leitlinien entdeckte, mit deren Hilfe sie eine Beziehung zu mir herstellen konnte. Sie erklärte sie mir: Sie nahm nie – ohne mich zu fragen – an, dass ich irgendetwas Bestimmtes dachte, fühlte oder verstand, nur weil sie solche Gedanken, Gefühle oder ein derartiges Verständnis gehabt hätte, wenn sie selbst in der entsprechenden Situation gewesen wäre. Und nie nahm sie – ohne mich zu fragen – an, dass ich etwas nicht dachte, fühlte oder verstand, nur weil ich nicht so handelte, wie sie es im Zusammenhang mit meinen Gedanken, Gefühlen und meinem Verständnis getan haben würde. Mit anderen Worten: Sie lernte zu fragen, anstatt zu versuchen, es zu erraten.*[24] <<

....

chen anhebt, um Zustimmung oder Interesse zu zeigen oder wenn es eine Klarstellung möchte. Neuere Forschungsstudien[25] ergaben zudem, dass das Kind seinen Gesprächspartner auch dann nicht ansieht, wenn dieser spricht.

Einige Erwachsene mit Asperger-Syndrom haben erklärt, es fiele ihnen leichter, einen Augenkontakt herzustellen, wenn sie nicht zuhören müssten. Ein Augenkontakt störe ihre Konzentration. Zudem begriffen sie nicht, dass das Auge Informationen über die geistige Verfassung eines Menschen oder seine Gefühle vermittelt. Im Laufe einer diagnostischen Beurteilung wurde ein Teenager mit Asperger-Syndrom zunehmend ängstlich, als er über seine besonderen Interessen sprach, da seine Eltern ihm aufgetragen hatten, dies nicht zu tun. Sie fürchteten, er könne dadurch einen merkwürdigen Eindruck machen. Doch vom diagnostischen Standpunkt aus gesehen gibt es qualitative Aspekte an diesen Interessen, die wichtig sind.

Den Gesichtsausdruck lesen lernen

Seine Methode, mit der Ängstlichkeit fertig zu werden, bestand darin, die Augen zu schließen. Als man ihm sagte, es sei schwierig, ein Gespräch mit jemandem zu führen, der die Augen geschlossen halte, antwortete der Teenager: »Warum sollte ich Sie anschauen wollen, wo ich doch weiß, wo Sie sind?« Das Kind mit Asperger-Syndrom muss also ganz offensichtlich lernen, wie wichtig es ist, der anderen Person ins Gesicht und in die Augen zu schauen, nicht nur um zu sehen, wo sich der andere gerade befindet, sondern um die subtilen Hinweise in seinem Gesichtsausdruck zu erkennen und darauf zu reagieren.

Lorna Wing[26] erwähnt einen Menschen mit Asperger-Syndrom, der sagte: »Die Menschen geben einander Botschaften mit den Augen, aber ich weiß nicht, was sie sagen.« Der Blick in die Augen anderer Leute kann sehr schwer für einen solchen Menschen sein, wie die folgende Schilderung belegt.

....

Ein Betroffener

Es ist anstrengend, Menschen in die Augen zu sehen

>> *Anderen Menschen ins Gesicht zu blicken, insbesondere in ihre Augen, ist eines der schwersten Dinge für mich. Wenn ich Leute ansehe, muss ich fast immer eine bewusste Anstrengung unternehmen, und auch dann halte ich es nicht länger als eine Sekunde lang aus. Wenn ich Menschen längere Zeit anblicke, behaupten sie gewöhnlich, ich scheine durch sie hindurchzusehen, anstatt sie wirklich anzuschauen, so, als bemerke ich gar nicht wirklich, dass*

sie da sind. Die Menschen begreifen nicht, wie unerträglich schwer es für mich ist, jemanden anzusehen. Es stört meine Ruhe und ist furchtbar erschreckend – obwohl die Angst mit der zunehmenden Entfernung vom anderen abnimmt.

Ich habe versucht, an diesem Problem zu arbeiten, während ich im Krankenhaus lag und von dem dortigen Psychiater behandelt wurde; aber die Behandlung dauerte zweieinhalb Jahre und brachte keinen Erfolg. Mein Psychiater zwingt mich nicht, ihn anzusehen, obwohl er mich immer ansieht. Er hat mir erklärt, dass die Leute es falsch interpretieren könnten, wenn ich sie nicht anschaue, dass sie meinen könnten, ich sei nicht an ihnen interessiert, würde über etwas nicht die Wahrheit sagen oder wäre einfach unhöflich. Ich versuche es wirklich, da ich nicht möchte, dass die Leute solche Dinge von mir denken, aber bestenfalls kann ich jemanden ein paar Sekunden lang anblicken. Wenn andere Leute mich anschauen, so ist das fast so schlimm, wie wenn ich sie anschaue.

Mir ist erst vor Kurzem aufgegangen, dass ich, wenn ich Menschen und Bilder anschaue, nicht das Gesamtbild, sondern nur den Umriss eines Ausschnitts sehe. Ich kann ein Bild in seiner Gesamtheit sehen, dazu muss ich es aber nach und nach aus kleinen Teilstücken zusammensetzen. Dasselbe trifft auf die Gesichter anderer Menschen zu. Ich kann nicht das ganze Gesicht auf einmal erfassen.[27] ◄●

Schließlich muss der Betroffene lernen, wann und wie der Augenkontakt anzuwenden ist. Aber manche von ihnen lernen auch nur, ihr Handicap weniger auffallen zu lassen. Beispielsweise erzählte Candy, eine Frau mit Asperger-Syndrom, dass für sie als Erwachsene der Augen-zu-Augen-Kontakt jetzt leichter aufrechtzuerhalten sei, »aber ich schaue nur hin, ich sehe nichts dabei«. Durch die innerliche Distanzierung wird der Kontakt für sie also erträglicher.

Emotionen werden nicht erkannt

Ein weiteres Merkmal des Asperger-Syndroms ist der entstehende Eindruck, ein solches Kind empfinde grundsätzlich kein Mitgefühl. Das sollte nicht dahingehend gedeutet werden, das Kind verfüge nicht über die Fähigkeit, sich um andere zu kümmern. Vielmehr verwirren die Gefühle anderer dieses Kind oder es hat Schwierigkeiten, seinen eigenen Gefühlen Ausdruck zu verleihen. Während eines Gesprächs oder beim Spiel wirkt das Gesicht des Kindes fast ausdruckslos. Seine Mimik ist starr. Dasselbe kann auf die Körpersprache zutreffen. Möglicherweise bewegt ein solches Kind die Hände, um zu veranschaulichen, was es mit Gegenständen tut, oder um Wut oder Frustration auszudrücken, aber Gesten oder Körpersprache, die das Verständnis für die Gedanken und Gefühle eines anderen Menschen – das heißt Verlegenheit, Trost oder Stolz – signalisieren, sind auffällig reduziert oder fehlen sogar ganz.[28]

Mimik und Gestik verstehen

Mit fortschreitender Interaktion wird klar, dass das Kind die Veränderungen im Gesicht seines Gegenübers und seine Körpersprache nicht erkennt bzw. nicht darauf reagiert. Gesunde Kinder wissen, dass ein Augenzwinkern und ein bestimmter Tonfall bedeuten »Ich will dich doch nur ein bisschen necken«. Doch solche subtilen Signale werden von einem Kind mit Asperger-Syndrom leider oft nicht erkannt.

Beispielsweise ärgerte sich eine Mutter sehr über ihren kleinen Sohn, und ihr Stirnrunzeln sprach deutlich für ihre schlechte Laune. Daraufhin deutete der Kleine auf die Falten, die sich zwischen ihren Augenbrauen gebildet hatten, und sagte: »Elf«. Er war fasziniert von diesem Phänomen und achtete gar nicht auf dieses offenkundige Anzeichen ihrer Wut.

Wenn ein Kind dafür getadelt wird, dass es die verborgene Absicht nicht verstanden hat, reagiert es meist beleidigt.

Eltern berichten, dass sie in ihrer Körpersprache, ihrem Tonfall und ihrem Gesichtsausdruck übermäßig deutlich sein müssen, damit das Kind ihre Gefühle erkennt. Nicht nur gibt es Probleme mit dem Verstehen des emotionalen Ausdrucks anderer Leute, sondern auch die Ausdrucksgebungen des Kindes selbst sind ungewöhnlich und lassen es häufig an Subtilität und Genauigkeit fehlen. Es geschieht, dass es einem völlig Fremden einen Kuss auf die Lippen gibt oder einen starken Schmerz äußert, der der gegebenen Situation nicht angemessen ist. Führt man mit ihm ein Gespräch, so kann es dabei unter Umständen geeignete Ausdrücke, ja sogar Fachausdrücke verwenden, aber Ereignisse werden grundsätzlich in Bezug auf Handlungen, nicht auf Gefühle beschrieben.

Gefühle benennen und wiedergeben

Bei der diagnostischen Beurteilung bitte ich das Kind, das Gefühl zu benennen, das auf Fotos von Kindern dargestellt ist, oder mit dem eigenen Gesicht eine kleine Palette einfacher Emotionen wie glücklich, traurig, ärgerlich, ängstlich oder überrascht sein zu zeigen. Manche Kinder nehmen ihre Hände, um ihren Mund zu verziehen und damit ein Lächeln anzudeuten, oder sie verzerren ihr Gesicht auf merkwürdige Weise, womit sie nur wenig Ähnlichkeit mit dem erwarteten Gesichtsausdruck erzeugen. Normal entwickelte Kinder haben keinerlei Probleme damit, solchen Aufforderungen nachzukommen, aber das Kind mit Asperger-Syndrom hat damit beträchtliche Schwierigkeiten und neigt dazu, diese zu intellektualisieren. Ein Kind wandte ein: »Wie kann ich ein trauriges Gesicht machen, wo ich mich doch glücklich fühle?« Ältere Kinder mit Asperger-Syndrom können zwar einfache Gefühle ausdrücken, aber es fällt ihnen besonders schwer, komplexere Emotionen, wie Verlegenheit und Stolz, zu erklären und auszudrücken.[29]

Strategien, die helfen, Emotionen zu verstehen

Menschen mit Asperger-Syndrom finden, dass das »Land der Emotionen« ein unbekanntes Terrain für sie ist. In den letzten Jahren hat das Interesse an einer der wichtigsten Komponenten des Sozialverhaltens stark zugenommen: der Kommunikation von Gefühlen.

Ein Betroffener sagte: »Andererseits mag ich Küsse, Umarmungen und Kuscheln nicht besonders gern. Wenn ich jemanden umarme und mit ihm kuschele, dann tue ich es, wenn ich wirklich Lust darauf habe, und nicht, wenn der andere es will. Der einzige Mensch, den ich im Augenblick umarme, ist mein Psychiater. Mein

Allgemeinarzt meint dazu, dieser Mann habe sehr viel Glück, aber ich verstehe nicht, was Glück mit einer Umarmung zu tun hat.«[30]

Das Gefühl »glücklich« erkunden

Zu den heilpädagogischen Strategien gehört unter anderem die Vermittlung einer Fähigkeit, die andere Kinder auf natürlichem Wege erlangen. Das Grundprinzip besteht darin, immer ein Gefühl in den Mittelpunkt zu stellen. Erkunden Sie das Gefühl »glücklich« und geben Sie dem Kind so viele Beispiele dafür wie möglich. Sie können Bücher, Zeitschriften oder Filme zu Hilfe nehmen.

Beispielsweise können Sie zusammen mit dem Kind Bilder für ein »Ausschnitte-Buch« oder eine Collage sammeln, die glückliche Gesichter und Ereignisse zeigen, welche Erwachsene oder das Kind erfreuen. Das Kind oder die Klasse können alle Wörter auflisten, die die verschiedenen Ebenen des Glücklichseins beschreiben. Ältere Kinder können ihre Klassenkameraden und Erwachsene fragen, was sie glücklich macht, und die individuellen Vorlieben und Unterschiede demonstrieren. Das Ganze kann zudem auf Zeichnungen, Farbenwahl, Musik usw. erweitert werden, die eine bestimmte Emotion illustrieren. Einige Schlüsselfragen hierbei sind »Was kannst du tun, um jemanden glücklich zu machen?« und »Was kannst du sagen, um bei einem anderen ein Glücksgefühl auszulösen?«.

Üben, ein glückliches Gesicht zu machen

Eine nützliche Strategie, die ich entwickelt habe, besteht darin, eine Seite eines »Ausschnitte-Buches« zu nehmen, auf dem Beispiele für Glücklichsein abgebildet sind. Sobald diese beschrieben worden sind, legt man ein lebensgroßes Foto von jemandem, der lächelt, daneben. Man erklärt, diese Person fühle sich glücklich. Die nächste Phase besteht darin, einen Spiegel neben das Foto zu legen und das Kind zu bitten, sich die Illustrationen und das lächelnde Gesicht anzuschauen, dann den Spiegel zu nehmen, sich selbst darin zu betrachten und dann ein glückliches Gesicht zu machen. Das Kind hat die Möglichkeit, sich auf die relevanten Gedanken in Bezug auf das Gefühl zu konzentrieren, ein Muster für einen Gesichtsausdruck anzuschauen und seinen eigenen Gesichtsausdruck zu gestalten. Diese Strategie – mithilfe von Ausschnitte-Buch, Foto und Spiegel – kann auf eine ganze Reihe anderer Gefühle angewendet werden.

Ein glückliches Gesicht zusammensetzen

Es gibt ein hervorragendes Spiel, das aus einem »leeren« Gesicht und einer Auswahl verschiedener Augen, Augenbrauen und Mündern besteht, die mit einem leicht lösbaren Haftband an dem Gesicht angebracht werden können. Das Kind muss die einzelnen Teile zusammensuchen, die zu einer bestimmten Emotion passen. Zum Beispiel soll es einen »glücklichen Mund« oder »glückliche Augen« finden. Arbeitsbögen können zusammengestellt werden, die auf dem Buch von Rozanne Lanczak[31] beruhen – beispielsweise eine Zeichnung oder ein Foto von jemandem, der seine Weihnachtsgeschenke auspackt –, anhand derer das Kind die folgenden Übungen auszuführen hat:

- Wie fühlt sich der Junge, wenn er viele Geschenke erhält?
- Male Bilder von seinen Familienmitgliedern, die alle glückliche Gesichter haben.

Spiele

In einer Gruppe kann das Spiel »Gefühlshüte« gespielt werden: Ein Gefühl, beispielsweise Traurigkeit, Angst oder Freude, wird auf eine Karte geschrieben, die an einem Hut befestigt wird. Jedes Kind wählt einen Hut (mit einer Emotion) und setzt ihn auf; dann erzählt es den anderen, wann es schon einmal ein solches Gefühl hatte. In einem anderen Spiel werden »Gefühlsmasken« verwendet, wobei jeder Teilnehmer die Emotion, die die Maske zeigt, darstellt.

Trainingsgruppen, in denen Teenager soziale Fähigkeiten erlernen, können ein Spiel einführen, bei dem zwei Kartenstöße verwendet werden. Auf jede Karte des einen Stoßes wird eine bestimmte Emotion geschrieben – z. B. glücklich, stolz oder eifersüchtig –, während auf jede Karte des anderen Stoßes eine Handlung notiert wird – z. B. Teller waschen oder frühstücken. Das Spiel besteht darin, eine Karte von jedem Stoß zu nehmen und die Handlung zu spielen, die zum Gefühl passt, während die anderen Teilnehmer versuchen, die jeweilige Beschäftigung, das Gefühl und die Ausdrucksebene zu erraten. Auch kann herkömmlicher Rhetorik- und Theaterunterricht für Jugendliche mit Asperger-Syndrom so abgeändert werden, dass dabei veranschaulicht wird, wie man die Gefühle des anderen erkennt; dabei empfiehlt es sich, die Pantomime zu Hilfe zu nehmen, Tonbänder anzuhören und Gedichte zu lesen.

Gefühle vorführen und erkunden

Darüber hinaus kann der Lehrer oder ein Elternteil einen bestimmten Grad von Glück mit seiner Körpersprache, seinem Tonfall und seinem Gesicht usw. vorführen und das Kind fragen: »Wie fühle ich mich?« und »Fühle ich mich ein bisschen glücklich oder sehr glücklich?« Damit werden die verschiedenen Ausdrucksebenen erforscht.

Sobald eine spezielle Emotion und die verschiedenen Ausdrucksebenen verstanden worden sind, kommt die nächste Phase, die darin besteht, mit der entgegengesetzten Emotion »traurig« ebenso zu verfahren. Dafür kann man sich ein Spiel ausdenken, in dem Bilder, Geschichten oder Rollenspiele verwendet werden, und wo das Kind auszuwählen hat, welche Emotion – glücklich oder traurig – gerade dargestellt wird.

Um beim Beispiel der Trauer zu bleiben: Man kann auch fragen: »Wie kannst du wissen, dass jemand traurig ist?«, und anschließend: »Was könntest du tun oder sagen, was ihm helfen würde, sich besser zu fühlen?« Hier lernt das Kind, die Signale zu deuten, und auch, was es tun sollte, sobald es sie verstanden hat.

Sobald dieses Prinzip erfasst ist, können auch andere emotionale Zustände zur Sprache gebracht werden, insbesondere Wut, Ängstlichkeit und Frustration, aber auch positivere Emotionen, wie Liebe und Zuneigung, Befriedigung und Überraschung; ferner auch komplexe Emotionen, wie Stolz, Eifersucht und Verlegenheit. Ein Arbeitsheft kann angelegt werden, um die Ereignisse und Gedanken zu erforschen, die eine bestimmte Emotion in dem Kind wachruft, sowie die alternativen Reaktionen.

Zum Beispiel:
- Was bringt dich dazu, dich ... zu fühlen?
- Was kannst du tun, wenn du ... fühlst?
- Ich bin ärgerlich, weil ...

Erklären Sie Ihrem Kind subtile Signale

Auch zufällige Umstände können genutzt werden, um spezifische Hinweise deuten zu lernen, aufgrund derer Gefühle zu erkennen sind. Ein Elternteil oder Lehrer kann sich eine Situation zunutze machen, um auf die Signale hinzuweisen – beispielsweise die gerunzelte Stirn, der drohende Finger, ein langer Blick oder Schweigen; diese haben eine sehr spezielle Bedeutung und erfordern eine ganz bestimmte Reaktion. Das ist sehr wichtig für das Verhalten während des Unterrichts, wo das Kind subtile Hinweise vom Lehrer vielleicht nicht beachtet, die für seine Klassenkameraden völlig offenkundig sind.

Die Signale, die bestimmte Gefühle erkennen lassen, müssen unter Umständen auch von Erwachsenen gelernt werden. Als Temple Grandin in ihrer Arbeit Erfolg zu haben begann, schrieb sie: »Ich musste lernen, misstrauisch zu sein. Ich musste es auf kognitivem Wege lernen. Ich konnte den eifersüchtigen Ausdruck auf einem Gesicht nicht erkennen.«[32]

Eine wesentliche Komponente dieser Programme ist die Schilderung und Erkundung von Ereignissen und Kommentaren, die ein bestimmtes Gefühl verursachen – und zwar sowohl in dem Kind als auch in den anderen Menschen. Es können Vorfälle ins Gedächtnis gerufen werden, in denen das Kind eine ganz bestimmte Emotion erlebte; danach wird

Entschuldigungssatz

Für den Fall, dass das Kind verwirrt ist oder erkennt, dass es einen Fehler gemacht hat, kann man ihm einen Entschuldigungssatz beibringen, wie »Es tut mir leid, ich weiß nicht recht, was Sie von mir verlangen« oder »Ich wollte Sie nicht aufregen« oder einfach »Es tut mir leid«. Das wird dazu beitragen, die Situation zu entschärfen und Höflichkeit oder Naivität statt Aggressivität oder Gleichgültigkeit zu vermitteln.

ihm erklärt, dass auch andere Menschen derartige Gefühle haben. Auf diese Weise beginnt das Kind, sich in andere hineinzudenken. Ist ein Mensch nicht imstande, die Gefühle anderer Leute zu verstehen, so besteht die Gefahr, dass er sich als selbst ernannter »Forscher« betätigt und psychologische Experimente anstellt, um die Reaktionen anderer Leute auf Behauptungen von ihm zu erkunden, die eine sehr starke emotionale Reaktion auslösen können.

Einige Betroffene provozieren absichtlich

Eine sehr kleine Minderheit von Jugendlichen mit Asperger-Syndrom macht absichtlich provozierende Aussagen – um die Reaktionen anderer Leute zu testen –, die ziemlich makaber sind und als potenziell kriminell missverstanden werden können. Es kann vorkommen, dass es den Betroffenen intensives Vergnügen bereitet, eine drastische Antwort hervorzurufen, um die Emotionen anderer Menschen kontrollieren und manipulieren zu können. Der Betroffene mag gefühllos wirken, aber in Wirklichkeit versucht er nur zu verstehen, wie er die Gefühle eines anderen beeinflussen und voraussehen kann. Natürlich sollte von solchen »Experimenten« dringend abgeraten werden; stattdessen muss man solchen Menschen beibringen, Gefühle zu verstehen und auszudrücken. Dies ist keine leichte Aufgabe und kann zu einem lebenslangen Studium werden.

Mir ist der Fall eines jungen Mannes mit Asperger-Syndrom bekannt, der einen Doktor in Physik hat und Forschungen innerhalb eines renommierten Universitätsteams durchführt. Sein Hobby besteht darin, eine mathematische Formel zu entwickeln, mit der das emotionale Verhalten des Menschen vorausgesehen werden kann. Sollte es ihm gelingen, könnte er den Nobelpreis bekommen und Tausende von Psychologen arbeitslos machen.

Strategien, die helfen, Emotionen auszudrücken

Hierbei scheint die Schwierigkeit darin zu liegen, eine genaue und präzise Methode zu finden, mit der ein bestimmtes Gefühl ausgedrückt werden kann. Dies soll durch den Fall eines Jungen mit Asperger-Syndrom veranschaulicht werden. Er stand neben seiner Mutter und sah zu, wie seine jüngere Schwester schaukelte. Plötzlich fiel sie herunter und rannte weinend zu ihrer Mutter, um getröstet zu werden. Während sie auf die beiden zulief, drehte der Junge sich zu seiner Mutter und fragte: »Was für ein Gesicht mache ich?« Ganz eindeutig erkannte er die Signale, aber er wusste nicht, wie er seine Teilnahme ausdrücken sollte.

Es gibt Gelegenheiten, wo dem Betroffenen einfach das richtige Vokabular fehlt, um die Feinheiten des emotionalen Ausdrucks exakt in Worte fassen zu können. Eine leichte Verärgerung wird dann durch den Einsatz von augenfälliger und einprägsamer Körpersprache ausgedrückt, die der Betroffene vielleicht lernte, indem er die Darstellung anderer Kinder oder auch Schauspieler im Fernsehen betrachtete. Dieser Ausdruck wirkt äußerst dramatisch, aber die Botschaft ist ziemlich klar. In diesem Fall muss er die Skala angemessener und genauerer Sätze und Handlungen lernen.

Messlatte für Emotionen
Zur besseren Veranschaulichung empfiehlt es sich, ein Messgerät oder Barometer zu zeichnen, das den Grad einer spezifischen Emotion »misst«. Den Punkten auf diesem Maßstab können Zahlenwerte und angemessene Worte und Handlun-

gen zugeordnet werden. Unten sehen Sie ein Beispiel für eine Messlatte für Wut.

Für jeden Punkt auf der Messlatte sollten angemessene Worte, Tonfall und Körpersprache anhand von Beispielen aus Geschichten, Fernsehfilmen und Rollenspielen erklärt werden. Ein Spiel kann organisiert werden, in welchem Lehrer, Elternteil oder Kind ein bestimmtes Gefühl durch Handlung und geeignete Worte vorführt, worauf das Kind dann den entsprechenden Grad des Ausdrucks auf der Messlatte anzugeben hat. Das Kind (oder der Jugendliche) kann versuchen, mithilfe der Messlatte genauere und subtilere Wörter und Gesten der Körpersprache auszudrücken.

Die Messlatten-Technik kann für eine ganze Reihe von Emotionen verwendet werden, aber sie hat sich auch als sehr nützlich erwiesen, wenn es darum geht, ein Kind zum Ausdruck eines bestimmten Grades von Schmerz oder Unbehagen zu motivieren. Kinder mit Asperger-Syndrom sind häufig sehr stoisch; sie ertragen Schmerz, ohne dass aus ihrer Körper-

sprache oder ihren Worten hervorgeht, dass sie große Qualen leiden.

Unangebrachtes Lachen

Ein für andere verwirrendes Merkmal des Asperger-Syndroms ist, dass leichtes Unbehagen manchmal mit Kichern ausgedrückt wird (es ist dann, als wisse der Betroffene nicht, ob er lachen oder weinen solle). In diesem Fall besitzt das Kind nicht etwa einen merkwürdigen Humor, sondern ein Ausdruckssystem, dem es an Subtilität und Genauigkeit fehlt. Es ist wichtig, dem Kind zu erklären, welche Wirkung ein solches Verhalten auf andere Menschen haben kann; insbesondere Eltern und Lehrer könnten versucht sein, das Kind zu tadeln oder zu bestrafen, weil sie sich über seine Reaktion ärgern.

Gelegentlich mag das unangebrachte Lachen sonderbar wirken; zum Beispiel wenn das Kind ein bestimmtes Wort oder einen bestimmten Satz hört und daraufhin in hysterisches Lachen ausbricht. Auch kann das Kichern ohne er-

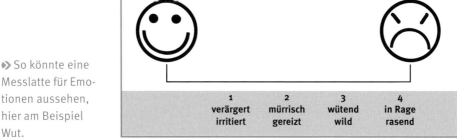

❥ So könnte eine Messlatte für Emotionen aussehen, hier am Beispiel Wut.

sichtlichen Grund erfolgen; deshalb ist es durchaus möglich, dass Außenstehende annehmen, das Kind leide an Gehörhalluzinationen. Dennoch ist der Grund dafür einfach und auch logisch, sobald man das Asperger-Syndrom erst einmal verstanden hat. Ein solches Kind ist oft von den Bedeutungen oder dem Klang mancher Worte fasziniert, und ein zweideutiger Satz fesselt es und spricht seinen Humor an, so als habe es einen Witz oder ein Wortspiel vernommen.

So wurde ein Jugendlicher als sonderbar angesehen, weil er auf dem Pausenhof allein vor sich hin kicherte. Die Erklärung dafür fand sich, als ein anderes Kind gefragt wurde, warum es nicht näher an ihn herangehe. Es antwortete nämlich: »Weil er über die Wespen lacht.« Tatsächlich ergab die Beobachtung, dass seine Reaktion auf dieses gefährliche Insekt Kichern war; es war seine Art und Weise, seine leichte Erregung zum Ausdruck zu bringen. Doch hatte er nicht angenommen, dass dieses Verhalten andere Leute beunruhigen würde und sie ihn deshalb für sonderbar halten könnten.

Fehlinterpretationen

Die Körpersprache eines Menschen mit Asperger-Syndrom kann auch in anderer Hinsicht fehlinterpretiert werden. Ihr Benehmen kann als aggressiv, unnahbar oder teilnahmslos missverstanden werden, und das kann eine Quelle der Ängstlichkeit sein, insbesondere für Er-

Arbeitsheft für Emotionen

Kinder können ein Arbeitsheft führen, um die geeigneten emotionalen und sprachlichen Reaktionen auf spezifische Situationen zu erkunden, beispielsweise: Wie würdest du dich fühlen und was kannst du sagen, wenn

- jemand sich über deine Kleider lustig macht,
- jemand deine Handschrift kritisiert,
- du hart für eine Prüfung arbeitest und dennoch eine schlechte Note bekommst,
- du lächelst und Hallo sagst, der andere dich jedoch nicht beachtet,
- du dein Pausenbrot zu Hause vergisst, ein Freund dir jedoch anbietet, seines mit dir zu teilen,
- ein Freund zu dir sagt, du wüsstest so viel über Computer?

Das Kind kann Gesichter und Szenen zeichnen sowie den Ablauf einer jeden dieser Situationen aufschreiben.

wachsene mit Asperger-Syndrom. Beispielsweise denken Verkäuferinnen manchmal, solche Kunden seien streitsüchtig oder autoritär, obwohl das eigentlich gar nicht in deren Absicht liegt. Hier können Rollenspiele und der Einsatz von Videoaufnahmen verdeutlichen, welche Signale fehlinterpretiert werden, und den Betroffenen helfen, sich in Redeweise und Körpersprache subtiler und präziser auszudrücken.

Wie kann man lernen, Gefühle zu offenbaren?

Ein häufig zu beobachtender Zug des Asperger-Syndroms ist die Schwierigkeit, sich selbst zu »offenbaren«, das heißt über seine Gefühle zu sprechen. Das Kind kann sehr aufgeregt sein, hat aber nicht die Fähigkeit oder die Worte, seine Gefühle zu erklären. Seine Eltern sind beunruhigt, da sie nicht wissen, warum ihr Kind so offenkundig leidet, und sie sind daher nicht imstande, ihm das geeignete Mitgefühl und die erforderliche Betreuung zu bieten. Es ist in diesem Fall hilfreich, wenn Eltern regelmäßig über ihr eigenes Innenleben sprechen, indem sie ihrem Kind erzählen, welche emotionalen Reaktionen und Gedanken sie während des Tages hatten, und dann zu Fragen überleiten, wie »Hast du dich heute in der Schule geärgert?« oder »Warst du über irgendetwas enttäuscht?«. Das wird dem Kind den geeigneten Kontext und das geeignete Vokabular geben, um auch über seine eigenen Erfahrungen zu reden.

Obwohl es dem Betroffenen schwerfallen kann, über seine Gefühle zu sprechen, legt er oft eine bemerkenswerte Eloquenz an den Tag, wenn er sich in geschriebener Form ausdrückt, sei es in einem Tagebuch, in Briefen, Gedichten oder autobiografischen Schriften. Candy, die unter dem Asperger-Syndrom leidet, berichtete, dass ihre »geschriebene Sprache mit einer Mühelosigkeit und Leichtigkeit kommt, die ansonsten nicht möglich ist«. Versuchen Sie den Betroffenen dazu zu ermuntern, ein Tagebuch zu führen, in das er nicht nur die Ereignisse, sondern auch persönliche Eindrücke, Gedanken und Gefühle notiert.

Bei kompetenteren Kindern kann ein »Bilderlexikon« der Gefühle verwendet werden. Und im Serviceteil dieses Buches (Seite 210) finden Sie ein Beispiel mit einer ganzen Reihe von Gesichtern, die Emotionen darstellen, sozusagen »Eselsbrücken«, mit denen man das geeignete Wort leichter findet.

....

Fiona

Durch Schreiben und Malen kann ich mich besser ausdrücken

>> *Ein ›Bilderlexikon‹ der Gefühle und das Führen eines Tagebuchs erwiesen sich für Fiona, eine Jugendliche mit Asperger-Syndrom, als sehr wertvoll. Eines Nachmittags, während des Unterrichts, bat ihr Lehrer sie um die Erledigung*

einer einfachen Aufgabe. Doch es gelang ihr nicht, das Gewünschte auszu-
führen; daraufhin regte sie sich furchtbar auf, warf das Mobiliar um und
musste zuletzt aus dem Klassenzimmer geschickt werden. Sie gab keine Er-
klärung für ihr Verhalten ab, und der Lehrer und ihre Mutter machten sich
große Sorgen.

Als sie in ihr Klassenzimmer zurückkam, wies nichts in ihrer Körpersprache
oder ihrer Mimik auf ihre innere Erregung hin.

Am selben Abend schrieb sie die vergangenen Ereignisse in ihr Tagebuch und
malte die entsprechenden Gesichter dazu, wodurch sie ihre Gefühle zum
Ausdruck brachte: Während des Mittagessens hatten zwei größere Mädchen
ihre Essensdose weggenommen; und als sie versuchte, sie wiederzubekom-
men, hatten die beiden sie sich gegenseitig zugeworfen, um Fiona daran zu
hindern, die Dose wieder an sich zu nehmen. Diese kleine Szene mag für die
größeren Mädchen amüsant gewesen sein, für Fiona hingegen war sie eine
Qual, zumal sie danach außerstande war, ihr Essen zu genießen. Als sie in
ihr Klassenzimmer zurückkam, wies nichts in ihrer Körpersprache oder ih-
rer Mimik auf ihre innere Erregung hin; deswegen konnte der Lehrer auch
nicht wissen, wie unglücklich sie war, und in seinem Verhalten auch keine
Rücksicht darauf nehmen. Infolgedessen war er äußerst verblüfft, als sie so
dramatisch und destruktiv reagierte.

Sobald die Ereignisse, die das Verhalten verursacht hatten, bekannt waren,
verstand man, dass das Versagen bei der Erfüllung der Fiona gestellten Auf-
gabe nur der Auslöser gewesen war, mittels dessen ihre heftige Erregung
freigesetzt wurde. Das hatte zwei Dinge zur Folge: Die beiden Mädchen wur-
den genötigt, sich bei Fiona zu entschuldigen, und Fiona wurde aufgefordert,
ihrem Lehrer künftig immer Bescheid zu sagen, wenn sie sehr ärgerlich oder
frustriert war. Das Sprichwort ›Geteiltes Leid ist halbes Leid‹ ist hier durch-
aus zutreffend. ◀

....

Obwohl das Erlernen von sozialen und emotionalen Fähigkeiten für Kinder mit dem Asperger-Syndrom eine mühsame Aufgabe ist, ist es erstaunlich, wie gut sie auf spezielle Programme ansprechen. Je intelligenter und motivierter das Kind ist und je besser und sachkundiger es betreut wird, desto schneller macht es Fortschritte. Es ist also wichtig, dass man sich Unterstützung sucht.

Strategien im Überblick

- Erklären Sie Ihrem Kind, wie es das Spiel mit anderen beginnt, unterstützt und beendet.
- Zeigen Sie ihm, wie es flexibel und kooperativ ist und Anteil nimmt.
- Erklären Sie ihm, wie es für sich bleiben kann, ohne die anderen zu verletzen.
- Sagen Sie ihm, was es besser getan hätte.
- Laden Sie einen Freund Ihres Kindes dazu ein, mit dem Kind zu Hause zu spielen.
- Melden Sie Ihr Kind in Clubs und Vereinen an. Fördern Sie potenzielle Freundschaften.
- Leiten Sie Ihr Kind an, andere Kinder zu beobachten, damit es versteht, was es tun soll.
- Fördern Sie kooperative und auf Wettbewerb ausgerichtete Spiele.
- Erklären Sie, welche anderen Mittel es sonst noch gibt, sich Hilfe zu holen.
- Sorgen Sie für Spaß und Entspannung in der Freizeit.
- Machen Sie sich bewusst, dass Ihr Kind zwei »Charaktere« haben kann.
- Verlangen Sie für Ihr Kind eine spezielle Betreuung in der Schule.
- Verwenden Sie Geschichten aus dem Alltag, damit das Kind die für bestimmte Situationen typischen Signale und Handlungen verstehen lernt.
- Organisieren Sie (und leiten Sie gegebenenfalls) Trainingsgruppen für Jugendliche, in denen diese soziale Fähigkeiten lernen können:
  - Üben Sie mit ihnen angemessene Verhaltensweisen.
  - Führen Sie unangemessenes Sozialverhalten vor.
  - Verwenden Sie Gedichte und Autobiografien, um die Äußerung eigener Gefühle und von Empathie zu fördern.
  - Geben Sie praktische Anleitung in Körpersprache.
- Führen Sie Projekte und Aktivitäten durch, die veranschaulichen, welche Eigenschaften ein guter Freund hat.
- Helfen Sie den Betroffenen, Emotionen zu verstehen:
  - Erkunden Sie immer eine Emotion auf einmal. Erklären Sie, wie man die Signale versteht und aufnimmt, die die verschiedenen Emotionsebenen anzeigen.
  - Nennen Sie Entschuldigungssätze, die der Betroffene sagen kann, wenn er etwas nicht verstanden hat.
- Helfen Sie, Emotionen auszudrücken:
  - Verwenden Sie eine »Gefühls-Messlatte« zur visuellen Veranschaulichung.
  - Verwenden Sie dafür einen Videorekorder und machen Sie Rollenspiele, um subtilere oder präzisere Ausdrucksweisen zu ermöglichen.
  - Fördern Sie die Selbstoffenbarung durch gezielte Fragen oder indem Sie die Betroffenen ein Tagebuch führen lassen.

Die Sprache

Die sprachlichen Besonderheiten betreffen u. a. die Interpretation von Sprache; Wortwahl, Sprachmelodie, Sprachfluss sowie auditive Beeinträchtigungen.

Sprachliche Besonderheiten

Forschungen lassen zunächst darauf schließen, dass bei fast 50 Prozent der Kinder mit Asperger-Syndrom die Sprachentwicklung verzögert verläuft.

Doch sprechen sie im Alter von fünf Jahren gewöhnlich fließend und mühelos.[1] Dennoch fällt auf, dass sie weniger gut als andere Kinder imstande sind, ein richtiges Gespräch zu führen.

Obwohl das Erlernen von Phonologie und Syntax, d.h. von Aussprache und Grammatik, nach denselben Mustern erfolgt wie bei normal entwickelten Kindern, gibt es Unterschiede. Diese treten primär in speziellen Bereichen der Pragmatik auf, also darin, wie die Sprache in einem sozialen Kontext verwendet wird. Aber auch in der Semantik (das ist das Nichterkennen von mehreren Bedeutungen) und in der Prosodie (d.h. in einer ungewöhnlichen Tonhöhe oder Betonung oder in einem ungewöhnlichen Rhythmus) zeigen sich Unterschiede.

Hans Asperger beschrieb von Anfang an das charakteristische Profil der sprachlichen Fähigkeiten, und eines der Diagnosekriterien von Carina und Christopher Gillberg[2] lautet »ungewöhnliche Rede- und Sprachcharakteristika«, wobei mindestens drei der folgenden Punkte zutreffen müssen:
• verzögerte Entwicklung
• oberflächlich betrachtet, eine perfekte Ausdruckssprache
• förmliche, pedantische Redeweise
• merkwürdige Prosodie, bestimmte stimmliche Merkmale
• Verständnisschwierigkeiten, einschließlich Fehlinterpretationen von wörtlichen/implizierten Bedeutungen

Peter Szatmari und seine Kollegen[3] haben das Diagnosekriterium »merkwür-

Rollenspiele zur Konversation

Folglich benötigt das kleine Kind Unterricht in der Kunst der Konversation. Diese schließt gewöhnliche einleitende Statements oder Kommentare und Fragen, die dem Kontext angemessen sind, mit ein. Das kann mit Rollenspielen gelernt werden, in denen man verschiedene Umstände illustriert; es sollte erklärt werden, warum bestimmte Weisen, ein Gespräch zu beginnen, unangebracht und andere wiederum erwünscht sind. Der Lehrer kann extreme Beispiele vorma-

chen und das Kind bitten herauszufinden, was falsch war. Anschließend sollte das Kind geeignete Alternativen finden und seinerseits vormachen. Andere Schwierigkeiten des Kindes können sein:

- ein Gespräch wieder aufnehmen
- mit einer Ungewissheit oder mit Fehlern fertig werden
- das Unterlassen von unangebrachten Kommentaren
- wissen, wann man nicht unterbrechen darf

dige Redeweise« aufgenommen, fügen jedoch hinzu, dass ein Kind mit Asperger-Syndrom häufig zu viel oder zu wenig spricht, seine Worte nicht immer gesprächskohärent sind und dass es einen idiosynkratischen Gebrauch von Worten sowie repetitive Sprechmuster an den Tag legt. Die American Psychiatric Association und die Weltgesundheitsorganisation haben zwar die sprachlichen Fähigkeiten in ihre Kriterien aufgenommen, erklären aber, dass »im klinischen Sinne keine bedeutende allgemeine Sprachverzögerung festzustellen ist«. Leider kann das als Fehlen jeglicher ungewöhnlicher Spracheigenschaften interpretiert werden. Wenn das Kind mit Asperger-Syndrom das Alter von fünf Jahren erreicht hat, weist es zwar keine allgemeine Sprachverzögerung auf, aber es hat Prob-

leme mit spezifischen sprachlichen Fertigkeiten. Am deutlichsten macht sich dies im Bereich der Pragmatik bemerkbar.

Pragmatik oder die Kunst der Konversation

Hier liegt das Problem im Gebrauch der Sprache in ihrem sozialen Kontext.[4] Dies wird offenkundig, wenn man mit einem Menschen, der unter dem Asperger-Syndrom leidet, ein Gespräch führt. Im Laufe einer Unterhaltung fallen meist mehrere eklatante Mängel auf: Beispielsweise beginnt ein solcher Mensch die Interaktion mit einer Bemerkung, die mit der gegenwärtigen Situation nichts zu tun hat, oder er verletzt die sozialen oder kulturbedingten Regeln.

So kann ein Kind in einem Supermarkt auf einen Fremden zugehen und ihm einfach die Frage stellen: »Besitzen Sie einen Rasenmäher?« und daraufhin in einem Monolog sein umfassendes Wissen über Gartenmaschinerie vorführen. Hat dieser Monolog einmal begonnen, scheint es kein »Abschalten« zu geben; er endet erst, wenn das im Voraus festgelegte »Skript« des Kindes heruntergespult ist. Manchmal können Eltern genau vorhersagen, was ihr Kind als Nächstes sagen wird. Das Kind scheint sich nicht darum zu kümmern, welche Wirkung es auf den Zuhörer hat, selbst wenn sein Gegenüber deutliche Zeichen der Verlegenheit zeigt oder den Wunsch ausdrückt, die Interaktion zu beenden. Man hat den Eindruck, dass das Kind nicht zuhört oder nicht weiß, wie es die Bemerkungen, Gefühle oder das Wissen der anderen in den Dialog aufnehmen soll.

Gedankenpausen und Themawechsel

Wenn der Gesprächspartner sich ungenau ausdrückt oder die erwartete Antwort unklar ausfällt, ist die natürliche Reaktion nachzufragen. Dies ermöglicht es beiden Gesprächspartnern, dieselbe »Spur« – bzw. dasselbe Thema – zu verfolgen. Wenn ein vom Asperger-Syndrom Betroffener nicht weiß, was er sagen soll, neigt er dazu, lange Gedankenpausen einzulegen, ehe er eine Antwort gibt, oder das Thema zu wechseln. Anstatt zu

sagen »Ich verstehe nicht ganz, was du damit meinst« oder »Darüber muss ich erst eine Weile nachdenken«, braucht der Betroffene manchmal ziemlich lange, um sich darüber klar zu werden, was er erwidern soll. Dadurch wird das Gespräch schwerfällig oder auch sprunghaft. Obwohl das anfängliche Thema zum Beispiel die Sommerferien gewesen sind, ist man innerhalb weniger Augenblicke bei den Dinosauriern angelangt.

Ein Kind mit Asperger-Syndrom hat oft einen Widerwillen, auf eine Frage zu antworten, wenn es die Antwort nicht kennt; es hat nicht genug Selbstvertrauen zu sagen »Ich weiß nicht« oder »Ich bin verwirrt«. Es muss lernen, wie es um eine Klarstellung bitten kann. Geeignete Sätze oder Erwiderungen sollten vorgeführt werden, wobei der Betroffene das Gefühl bekommen sollte, kein »Versager« zu sein, wenn er einmal nicht weiß, was er entgegnen soll, sondern gerade einen wichtigen Beitrag zum Gespräch zu leisten.

Einer der Gründe dafür, warum ein bestimmtes Interesse ein Gespräch möglicherweise vollkommen beherrscht, ist, dass das ausgeklügelte Vokabular und das große Wissen, das der Betroffene über ein bestimmtes Sachgebiet hat, den Gesprächsfluss und die Qualität der Unterhaltung prägt. Der Mensch mit Asperger-Syndrom hat den starken Wunsch, nicht dumm zu erscheinen, vergisst dabei aber sein Gegenüber.

Sean

Ich fühle mich sicher, wenn ich mein Wissen zeigen kann

>> *Ich hatte das dringende Bedürfnis, Fragen über die Bundesstaaten (von Amerika) zu stellen, da ich das Gefühl hatte, dass ich nicht so reden könnte wie normale Leute, noch an ihren Gesprächen teilnehmen, weil ich sie nicht verstand. Alle sprachen so mühelos, ihre Unterhaltungen flossen so glatt dahin wie ein Bach, und ich fühlte mich unterlegen, ausgeschlossen, unwichtig. Diesen Mangel musste ich wettmachen – und wie hätte ich das besser tun können, als dadurch, dass ich den Leuten zeigte, dass ich alle 50 Bundesstaaten kannte und genau wusste, wo sie lagen und wie sie aussahen? Ich musste allen zeigen, wie klug ich war, und wenn ich diese Fragen stellte, tat ich genau das. Ich fragte nie ›In welchen Staaten bist du schon gewesen?‹, sondern vielmehr ›Bist du in Montana gewesen?‹, um ihnen zu zeigen, dass ich alle Staaten kannte.*[5] <<*

Unpassende Bemerkungen und Unterbrechungen

Ein weiteres ungewöhnliches Merkmal besteht darin, irrelevante Kommentare abzugeben. Es kommt vor, dass der Betroffene plötzlich eine Feststellung macht oder eine Frage stellt, die ganz offensichtlich nichts mit dem eigentlichen Gesprächsthema zu tun hat. Diese Äußerungen können Wortassoziationen, Dialogfragmente aus früheren Gesprächen oder einfach sonderbare Bemerkungen sein. Es hat den Anschein, als spreche das Kind den erstbesten Gedanken aus, der ihm in den Sinn kommt, und als bemerke es gar nicht, wie verwirrend dies für seinen Gesprächspartner sein kann.

Der Grund dafür ist nicht ganz klar. Wenn so etwas geschieht, weiß der andere nicht recht, ob er auf die unpassende Bemerkung eingehen oder das Gespräch fortführen soll, als sei nichts vorgefallen. Ich selbst neige dazu, solche Kommentare zu ignorieren und mich auf das zentrale Thema des Gesprächs zu konzentrieren. Ebenso kann die Neigung bestehen, das Gespräch anderer zu unterbrechen und »hineinzureden«.

....

Temple Grandin[6]

»Ich kann dem Gesprächsrhythmus nicht folgen«

》》 *Im Laufe der letzten Jahre ist mir mehr und mehr eine Art Elektrizität aufge-*
fallen, die zwischen den Menschen besteht. Ich habe beobachtet, dass, wenn
mehrere Menschen zusammen sind und sich gut zusammen fühlen, ihre Un-
terhaltung und ihr Lachen einem gewissen Rhythmus folgen. Irgendwann la-
chen sie alle zusammen, und dann sprechen sie ruhig zusammen bis zum
nächsten Lachen. Mir ist es immer schwer gefallen, mich diesem Rhythmus
anzupassen, und gewöhnlich unterbreche ich Gespräche, ohne meinen Fehler
zu begreifen. Das Problem ist, dass ich dem Rhythmus nicht folgen kann.[7] 《》

....

Fehlende spontane Nach-frage und Kommentare

In jedem Gespräch gibt es Signale, die auf eine Änderung des »Skripts« schlie-ßen lassen. Wenn wir im Laufe eines Ge-sprächs über einen kürzlichen Einkaufs-bummel erfahren, dass jemandem etwas Unangenehmes widerfahren ist – er z. B. Geld verloren hat –, dann sind wir ge-neigt, das »Skript« abzuändern und uns mitfühlend zu äußern. Doch bei Kindern, die unter dem Asperger-Syndrom leiden, wartet man meist vergeblich auf spon-tane mitfühlende Kommentare.

Wenn aber ein Erwachsener eine ent-sprechende Formulierung (vor)macht, sind solche Kinder durchaus in der Lage, ebenfalls mitfühlende Kommentare ab-zugeben.[8] Das heißt, die Bedeutung man-cher Signale wird möglicherweise nicht erkannt oder der Betroffene benötigt ein »Stichwort« oder Beispiel, um eine mit-fühlende Reaktion äußern zu können. Falls also eine solche Reaktion erforder-lich ist, sollten die Eltern oder der Leh-rer zuerst eine mitfühlende Bemerkung äußern, die das Kind dann zur Nachah-mung bewegt. Der Förderplan des Kindes sollte also Lerngeschichten mit einschlie-ßen, mit deren Hilfe illustriert wird, in welcher Situation eine Änderung des »Skripts« geboten ist.

Zur Kunst der Konversation gehört auch, andere nach ihren Meinungen, Fähig-keiten und Erlebnissen zu fragen oder diese zu kommentieren, ferner Mitgefühl, Übereinstimmung und Dank zu zeigen, das Thema interessant zu gestalten und zu wissen, wie und wann man dem an-deren zuhören und ihn dabei anschauen sollte. Dies sind ziemlich schwierige Fer-tigkeiten, die für ein Kind oder einen Ju-gendlichen mit Asperger-Syndrom fast unerreichbar zu sein scheinen. Vieles ist jedoch durch Übung erlernbar.

Comic-Strip-Gespräche

Carol Gray[9] hat eine Technik entwickelt, die sie Comic-Strip-Gespräche nennt. Damit werden verschiedene Kommunikationsebenen in einem Gespräch bildlich dargestellt. Strichmännchen, Sprech- und Gedankenblasen, Symbole und Farben ermöglichen dem Kind, Aspekte zu sehen, die ihm vielleicht vorher nicht bewusst waren.

Beispielsweise besteht einer der äußerst störenden Aspekte des Asperger-Syndroms in der Neigung, den anderen zu unterbrechen. Dem Betroffenen fällt es schwer zu erkennen, wann es angebracht ist, mit dem Sprechen zu beginnen (d. h., eine momentane Pause oder das Ende eines Gesprächsthemas abzuwarten oder Körpersprache und Augenkontakt zu deuten, die sagen »Du bist an der Reihe«). Er versteht meist nicht, welche Wirkung seine Unterbrechung auf den Gesprächsfluss oder die Gefühle des anderen hat. Die Fähigkeit, jemanden zu unterbrechen, ohne ihn zu beleidigen oder zu stören, ist ziemlich komplex und zudem schwer zu erklären, aber ein Bild sagt hier so viel wie tausend Worte. Carol Gray verwendet das folgende Comic-Strip-Gespräch (siehe Abbildung Seite 78), um einige Aspekte des Unterbrechens verständlich zu machen.

Diese Technik kann auf eine breite Skala von Problemen angewendet werden, die sich auf die Konversation und auf soziale Fertigkeiten beziehen. Man kann die Sprechblasen in unterschiedlichen Formen zeichnen, um die gewünschte Emotion besser zu vermitteln: beispielsweise mit scharfen Kanten, um Wut auszudrücken oder in Wellenlinien, um Ängstlichkeit zu zeigen. Auch empfiehlt es sich, verschiedene Farben zu verwenden. Erfreuliche oder positive Feststellungen werden zum Beispiel in grüner Farbe geschrieben, unangenehme Gedanken dagegen in Rot. So kann man eine ganze Farbtabelle entwickeln; beispielsweise schreibt man verlegene Kommentare mit einem rosa Stift, traurige Gefühle mit einem blauen. Diese können in entsprechende Aspekte des Tonfalls oder der Körpersprache des Betroffenen übertragen werden.

Comic-Strip-Gespräche ermöglichen dem Kind, die Bandbreite der Botschaften und Bedeutungen zu analysieren und zu verstehen, dass sie ein natürlicher Bestandteil eines Gesprächs oder eines Spiels sind. Viele Kinder mit Asperger-Syndrom reagieren verwirrt oder regen sich auf, wenn sie gehänselt werden oder jemand sarkastische Bemerkungen über sie macht. Die Sprech- und Gedankenblasen und die Wahl der Farben können die verborgenen Botschaften veranschaulichen.

Carol Gray hat herausgefunden, dass solche Kinder oft voraussetzen, ihr Gegenüber denke genau das, was sie selbst denken, oder dass sie erwarten, der andere hätte genau das gedacht, was er sagte,

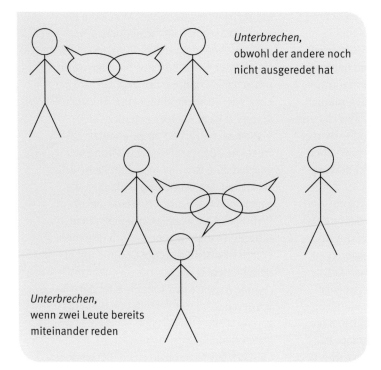

Unterbrechen,
obwohl der andere noch
nicht ausgeredet hat

Unterbrechen,
wenn zwei Leute bereits
miteinander reden

◀Comic-Strip-Gesprä-
che: Anhand der Sprech-
blasen kann man bei-
spielsweise darstellen,
was es bedeutet, andere
beim Sprechen zu unter-
brechen, und erklären,
dass »die Worte mit de-
nen anderer Menschen
zusammenstoßen«.

und nichts weiter. In diesem Fall können die Comic-Strip-Gespräche verwendet werden, um zu zeigen, dass jeder Mensch in ein und derselben Situation sehr unterschiedliche Gedanken und Gefühle haben kann. Ein anderer Vorteil dieser Technik besteht darin, dass man sie verwenden kann, um die Sequenz der Ereignisse in einem Gespräch darzustellen und die potenziellen Wirkungen von alternativen Kommentaren oder Handlungen zu erläutern. So kann man die Kinder auf Konfliktsituationen vorbereiten und ihnen zeigen, dass Missverständnisse durch einfache Maßnahmen vermieden werden können.

Methoden, um Gespräche zu üben

Eine Methode, mit der man bei kleinen Kindern solche Fertigkeiten fördern kann, ist, ein Gespräch zwischen dem Kind mit Asperger-Syndrom und einem anderen Kind oder Erwachsenen zu organisieren, bei dem ein Lehrer oder Elternteil daneben sitzt. Ziel hierbei ist, dem betroffenen Kind zum gegebenen Zeitpunkt ins Ohr zu flüstern, was es sagen oder tun soll. Sein Berater erkennt die entsprechenden Signale und schlägt daraufhin geeignete Antworten vor (bzw. »souffliert« sie); dabei ermuntert er das Kind nach und nach, seinen eigenen Gesprächsdialog zu führen und eigenständig zu handeln. Beispielsweise kann man dem Kind einflüstern: »Frag Simon, welches seine Lieblingsserie im Fernsehen ist« oder »Sag, ich mag diese Serie auch sehr gern«, damit das Gespräch sich nicht auf eine Folge von Fragen beschränkt.

Eine andere Methode, Gespräche in der Schule unter Klassenkameraden zu fördern, besteht darin, die Kinder zu bitten, paarweise Unterhaltungen zu führen. Jeder Teilnehmer übt sich darin, ein Gespräch mit einem »Fremden« zu beginnen oder sich mit einem Freund zu unterhalten. Die Klasse sollte zuvor einleitende Sätze erörtern, mit denen man ein Gespräch eröffnen kann, beispielsweise »Wie geht's dir heute?« oder »Wie findest du das Wetter?« oder auch mit einer aktuellen Meldung aus den Nachrichten. Die Teilnehmer besitzen Informationen über den anderen, an die sie sich nun erinnern, und können sich Fragen ausdenken, beispielsweise: »Hat dir die Hochzeit deines Onkels gefallen?«, »Geht es deiner Großmutter besser?« oder »Wie sieht das neue Auto deines Vaters aus?«

Eine andere Methode besteht darin, in Unterhaltungen herauszufinden, welche Dinge man gemeinsam hat. Für Jugendliche kann der Unterricht in Rhetorik und im Theaterspielen dahingehend abgeändert werden, dass der Lehrer mit den Schülern die Hauptelemente der Fähigkeit, gute Gespräche zu führen, veranschaulicht und übt. Manche Kinder werden für bestimmte Situationen »Gesprächsskripte« lernen müssen, beispielsweise, wie sie reagieren sollten, wenn sie gehänselt werden, wenn sie das Bedürfnis haben, allein zu sein, wenn sie um Hilfe bitten oder wenn sie ein Spiel verlieren.

Literarische Beschreibung des Asperger-Syndroms

Das folgende Beispiel zeigt Fehler in den pragmatischen Sprachaspekten auf, die während einer Begegnung zwischen Bill Bryson, dem bekannten Autor von Reisebüchern, und einem Mann zutage treten, der allem Anschein nach unter dem Asperger-Syndrom leidet.[10]

»Es hat lange gedauert, bis mir dämmerte, dass die Sorte Mensch, die mit einem im Zug reden möchte, beinahe per definitionem die Sorte ist, mit der man selbst nicht in einem Zug reden möchte. Ich bleibe nun also meist schön für mich und halte mich, was mein verbales Amüsement betrifft, lieber an Bücher von kommunikativeren Typen wie Jan Morris und Paul Theroux. Aber Ironie der Geschichte – als ich nun dasaß und den lieben Gott einen guten Mann sein ließ, kam ein Typ in raschelndem Anorak daher, erspähte das Buch und rief: ›Aha, dieser Thoreau!‹ Ich schaute auf, und er setzte sich auf den Platz gegenüber. Ich schätzte ihn auf Anfang 60, er hatte eine weiße Mähne und fröhliche, üppig wuchernde Augenbrauen, die wie die Spritzenden bei Baisers aussahen.

›Hat doch keine Ahnung von Zügen‹, sagte er. ›Wie bitte?‹, fragte ich misstrauisch. ›Thoreau.‹ Er deutete mit dem Kopf auf mein Buch. ›Hat keine Ahnung von den Zügen, mit denen er fährt. Oder er behält es jedenfalls für sich.‹ Darüber lachte er herzlich und freute sich so sehr, dass er es wiederholte. Dann stützte er die Hände auf die Knie und lächelte, als versuche er sich zu erinnern, wann er und ich das letzte Mal so viel Spaß miteinander gehabt hatten. Ich bedachte diese geistreiche Bemerkung mit einem knappen, anerkennenden Nicken und wandte mich dann wieder meinem Buch zu in der Hoffnung, dass er diese Geste korrekt verstand, nämlich als Aufforderung, sich zu verpissen.

Er aber langte herüber, krümmte einen Finger und zog das Buch herunter – was mich normalerweise schon fuchsteufelswild macht. ›Kennen Sie sein Buch Abenteuer Eisenbahn? Da kurvt er durch ganz Asien. Kennen Sie das?‹ Ich nickte. ›Wissen Sie, dass er in dem Buch mit dem Delhi Express von Lahore nach Islamabad fährt und nicht einmal den Lokomotiventyp erwähnt?‹ Weil offenbar ein Kommentar von mir erwartet wurde, sagte ich: ›So?‹ ›Ist das denn zu fassen? Wozu ist ein Eisenbahnbuch nutze, wenn man nicht über die Lokomotiven redet?‹ ›Aha, dann mögen Sie Eisenbahnen?‹, fragte ich und wünschte umgehend, ich hätte es nicht gesagt. Als Nächstes weiß ich nur, dass das Buch auf meinem Schoß lag und ich dem langweiligsten Menschen der Welt zuhörte. Eigentlich bekam ich nicht richtig mit, was er sagte. Ich war von seinen hoch sprießenden Augenbrauen und den ebenso auffälligen Nasenhaaren wie hypnotisiert. Als hätte er sich in einem Wunderwachstumswässerchen gebadet. Er war nicht nur einfach Eisenbahnfan, sondern Eisenbahnschwätzer, eine viel gefährlichere Spezies.

›Also, dieser Zug ist eine Metro-Cammel mit Triebwageneinheit, Werk Swindon gebaut, schätzungsweise … also, ich würde mal sagen, zwischen Juli und August 1986, allerhöchstens bis September 1988. Zuerst dachte ich, er könne nicht aus Swindon zwischen 86 und 88 sein. Wegen des Kreuzstichs auf den Rückenlehnen, aber dann sind mir die Hohlnieten an den Seitenwänden aufgefallen, und da dachte ich, also, ich dachte: Hier, Cyril, alter Knabe, haben wir einen Hybriden. Na, wo sind Sie zu Hause?‹ Ich brauchte ein paar Augenblicke, um zu begreifen, dass er mich etwas gefragt hatte. ›Hm, in Skipton‹, sagte ich, was nur halb gelogen war. ›Da oben habt ihr über Kreuz gewölbte Spurkränze von Crosse & Blackwell‹, sagte er oder etwas ähnlich Unverständliches. ›Also ich wohne in Upton-on-Severn.‹ ›Der Severn fließt und fließt‹, sagte ich, aber er kapierte natürlich nichts. ›Genau. Er fließt an meinem Haus vorbei.‹ Er schaute mich ein wenig ärgerlich an, als versuchte ich, ihn von seinem Thema abzubringen. ›Bei uns gibt es ja nun die Z46-Zanussi-Drehgestelle mit horizontalen Stoßdämpfern von Abbott & Costello. Den Z46 erkennt man immer, weil er an den Nahtstellen patuusch-patuusch macht und nicht kato-ink-katoink. Da verrät er sich. Todsicher. Ich wette, dass wussten Sie nicht.‹

Zum Schluss tat er mir nur noch leid. Seine Frau war zwei Jahre zuvor gestorben – Selbstmord, schätze ich –, und seitdem fuhr er mit Hingabe die Eisenbahnstrecken Großbritanniens ab, zählte Nieten, merkte sich Stirnplattnummern und tat, was auch immer diese armen Menschen tun, um sich die Zeit zu vertreiben, bis Gott sie in einem gnädigen Tod zu sich nimmt.

Ich hatte nicht lange davor in einem Zeitungsartikel gelesen, dass jemand von der British Psychological Society das Hobby von Eisenbahnfans als eine Form des Autismus, genauer als Asperger-Syndrom, bezeichnet hatte. In Prestatyn stieg er aus. Ich genoss die plötzliche Stille. Dann lauschte ich, wie der Zug über die Schienen sauste – es klang wie ›Asperger-Syndrom, Asperger-Syndrom‹ und verbrachte die letzten 40 Minuten bis Llandudno damit, gemütlich die Nieten zu zählen.«[11]

Die wörtliche Interpretation

Ein am Asperger-Syndrom Leidender neigt dazu, Dinge, die andere Menschen sagen, wörtlich zu interpretieren. Beispielsweise wurde ein junger Mann von seinem Vater gebeten, eine Kanne Tee zu kochen. Etwas später wunderte sich der Vater, dass er den Tee nicht bekommen hatte, und fragte seinen Sohn: »Wo ist denn der Tee?« Sein Sohn antwortete: »In der Kanne, natürlich.« Der Sohn hatte nicht verstanden, dass die Bitte, Tee zuzubereiten, auch das Ausschenken in Tassen mit einschloss.

Im Laufe einer diagnostischen Beurteilung wurde ein Mädchen gefragt: »Kannst du bis zehn zählen?«, worauf es mit »Ja« antwortete und dann ruhig weiterspielte. Ein freundlicher Besucher der Familie sagte zu dem Kind: »Du hast die Augen deines Vaters.« Das brachte die Kleine in Rage, sie wandte sich an ihre Mutter und sagte: »Ich habe meine eigenen Augen, Mama.« Auch Bilder werden zuweilen von den Betroffenen »wörtlich« gedeutet. Ein Kind mit Asperger-Syndrom betrachtete einen »Road-Runner«-Cartoon, auf dem der Kojote von einer Klippe fällt und plötzlich einen Schirm zum Vorschein bringt, der ihm als Fallschirm dient. Das verwirrte das Kind, es fragte: »Warum spannte er den Schirm auf? Es hat doch gar nicht geregnet.«

Verwirrung durch Redewendungen

Man muss sich vor Augen halten, dass der Betroffene den anderen nicht absichtlich auf die Nerven geht, und er ist auch nicht dumm. Vielmehr versteht er die verborgenen, implizierten oder mehrfachen Bedeutungen nicht. Dieses Merkmal betrifft auch das Verstehen von geläufigen Sätzen, Redewendungen oder Metaphern wie:

- Du hast wohl die Sprache verloren?
- Geh voran.
- Bleib am Ball.
- Besinne dich anders.
- Auf allen vieren.
- Blicke können töten.
- Trinken wir auf das Wohl der Braut.
- Aus heiterem Himmel.
- Du nimmst mich auf den Arm.
- Er hat ein Auge auf mich geworfen.
- Ganz weg sein.
- Du bist im Stimmbruch.
- Reiß dich zusammen.

Mir ist bekannt, dass alle diese Sätze bei Kindern Verwirrung hervorriefen, woraufhin die Eltern dann erklären mussten, es handle sich nur um eine Redensart. Die im vorigen Kapitel dargestellten Lerngeschichten können auch verwendet werden, um Redensarten und Redewendungen besser zu verstehen. Kinder können sich darin üben, die Bedeutung von Redewendungen zu erraten. Anhand einer kleinen Geschichte lässt sich eine Redewendung leicht erklären und man kann auf Situationen hinweisen, in denen sie vorkommt.

Carol Gray benutzte das folgende Beispiel einer Lerngeschichte, um eine Redensart zu erklären: »Manchmal sagt jemand: ›Ich habe mich anders besonnen.‹ Das bedeutet, dass er eine bestimmte Idee hatte, nun aber eine neue Idee hat.

Ich will mich bemühen, ruhig zu bleiben, wenn jemand sich anders besinnt. Sagt jemand: ›Ich habe mich anders besonnen‹, so kann ich mir vorstellen, wie jemand etwas aufschreibt, es ausstreicht und dann etwas Neues schreibt.«

Necken, Sarkasmus und Lügen

Der Betroffene ist oft verwirrt, wenn er geneckt wird, denn es ist durchaus möglich, dass er die Regeln dieses Spiels und die humorvollen Absichten, die dahinter stehen, nicht erkennt. Eltern müssen ihrem Kind in diesem Fall erklären, dass sie lediglich einen Witz gemacht haben. So wurde zum Beispiel Robert nach den Gründen gefragt, die ihn veranlasst hatten, seinen Schulleiter in den Unterarm zu beißen. Der Interviewer stellte ihm – in einem Tonfall und mit einer Körpersprache, aus denen klar hervorging, dass sie nicht ernst gemeint war – die Frage, ob er den Mann etwa gebissen habe, weil er hungrig gewesen sei. Das Kind gab in keiner Weise zu erkennen, dass es diese Signale verstanden hatte, und antwortete ruhig: »Nein, ich hatte schon zu Mittag gegessen.«

Ähnlich verwirrt reagieren Betroffene auch auf Sarkasmus, Verstellung oder Lügen. Wenn andere Kinder so tun, als seien sie eine bekannte Figur aus einer Fernsehserie oder einem Film, kann ein kleines Kind mit Asperger-Syndrom sichtlich bestürzt darüber sein, dass seine Kameraden so plötzlich ihren Namen und ihren Charakter ändern. Auch bemerken sie oft nicht, wenn jemand lügt. Wörtliche Interpretationen führen nicht selten zu immer wiederkehrenden Verhaltensproblemen.

Donna Williams schreibt in ihrer Autobiografie: »Wenn ich das Gesagte nur als Wörter aufnahm, galt die Bedeutung dessen, was Leute zu mir sagten, nur für den jeweiligen Moment oder die jeweilige Situation. Als ich einmal eine Strafpredigt bekam, weil ich bei einem Ausflug Graffiti an das Parlamentsgebäude gemalt hatte, versprach ich, dies nie wieder zu tun, und wurde dann zehn Minuten später dabei erwischt, wie ich draußen andere Graffiti an die Schulmauer malte. Aus meiner Sicht ignorierte ich weder, was sie sagten, noch versuchte ich, einen Scherz zu machen: Ich hatte ja nicht genau das Gleiche getan.«[12]

Metaphern und Redewendungen müssen dem Kind also näher erläutert werden. Es könnte ein Notizbuch führen, das als Gedächtnisstütze dient und in das es Beispiele und alternative Bedeutungen hineinschreibt und Cartoons und Zeichnungen einträgt, die wörtliche Interpretationen veranschaulichen. Carol Grays Comic-Strip-Gespräche sind ideale Mittel, um diese komplizierteren Aspekte der alltäglichen Gespräche zu erkunden. Immer wenn Irrtümer auftreten, sollten die dahinterstehenden Absichten oder die vollständige Bedeutung erklärt werden.

Wie wichtig das ist, mag ein Erlebnis belegen: Eine Heranwachsende mit Asperger-Syndrom, die auf das Läuten des Telefons hin den Hörer abgenommen hatte, wurde von dem Anrufer gefragt: »Ist Paul da?« Da sich Paul nicht im selben Zimmer wie sie befand, antwortete sie: »Nein«, und legte sofort danach auf. In diesem Fall rief der Betreffende, der ihre Neigung zu wörtlichen Auslegungen kannte, noch einmal an und bat sie: Wenn Paul nicht da sei, solle sie ihn doch bitte suchen und ans Telefon holen.

Prosodie oder die Sprachmelodie

Im Verlauf eines Gespräches ändern wir häufig Tonfall und Lautstärke, um Schlüsselworte hervorzuheben oder auf die damit verbundenen Assoziationen hinzuweisen.

Wenn man einem Menschen mit Asperger-Syndrom beim Sprechen zuhört, fällt schnell auf, dass er in Tonhöhe, Betonung und Rhythmus und auch in seiner Sprachmelodie kaum variiert.[13] Das kann so weit gehen, dass seine Sprechweise monoton oder ausdruckslos wirkt oder eine übergenaue Diktion aufweist, bei der jede einzelne Silbe betont wird. Donna schreibt hierzu: »Ich schwankte oft zwischen verschiedenen Akzenten, Stimmlagen und Arten, wie ich Dinge beschrieb. Manchmal klang mein Akzent ganz geschliffen und kultiviert. Manchmal sprach ich, als käme ich aus der Gosse. Manchmal war meine Stimmlage normal, zu anderen Zeiten war sie tief, so als würde ich Elvis nachmachen. Wenn ich jedoch aufgeregt war, hörte sie sich an wie Mickey Maus, nachdem sie von einer Dampfwalze überfahren worden war – hoch und flach.«[14]

Der Akzent wird nicht angepasst

Der Akzent des Kindes stimmt möglicherweise nicht mit dem der anderen Kinder am Ort überein; es kommt vor, dass es die Ausdrucksweise seiner Mutter beibehält.[15] Normalerweise erwartet man, dass ein Kind den Akzent seines Elternhauses ablegt und den seiner gleichaltrigen Schulkameraden annimmt. Das fällt besonders dann auf, wenn die Familie in eine Gegend gezogen ist, in der anders gesprochen wird. Ein Kind mit Asperger-Syndrom gleicht seine Ausdrucksweise vermutlich nicht dem der Kinder des Ortes an. Manchmal nimmt es die an, die in seiner Lieblings-Fernsehserie gesprochen wird. Die Eltern werden in diesem Fall vermutlich gefragt, warum das Kind einen amerikanischen Akzent habe (vielleicht vom Anschauen der Sendung »Sesamstraße«); oder die Leute nehmen an, dass die Familie vor noch nicht langer Zeit aus den Vereinigten Staaten eingewandert ist. Wenn das Kind einmal ein bestimmtes Wort oder eine bestimmte Redewendung gehört hat, wird es sie auch weiterhin genauso

aussprechen, sodass der erfahrene Zuhörer erkennt, wessen Akzent nachgeahmt wird.

Monotone Sprechweise verbessern

Bei monotoner Sprechweise können ein Sprachtherapeut oder ein Sprach- und Theaterlehrer helfen, die Prosodie des Kindes zu verbessern. Hierbei wenden sie Techniken an, die von Schauspielern entwickelt wurden, um Akzent, Tonfall oder die Art der Betonung zu ändern. Es kann dem Kind schwerfallen, beim Zuhören seines Gesprächspartners zu erfassen, wie wichtig dessen Veränderungen in Tonfall, Modulation oder Betonung mancher Worte sind. Diese subtilen Signale sind äußerst wichtig für das Erkennen der unterschiedlichen Bedeutungen.

Sue Roffey empfiehlt das Spiel »Hinter dem Wandschirm«: Einem Kind wird eine Liste mit Adjektiven oder Adverbien ausgehändigt; dann wird es gebeten, hinter einem Wandschirm laut von null bis zehn zu zählen – und zwar entsprechend der Art des Adjektivs oder des Adverbs. Die übrige Gruppe muss erraten, um welches Wort es sich handelt. Eine andere Möglichkeit ist, ein Gespräch in einem ganz bestimmten Tonfall zu führen. Die Kinder gehen dabei paarweise vor: Ein Kind beginnt ein Gespräch oder liest einen Text in einem bestimmten Tonfall, und sein Partner antwortet im selben Tonfall.

Das Beispiel aus Andrew Matthews Buch »Making Friends«[16] veranschaulicht, wie sich die Bedeutung durch die jeweilige Betonung eines Wortes ändert.

Ich habe nicht gesagt, dass sie mein Geld gestohlen hat (aber *jemand anderes* hat es gesagt).

Ich habe *nicht* gesagt, dass sie mein Geld gestohlen hat (ich habe es *bestimmt* nicht gesagt).

Ich habe nicht *gesagt*, dass sie mein Geld gestohlen hat (aber ich habe es zu *verstehen* gegeben).

Ich habe nicht gesagt, dass *sie* mein Geld gestohlen hat (aber *irgendjemand* hat es gestohlen).

Ich habe nicht gesagt, dass sie mein Geld *gestohlen* hat (aber sie hat *irgendetwas* damit gemacht).

Ich habe nicht gesagt, dass sie *mein* Geld gestohlen hat (sie hat das von *irgendjemand anderem* gestohlen).

Ich habe nicht gesagt, dass sie mein *Geld* gestohlen hat (sie hat *etwas anderes* genommen).

Ohne dass eine einzige Silbe geändert wurde, ergeben sich hier acht unterschiedliche Bedeutungen. Mithilfe von Rollenspielen und Schauspielübungen kann erklärt werden, wie und warum sich die Betonung ändert.

Weitere sprachliche Besonderheiten

Ungewöhnlich formelle Wortwahl und eine pedantische Redeweise, aber auch das Erfinden neuer Wörter, können Merkmale bei Asperger-Betroffenen sein.

In der Adoleszenz kann die Sprache der vom Asperger-Syndrom betroffenen Kinder pedantisch genau sein.[17] Ein Teenager beispielsweise half seinem Vater bei dessen Job als Büroreiniger und wurde gebeten, alle Abfalleimer zu leeren. Eine Weile später stellte der Vater ärgerlich fest, dass einige Eimer offenbar noch immer nicht geleert waren. Als er sein Kind zur Rede stellte, bekam er zur Antwort: »Das sind keine Abfalleimer, das sind Weidenkörbe.« Er hatte die Bitte seines Vaters wortwörtlich ausgelegt. Dieser Charakterzug kann beide Parteien in Wut versetzen, wie im Falle eines jungen Mannes in den Vereinigten Staaten, der sich sehr für die mögliche Maximalgeschwindigkeit verschiedener Fahrzeugtypen und die Geschwindigkeitsbegrenzungen in unterschiedlichen Ländern interessierte.

Ein Gespräch, das er mit einem Besucher aus Australien führte, verlief angenehm, bis der Besucher erwähnte, dass man bei geringer Geschwindigkeit weniger Treibstoff verbrauche. Das regte den jungen Mann auf, und er sagte in heftigem Tonfall, das richtige Wort hierfür sei »Benzin«, nicht »Treibstoff«.

Formelle Wortwahl

Die Wortwahl kann sehr formell sein, wie im Falle eines fünfjährigen Mädchens, das, von seiner älteren Schwester von der Schule abgeholt, fragte: »Ist meine Mutter zu Hause?« Die Antwort der älteren Schwester lautete: »Nein, Mami ist noch nicht zu Hause.« Offenbar verwendete die Familie das Wort »Mami«, aber das Mädchen mit Asperger-Syndrom hatte eine ungewöhnlich förmliche Art, von seiner Mutter zu reden. Kinder mit diesem Syndrom haben manchmal auch die Angewohnheit, andere mit ihrem vollen Namen anzusprechen. Anstatt »Hallo, Mary« zu sagen, sagen sie »Hallo, Mary Smith«.

Zuweilen haben sie eine Wortwahl, die eher einem Erwachsenen entsprechen würde. Die Wahl der Redewendungen und den Sprachstil haben sie von Erwachsenen gelernt, die einen viel größeren Einfluss auf die Entwicklung ihrer Sprachmuster haben als andere Kinder. Abstraktionen und mangelnde Genauigkeit tolerieren sie nur selten, und man lernt im Umgang mit solchen Menschen, Bemerkungen oder Antworten zu vermeiden, in denen Worte wie vielleicht, möglicherweise, manchmal oder später vorkommen.

··

Ein Betroffener

Ich quäle mich bei vagen Aussagen

>> *Das Leben ist ein solcher Kampf. Unentschlossenheit wegen Sachen, die andere Menschen als banal bezeichnen, führt zu einer furchtbaren inneren Qual. Sagt jemand zu Hause beispielsweise ›Wir könnten morgen eigentlich einkaufen gehen‹ oder ›Wir werden sehen, was geschieht‹, dann scheinen sie nicht zu begreifen, dass die Ungewissheit eine schreckliche innere Qual verursacht und dass ich mich im kognitiven Sinne ständig mit dem Gedanken herumquäle, was wohl geschehen mag und was nicht. Ich bin nicht nur unentschlossen in Bezug auf Ereignisse, sondern auch in Bezug auf andere Dinge, zum Beispiel, wohin bestimmte Gegenstände hinzulegen sind und was andere Leute von mir erwarten.*[18] <*

··

Manchmal bombardiert das Kind den Sprecher unablässig mit Fragen, weil es mit absoluter Sicherheit wissen will, wann ein bestimmtes Ereignis eintreten wird. Es kommt vor, dass die Eltern – um Mehrdeutigkeiten zu vermeiden und ganz präzise zu sein – genauso pedantisch werden wie ihr Kind. Sie sollten versuchen dies zu unterlassen.

Idiosynkratischer Wortgebrauch

Das vom Asperger-Syndrom betroffene Kind scheint die Fähigkeit zu besitzen, neue Wörter (oder Neologismen) zu erfinden oder es ist in seinem Sprachgebrauch idiosynkratisch (überempfindlich) oder sehr eigen.[19] Im Alltag bedeutet dies, dass das Kind Wörter auf eine unübliche Weise benutzt und versteht, die sich anderen nicht gleich erschließt. Ein Kind, das gefragt wurde, warum es sich nicht für seinen neugeborenen Bruder interessiere, antwortete: »Er kann nicht laufen, er kann nicht sprechen – er ist kaputt.« Ein Kind, das Unordnung in seinem Zimmer machte und seine Spielsachen überall auf dem Boden verstreute, erklärte, es »räume nicht auf«, sondern »runter«. Ein Mädchen bezeichnete seinen Fußknöchel als »Handgelenk von meinem Fuß« und Eiswürfel als »Wasserknochen«.

Zuweilen rufen der Klang oder die Bedeutung eines bestimmten Wortes lautes Lachen oder Kichern hervor. Der Humor ist für das Kind idiosynkratisch, kann aber für den Lehrer oder die Eltern sehr verwirrend und befremdlich sein.

Diese Fähigkeit, eine neue Sprachperspektive zu entdecken, ist faszinierend und einer der liebenswerten und wirklich kreativen Aspekte des Asperger-Syndroms. Vielleicht könnte man dem Kind einen Kreativitäts-Preis für spielerisches, unorthodoxes Denken verleihen, mit dem es neue Worte, Redewendungen oder Bezeichnungen erfindet; denkbar wäre auch, seine ungewöhnlichen Wörter oder Redewendungen in einem Geschichtenbuch zu verarbeiten. Auf jeden Fall ist es gut, das Kind in seinem kreativen Umgang mit Sprache positiv zu bestärken, auch wenn man nicht jeden seiner Einfälle versteht.

Das Aussprechen von Gedanken

Allen kleinen Kindern ist gemeinsam, dass sie ihre Gedanken aussprechen, wenn sie allein oder mit anderen spielen. Wenn sie dann in die Schule kommen, haben sie gewöhnlich gelernt, ihre Gedanken für sich zu behalten. Viele Menschen halten es für ein Zeichen von Verrücktheit, wenn jemand in der Öffentlichkeit mit sich selbst spricht. Kinder mit Asperger-Syndrom sprechen häufig noch viele Jahre, nachdem man eigentlich erwarten könnte, sie würden wortlos denken, ihre Gedanken laut aus. Das stört oft die Aufmerksamkeit ihrer Klassenkameraden während des Unterrichts, oder sie werden gehänselt, wenn sie auf dem Pausenhof mit sich selbst sprechen. Auch folgt das Kind unter Umständen dem Unterricht des Lehrers nicht recht, wenn es zu vertieft in sein Selbstgespräch ist. Für dieses Verhalten kann es mehrere Gründe geben: Durch seine Sonderstellung fühlt das Kind sich nicht von seinen Kameraden dazu genötigt, still zu sein, oder aber es kümmert sich nicht sehr darum, ob es anders als die anderen ist.

Das Aussprechen der Gedanken kann aber auch ein konstruktives Ziel oder eine beruhigende, Sicherheit gebende Wirkung auf das Kind haben. Beispielsweise erklärte ein Betroffener: »Das Reden mit mir selbst hilft mir, Gedanken zu begreifen und zu üben, wie ich sie gut ausdrücken kann.«

....

Ein Betroffener

Ich beruhige mich durch Selbstgespräche

>> *Verstehst du, ich mag den Klang meiner eigenen Stimme, weil ich mich, wenn ich sie höre, nicht allein fühle. Ich glaube, ich habe auch ein wenig Angst, ich könnte meine Stimme verlieren, wenn ich nicht viel spreche. Ich habe überhaupt nicht gesprochen, bis ich fünf Jahre alt war.[20]* <<

....

Selbstgespräche als Probe

Es ist also gut möglich, dass der Betroffene die Gespräche, die vermutlich am nächsten Tag stattfinden werden, auf diese Weise probt oder schon geführte Gespräche noch einmal wiederholt und damit versucht, sie vollends zu verstehen.

Es ist wichtig herauszufinden, warum er mit sich selbst spricht. Es könnte sich einfach um eine Entwicklungsverzögerung handeln, es könnte aber genauso gut eine hilfreiche Methode sein, die Gedanken zu strukturieren und sich Erleichterung zu verschaffen. Falls dieses Verhalten zum Problem werden sollte, weil andere Menschen beispielsweise aggressiv auf die Selbstgespräche reagieren, dann schlagen sie dem Kind vor, lieber zu flüstern als laut zu sprechen, und sich, wenn es in der Nähe von Menschen ist, vorzunehmen: »Denk es, aber sag es nicht laut«. Es ist auffällig, dass manche Erwachsene mit Asperger-Syndrom auch weiterhin die Tendenz haben, ihre Lippen im Einklang mit ihren Gedanken zu bewegen. Dieses Verhalten verschwindet also nicht unbedingt.

Auditive Beeinträchtigungen und Verzerrungen

In mehreren Autobiografien von Menschen mit Asperger-Syndrom wird erwähnt, wie schwer es ihnen fällt, sich auf die Stimme einer einzigen Person zu konzentrieren, wenn mehrere Menschen gleichzeitig sprechen, und dass sie die Worte anderer oft verzerrt wahrnehmen. Dazu ein Beispiel: Ein Kind mit Asperger-Syndrom befand sich in einem Unterrichtssaal, in dem zwei Klassen untergebracht waren. Die Lehrerin seiner Klasse las die Aufgaben eines Mathematiktests vor, während die Lehrerin der anderen Klasse die Aufgaben eines Rechtschreibetests stellte. Als die Lehrerin des besagten Kindes seine Ergebnisse korrigierte, sah sie, dass es die Antworten für beide Tests aufgeschrieben hatte. Candy berichtete, »viele Stimmen machen es schwer, das Gesprochene zu verstehen«. Das Kind kann zudem sehr verwirrt sein, wenn zu viele Menschen gleichzeitig reden, insbesondere, wenn sie über dasselbe Thema reden – wie es beim Hintergrundgeplapper in einem Klassenzimmer der Fall ist.

Donna[21]:
Ich hörte Sätze manchmal nur bruchstückweise

>> *Alles, was ich aufnahm, musste entschlüsselt werden, so als müsste es eine Art komplizierter Prozedur an einem Kontrollpunkt durchmachen. Manchmal mussten die Leute mir einen Satz mehrere Male wiederholen, denn ich hörte ihn bruchstückweise, und die Art, wie mein Verstand ihn in Wörter unterteilt hatte, ließ eine seltsame und manchmal unverständliche Botschaft für mich übrig. Es war ein bisschen so, als wenn jemand mit dem Lautstärkeregler am Fernsehen herumspielt.[22]* ◄●

Temple [23]
Ich schalte ungewollt ab

>> *Noch heute habe ich das Problem, dass ich zuweilen einfach abschalte. Ich höre mein Lieblingslied im Radio und merke dann, dass ich die Hälfte davon nicht mitbekommen habe. Plötzlich setzt mein Gehör aus. Im College musste ich mir ständig Notizen machen, um mich daran zu hindern, dass ich abschaltete.[24]* ◄●

»Selektive Taubheit»

Sollten solche Probleme bei einem Kind offenkundig werden, indem sie sich zum Beispiel als »selektive Taubheit« bemerkbar machen, dann ist es für den Sprachtherapeuten oder den Audiologen wichtig zu überprüfen, inwieweit das Kind gehörte Informationen verarbeiten kann. Das wird es zudem auch ermutigen, sein Gegenüber in einem Gespräch zu bitten, das eben Gesagte noch einmal zu wiederholen, es einfacher auszudrücken oder in anderen Worten zu sagen, trotz seines ausgeprägten Widerwillens, Hilfe zu suchen, und der Furcht, für dumm gehalten zu werden. Man kann das Kind aber auch bitten zu wiederholen, was man ihm eben angewiesen hat, wenn man den Verdacht hegt, es habe das Gesagte nicht wirklich verstanden. Man kann zum Beispiel fragen: »Kannst du mir sagen, was du tun sollst?« Hilfreich kann es auch sein, zwischen jedem Satz eine Pause zu machen, um dem Kind zu ermöglichen zu verarbeiten, was man eben gesagt hat; auch kann man in schriftlicher Form Anweisungen geben.

Die genannten Schwierigkeiten macht das Zitat von T. Jolliffe deutlich[25]: »Es ist schwer, Wörter wiederzugeben und zu verstehen, die ähnlich klingen, wie Zaun und Zaum, Kleid und Leid, Kummer und Nummer, Mutter und Kutter. Obwohl mich die Leute immer darauf hinweisen, wenn ich etwas falsch ausspreche, scheinen sie nicht zu bemerken, dass in jedem Satz, den sie sagen, Wörter sind, die schwer voneinander zu unterscheiden sind – obgleich ich mit ein wenig Anstrengung oft imstande bin, diese Worte aus dem Kontext zu erschließen. Aber wenn jemand mit mir spricht, muss ich mich wirklich anstrengen und sehr aufmerksam zuhören, wenn ich wirklich verstehen will, was seine Worte bedeuten.

In der Schule und während der ersten Zeit auf der Universität half mir der Umstand, dass ich mich im Voraus über die Themen, die behandelt wurden, informieren konnte. Auch wurden die Dinge an die Tafel geschrieben; die ganze Arbeit hatte gewöhnlich einen logischen Verlauf, und da den Studenten ja neuer Stoff vermittelt wurde, sprachen die Lehrer nicht allzu schnell. Eher machten sie Pausen von ein oder zwei Sekunden zwischen den einzelnen Sätzen, was mir die Möglichkeit gab, genauer zu erraten, was ich gehört hatte. Wenn ich Bücher lese, dann existiert das Problem, zu entschlüsseln, was die Worte bedeuten, eigentlich nicht, weil ich sofort sehen kann, was sie heißen sollen.«[26]

Ich selbst habe mehrere Erwachsene mit Asperger-Syndrom gekannt, die ihr Ge-

genüber in einem Gespräch baten, nicht zu sprechen, während sie überlegten, was sie als Antwort auf eine Frage sagen sollten, da dies ihre Gedankenprozesse störte und damit ihre Antwort noch verzögerte.

Folglich wird ein solcher Mensch weniger Verständnisprobleme haben, wenn er sich nur auf eine einzige Stimme konzentrieren muss, wenn eine kurze Pause zwischen jeder Anweisung oder Frage gemacht wird und wenn er die Mitteilung zusätzlich noch lesen kann.

Der Sprachfluss

Das Kind spricht möglicherweise zu viel oder zu wenig. Manchmal bringt seine echte Begeisterung für sein spezielles Interessengebiet es dazu, sehr geschwätzig zu werden, es redet dann wie ein Buch. Diese wortreiche Begeisterung kann liebenswert sein – wenn auch gelegentlich ermüdend. Das Kind ist darauf erpicht, sein Wissen und seine Redegewandtheit zu demonstrieren und zudem Neues über sein Spezialinteresse zu lernen. Dieses Thema beherrscht oft das Gespräch, aber das ist ein Ausdruck für seine emotionale und intellektuelle Faszination. Möglich ist allerdings, dass es lernen muss, wann es wieder schweigen sollte.

Im Gegensatz dazu können manche Kinder Perioden haben, wo sie tatsächlich um Worte verlegen, ja sprachlos sind. Die klinische Praxis kennt Kinder mit Asperger-Syndrom, die nur mit anderen Kindern und ihren Eltern sprechen und vielen anderen Erwachsenen gegenüber prinzipiell nie den Mund aufmachen. Ein Kind beispielsweise verstummte immer dann, wenn es das Schulgelände betrat. Wir wissen noch immer nicht genau, warum das so ist, aber die Autobiografie von Jolliffe mag dafür eine Erklärung bieten.[27]

....

Jolliffe

Manchmal ist es mir unmöglich, zu sprechen

》 *Sprechen ist für mich noch immer oft schwer und gelegentlich unmöglich, obwohl es im Laufe der Jahre leichter geworden ist. Manchmal weiß ich zwar, welche Worte ich sagen müsste, aber sie kommen nicht immer heraus. Und wenn sie herauskommen, sind sie zuweilen falsch – etwas, was ich nicht immer merke und auf das mich andere Leute häufig aufmerksam machen. Eines der frustrierendsten Dinge beim Autismus ist, dass es sehr schwierig ist zu erklären, wie man sich fühlt; ob einen etwas verletzt oder erschreckt oder dass man sich unwohl fühlt oder sich nicht behaupten kann. Manchmal nehme ich Betablocker, um die körperlichen Symptome der Angst zu verringern, und obwohl ich es jetzt fertigbringe, es den Menschen zu sagen, wenn etwas mir Angst macht, so kann ich es doch niemals in dem Augenblick sagen, wo das Ereignis geschieht. Auch ist es mir schon mehrmals passiert, dass mich ein Fremder nach meinem Namen fragte und ich mich nicht daran erinnern konnte, obschon ich mich, wenn ich entspannter bin, an Telefonnummern und Formeln erinnern kann, selbst wenn ich sie nur einmal gehört habe. Wenn mir irgendjemand oder irgendetwas sehr Angst macht oder wenn ich Schmerzen habe, kann ich zwar oft Bewegungen und Geräusche machen, aber die Worte kommen einfach nicht heraus.[28]* 《

....

Das Um-Worte-verlegen-Sein oder Stummsein ist folglich auf einen hohen Grad an Ängstlichkeit zurückzuführen. Manche Erwachsene mit Asperger-Syndrom neigen zum Stottern, wenn sie ängstlich sind. Hier ist das Problem genau genommen nicht eine Beeinträchtigung der sprachlichen Fähigkeiten, sondern besteht in der Wirkung einer Emotion auf die Sprechfähigkeit. Sollte dieses Problem auftreten, so gibt es eine ganze Reihe von Strategien, mit denen man einem Menschen mit Asperger-Syndrom helfen kann, mit seiner Angst fertigzuwerden. Sie werden im folgenden Kapitel erläutert.

Strategien im Überblick

Pragmatik:

- Erklären Sie dem Kind, wie man geeignete einleitende Bemerkungen macht.
- Sagen Sie dem Kind, wie es Klarstellung oder Beistand findet, wenn es verwirrt ist.
- Ermuntern Sie das Kind dazu, einzugestehen: »Ich weiß es nicht.«
- Erklären Sie ihm, wann der Zeitpunkt gekommen ist, zu antworten, zu unterbrechen oder das Thema zu wechseln.
- Zeigen Sie ihm, wie es mitfühlende Kommentare macht.
- Flüstern Sie dem Kind ins Ohr, was es seinem Gegenüber sagen soll.
- Wenn Sie die Kunst der Konversation erklären, dann verwenden Sie Methoden der Rhetorik und des Theaterspiels.
- Verwenden Sie Lerngeschichten und Comic-Strip-Gespräche zur verbalen oder bildhaften Darstellung der verschiedenen Kommunikationsebenen.

Wörtliche Auslegungen:

- Machen Sie sich klar, ob Ihre Bemerkung oder Anweisung missverstanden werden könnte.
- Erklären Sie Metaphern und Redewendungen.

Prosodie: Machen Sie klar, wie man Betonung, Rhythmus und Tonhöhe verändern kann, um Schlüsselworte und assoziierte Emotionen hervorzuheben.

Pedantische Sprechweise: Vermeiden Sie Abstraktionen und mangelnde Genauigkeit.

Idiosynkratische Wörter: Fördern Sie diesen kreativen Aspekt des Asperger-Syndroms.

Das Aussprechen von Gedanken: Raten Sie dem Kind zu flüstern und sich vorzunehmen: »Denk es, aber sag es nicht«, wenn es in der Nähe von anderen Leuten ist.

Auditive Beeinträchtigungen und Verzerrungen:

- Ermutigen Sie das Kind, darum zu bitten, dass das Gesagte wiederholt, einfacher oder mit anderen Worten ausgedrückt oder auch aufgeschrieben wird.
- Machen Sie Pausen zwischen den einzelnen Sätzen.

Sprachfluss: Angst kann die Sprechfähigkeit sehr behindern und muss behandelt werden.

Interessen und Routinen

Worauf sich das Spezialinteresse richten kann, welche beruflichen Möglichkeiten sich daraus ergeben und wie sie mit gefährlichen Interessen umgehen.

Ungewöhnliche Spezial-interessen und Regeln

In der Fachliteratur wurden lange die Neigung zu Spezialinteressen und der Zwang, Routinen einzuhalten, nicht angemessen berücksichtigt.

Die Forschung hat diese Kriterien vernachlässigt, obwohl sie erwiesenermaßen einen Einfluss auf die geistige Gesundheit der Familie haben und obwohl nachgewiesen ist, dass diese Merkmale relativ dauerhaft sind.[1] Das kleine Kind kann beispielsweise ein ausgeprägtes Interesse am Sammeln von speziellen Gegenständen entwickeln, wie in unten stehendem Fallbeispiel beschrieben.[2]

Jolliffe

Sammeln von Smarties-Deckeln

》 *Ebenso liebte ich es, die Deckel der Smarties-Röhrchen zu sammeln. Die waren orange, grün, blau, rot und gelb und auf jedem war ein Buchstabe des Alphabets. Ich hatte mehr orangefarbene und nur wenige blaue, und ich bekam nie alle Buchstaben des Alphabets zusammen. Das einzige Problem war, dass ich die Deckel von allen Smarties-Röhrchen abnehmen wollte, wenn ich in einem Süßwarenladen war, um zu sehen, welcher Buchstabe auf der Unterseite war, und das schien andere Leute sehr ärgerlich zu machen.[3]* 《

Horten ungewöhnlicher Gegenstände

Dieses Sammeln betrifft teilweise Gegenstände, die auch von normalen Kindern oder Erwachsenen gehortet werden: z.B. Etiketten von Bierflaschen, Schmetterlinge oder Schlüsselringe; doch kann die Wahl auch auf ungewöhnlichere Objekte fallen, wie bestimmte Zeichenstifte, Staubsauger oder Toilettenbürsten. Ein Kind, das solche Bürsten hortete, verursachte seiner Familie damit große Probleme, denn immer wenn es ein fremdes Haus betrat, ging es unverzüglich auf die Toilette, um die Bürste zu holen und genau zu studieren.

Besagte Gegenstände werden bei jeder Gelegenheit gesammelt. Das Kind scheint eine Art sechsten Sinn zu besitzen, der jedes Exemplar schon aus einiger Entfernung auszumachen vermag, und man kann es einfach nicht davon abhalten weiterzumachen. Irgendwann verliert das Kind dann sein Interesse an dem begehrten Gegenstand, entscheidet sich für einen neuen, und das Ganze beginnt von vorn. Das Sammeln von Gegenständen ist eine einsame Beschäftigung und hat nichts mit den jeweiligen Hobbys von Altersgenossen zu tun, sodass hier kein Ansatzpunkt für gemeinsame Beschäftigungen besteht. So wollte ein Kind als Geburtstagsgeschenke nur Straßenschilder. Mit etwas Erfindungsgabe waren seine Eltern in der Lage, seinem Wunsch nachzukommen.

Ältere Kinder sind von Verkehrsmitteln fasziniert

Es scheint eine entwicklungsbedingte Reihenfolge in der Art der Interessen zu geben, und die nächste Phase ist dann die Faszination für ein bestimmtes Thema und nicht mehr für einen Gegenstand. Häufige Themen sind Verkehrsmittel, Dinosaurier, Elektronik und Wissenschaft. Der Betroffene erwirbt sich mit der Zeit ein umfassendes Wissen, da er begierig alle nur möglichen Informationen über sein Interessengebiet liest und unablässig Fragen darüber stellt. Häufig anzutreffen ist eine Begeisterung für Statistiken, Ordnung und Symmetrie.

Ein Siebenjähriger

Begeisterung für Rugby-Ergebnisse

>> *Ein siebenjähriger Junge mit Asperger-Syndrom entwickelte eine besondere Vorliebe für die Rugby-Liga. Er sah sich begeistert alle Spiele im Fernsehen an, prägte sich ein, welche Kommentare die Reporter abgegeben hatten, kannte die Ergebnisse der vorigen Spiele und die Position eines jeden Teams. Er sprach ganze Stunden über sein Lieblingsthema. Seine Eltern beschlossen,*

einen praktischen Nutzen aus seiner Vorliebe zu ziehen, und schrieben ihn in eine Jugendmannschaft ein. Als die Pfeife – das Signal für den Beginn seines ersten Spieles – ertönte, begann er sofort laut und ohne Unterlass zu kommentieren, was sich auf dem Spielfeld tat, als wenn er ein Sportreporter wäre. Als der Ball dann an ihn abgegeben wurde, warf er ihn mit Abscheu weg. Er hatte nicht das geringste Interesse, selbst an dem Spiel teilzunehmen. ❧

Ungewöhnliche und gefährliche Interessen

Manchmal kann das Interesse auch recht ungewöhnlich sein. Ein junger Mann war von Lastwagen und den verschiedenen Herstellern und Modellen fasziniert. Wenn er von der Arbeit nach Hause ging, prägte er sich jeden Lastwagen ein, den er sah, und wies dem jeweiligen Fahrzeug Punkte entsprechend seiner Seltenheit zu. Ein Volvo-Lastwagen war relativ gewöhnlich, weswegen er seinem Hersteller nur einen Punkt zubilligte, wohingegen ein Mercedes-Lastwagen selten war und darum fünf Punkte erhielt. Wenn er zu Hause ankam, trug er die Punkte in seine eigens dafür erstellte Tabelle der Lastwagenhersteller ein.

Das Interesse kann sich auch auf Kunst beziehen, wobei zuweilen eine Faszination für Perspektive, Details oder Architektur besteht. Auch für Elektronik und Computer interessieren sich viele Betroffene – zuweilen ohne Rücksicht auf Sicherheitsrisiken. Ein junger Mann war besonders angezogen von elektronischen Schaltplänen und Kamerablitzlicht-

einheiten. Daher wollte er brennend gern wissen, ob eine solche Einheit es aushielt, wenn man sie direkt an die häusliche Stromversorgung schaltete … er überlebte die Explosion!

Rollenspiele

Kleine Kinder können es leidenschaftlich lieben, so zu tun, als seien sie eine bestimmte Person oder ein bestimmtes Tier. Ein siebenjähriges Mädchen begeisterte sich für die Geschichten und den Lebensstil der Wikinger und überredete seine Mutter, ihm eine Art Tunika aus Schaffell zu nähen und eine Puddingschüssel als Helm zu geben, an der es Hörner befestigte. Mit diesem Kostüm lief die Kleine in ihrem Wohnort herum und erzählte jedem, sie sei ein Wikinger. Manche Kinder tun so, als seien sie Elektriker, Polizisten oder Maurer. Das Interesse setzt beträchtliche Fantasie und Kreativität voraus, bei dem das Kind sich genauestens über den jeweiligen Lebensstil oder das Handwerk informiert. Doch sind es gewöhnlich einsame Beschäftigungen, die seine Gedanken und Spiele beherrschen. Sie können ziemlich exzentrisch sein, zum Beispiel wenn das Kind vorgibt, ein bestimmtes Tier zu sein: eine Ameise, ein Pferd oder sogar ein außerirdisches Wesen.

Das Interesse ist stark, aber von kurzer Dauer, und führt zu einer Veränderung in der gewohnten Wahl der Gutenachtgeschichte. Schließlich ist das Zimmer des Kindes, ja die ganze Wohnung vollgestopft mit Büchern und Material, die im Zusammenhang mit den jeweiligen Interessen stehen und niemals weggeworfen werden dürfen.

Personenverehrung in der Adoleszenz

Vielleicht herrscht während oder nach der Adoleszenz eher ein romantisch verklärtes als ein menschliches Interesse an einer wirklichen Person vor. Es kann einer jugendlichen Schwärmerei ähneln. Die Person, der die Verehrung zukommt, weiß dann oft nicht recht, welche Absichten hinter dieser Haltung stehen, und die Eltern fürchten, sie könnten falsch ausgelegt werden.

Eine Teenagerin mit Asperger-Syndrom wurde zum begeisterten Fan eines Popstars. Die Gemälde und Skulpturen, die sie von ihm anfertigte, zeugten von beträchtlichem Geschick und waren so detailgetreu, dass ihre Arbeiten in einer überregionalen Zeitung lobend erwähnt

wurden. Der Popstar war beeindruckt, es folgte ein Briefwechsel, und zu guter Letzt lernten sie sich kennen. Eine echte Freundschaft entstand, und sie weilte oft im Haus ihres »Helden« und seiner Frau. Doch eines Tages beschloss sie, den Kontakt für alle Zeiten abzubrechen: Er hatte sich einen Hund gekauft, und sie ertrug sein Bellen nicht. Der Mann wurde nie mehr erwähnt. Doch innerhalb von wenigen Wochen erschien ein neuer Held auf der Bildfläche ...

Kleine Kinder brauchen Routinen

Die Diagnosekriterien erwähnen ein weiteres Charakteristikum, das mit den speziellen Interessen verbunden sein kann, aber nicht muss. Das kleine Kind mit Asperger-Syndrom neigt dazu, Routinen festzulegen und auf ihrer Einhaltung zu bestehen. Die Eltern müssen diesem Bedürfnis entsprechen, denn eine Veränderung oder eine Nichteinhaltung der Routine kann zu innerer Qual und zu Angstzuständen führen. Sobald sich ein Muster ergeben hat, muss es bestehen bleiben. Leider können sich die Komponenten der erwarteten Reihenfolge im Laufe der Zeit beträchtlich vermehren.

Beispielsweise ist es möglich, dass das Ritual des Zubettgehens früher damit begann, dass nur drei Spielsachen nebeneinander aufgestellt wurden; doch nach und nach wird es zu einer komplizierten

Zeremonie, bei der Dutzende von Spielsachen nach ganz genauen Regeln der Ordnung und der Symmetrie nebeneinander aufgereiht werden müssen. Wenn eine Fahrt zu einem bestimmten Ziel mehrmals auf ein und derselben Strecke unternommen wurde, dann erwartet das Kind, dass dies auch weiterhin geschieht, und duldet keine Abweichung.

Interessen und Routinen als Diagnosekriterien

Die von den Gillbergs erarbeiteten Kriterien[4] für das Asperger-Syndrom weisen eindeutig auf Interessen und Routinen hin. Ihr zweites Kriterium ist die Existenz von eingegrenzten Interessen, wobei mindestens eines der folgenden Merkmale zutrifft:
• Ausschluss anderer Aktivitäten
• repetitives Festhalten daran
• mehr mechanische als zweckgerichtete Beschäftigung

Ihr drittes Kriterium bezieht sich auf wiederholte Routinen, wobei der Betroffene sie entweder sich selbst (in manchen Bereichen seines Lebens) auferlegt oder anderen.

Peter Szatmari und seine Kollegen[5] erwähnen diese beiden Charakteristika nicht, und die klinische Erfahrung legt nahe, dass ein kleiner Teil der Menschen mit Asperger-Syndrom nur eine geringfügige Ausprägung dieser Symptome aufweist. Dennoch wurden sie in die Kriterien der American Psychiatric Association und der Weltgesundheitsorganisation aufgenommen. Gegenwärtig gibt es recht große Unterschiede zwischen den Diagnosekriterien, die das Wesen dieses Charakteristikums bestimmen, und manche Leute haben sogar Zweifel, ob sie als Diagnosekriterien überhaupt zugelassen werden sollten. Doch falls der vom Asperger-Syndrom Betroffene ein spezielles Interesse hat oder sich an Routinen hält, die sein Leben wesentlich beeinträchtigen, dann liefern die folgenden Abschnitte eine Erklärung dafür, warum sie auftreten, warum sie für ihn so wichtig sind und was getan werden kann, um ihr Erscheinen möglichst gering zu halten bzw. eine konstruktive Anwendung dafür zu finden.

Mit Spezialinteressen und Routinen umgehen

Viele Menschen haben Hobbys. Beim Asperger-Syndrom machen diese Beschäftigungen aber oft einsam und beherrschen die Zeit und Gespräche des Betroffenen völlig.

Die Interessen eines Menschen mit Asperger-Syndrom unterscheiden sich jedoch von einer zwanghaften Störung insofern, als die Person Vergnügen daran hat und nicht versucht, sich ihm zu widersetzen. Wie also kommt es zu diesem Phänomen? Dafür gibt es mehrere plausible Erklärungen. Wenn jemand kein guter Unterhalter ist, vielleicht die Signale nicht recht versteht, die ein passendes Thema oder ein geeignetes »Skript« anzeigen, wenn er gelegentlich um Worte verlegen ist (insbesondere wenn das Thema soziales Geschick und Einfühlungsvermögen erfordert), dann hilft es ihm, sich sicher zu fühlen – und garantiert ihm Redegewandtheit, wenn das Gespräch sich um sein eigenes spezielles Interesse dreht. Das heißt, es schützt ihn davor, spontan reagieren zu müssen.

Die Funktion von Spezialinteressen

Immer wieder ist zu beobachten, dass Menschen mit Asperger-Syndrom sehr viel daran liegt, nicht dumm zu erscheinen. Eine Möglichkeit, intelligent zu wirken, ist, einen »Vortrag« zu halten, der Fachausdrücke enthält, die dem Zuhörer unbekannt sind. Doch dieses Verhalten trifft man nicht nur bei Menschen mit Asperger-Syndrom an. Manche Computerexperten, Wissenschaftler, Rechtsanwälte und andere Spezialisten (einschließlich der Psychologen!) verwenden eine Terminologie, die ihre Überlegenheit auf dem jeweiligen Gebiet signalisieren soll. Tatsächlich liefern manche Vertreter dieser Berufe geradezu das Rollenmodell für dieses Charakteristikum und bringen junge Menschen mit Asperger-Syndrom dazu, eine Laufbahn in einem dieser Berufsfelder anzustreben.

Menschen mit Asperger-Syndrom fällt es oft schwer, mit den sich verändernden Mustern und Erwartungen des täglichen Lebens fertigzuwerden. Die speziellen Interessen sind gewöhnlich darauf ausgerichtet, Ordnung zu schaffen, indem der Betroffene beispielsweise Informationen katalogisiert und Tabellen anlegt. Einer der Gründe, warum Computer eine so große Faszination auf solche Menschen ausüben, ist nicht nur, dass man mit ihnen nicht reden und nicht auf sie eingehen muss, sondern dass sie logisch sind und keinen Stimmungsschwankungen unterliegen. Daher stellen sie ein ideales Objekt des Interesses für Menschen mit Asperger-Syndrom dar.

Ein Mittel zur Entspannung

Die einsamen und repetitiven Beschäftigungen können eine Gelegenheit sein, den Belastungen aus dem Weg zu gehen, die mit sozialen Kontakten verbunden sind und sich durch die Gleichmäßigkeit der Routine zu entspannen. Das Spezialinteresse einer Frau war es, mehrmals täglich eine japanische Teezeremonie durchzuführen. Das Ritual und die Symmetrie übten ganz offensichtlich einen großen Reiz auf sie aus, und als sie gefragt wurde, was sie daran so fasziniere, antwortete sie, es helfe ihr, sich zu entspannen. Ganz sicher kann eine solche Beschäftigung von den Ängsten des Tages ablenken. Die klinische Praxis hat gezeigt, dass die Intensität, mit der die Beschäftigung betrieben wird, der Intensität der erlebten Belastung entspricht. Also: Je größer die Belastung für den Betroffenen war, desto intensiver gibt er sich der Beschäftigung hin.

Wenn der gesellschaftliche Umgang mit anderen Menschen als harte Arbeit empfunden wird und nicht als etwas, was man besonders gerne tut, und wenn man keine Lust hat, ständig vor dem Fernsehgerät zu sitzen – was kann man da sonst tun, als sich mit etwas beschäftigen? Es ist ja tatsächlich echtes Vergnügen damit verbunden.

David Miedzianik[6] beschreibt: »Es fasziniert mich immer zuzusehen, wie der Gasmann die Öfen repariert. Ich finde das sehr spannend und ich springe auf und ab, wenn ich die Gasflamme brennen sehe. Ich bin immer so auf- und abgesprungen, seit ich ein Kind war.«[7]

Viele Menschen mit Asperger-Syndrom haben nur wenige echte Freuden im Leben. Das Nachgehen eines speziellen Interesses bietet ihnen Genuss. Die Heftigkeit der Emotion kann bewirken, dass der Betroffene buchstäblich vor Freude in die Luft springt.

Es ist für die Familien der Betroffenen ein echtes Problem, die unablässigen Fragen auszuhalten, die das Kind stellt, und

Verhalten bei unakzeptablen Interessen

Ist das Interesse hingegen unakzeptabel, das heißt illegal, oder könnte es zu gefährlichen Resultaten führen (z. B. ein Interesse an Waffen, Sprengkörpern oder Giften), dann werden die Eltern den Rat eines Psychologen benötigen, der Erfahrung in der Behandlung des Asperger-Syndroms besitzt. Die Aufgabe besteht dann darin, einen Anreiz zu schaffen, das bestehende Interesse aufzugeben und eine akzeptable Alternative vorzuschlagen. Die erste Wahl fällt dann häufig auf Computer, da dieses Interesse von gleichaltrigen Kindern hoch geschätzt wird. Es ist relativ leicht, Informationen über Computer zu erhalten, und die Beschäftigung damit kann durchaus konstruktiv sein und sogar in eine entsprechende berufliche Laufbahn münden.

seine Weigerung zu akzeptieren, sich irgendeiner anderen Beschäftigung zuzuwenden. Sie wissen daher oft nicht, inwieweit sie ihm Zugang zu dem dafür erforderlichen Material gestatten sollen. Viele Eltern fragen sich, wie sie das geradezu fanatische Interesse ihres Kindes vermindern, ja ganz auslöschen können. Das ist keine leichte Aufgabe. Im Folgenden zwei Vorschläge.

Umgang mit Spezialinteressen

Möglicherweise haben Eltern bereits versucht, das Kind von der Ausübung seiner Beschäftigung abzubringen, indem sie ihm den Zugang zu dem dafür erforderlichen Material oder Informationen verweigerten und es stattdessen dazu ermunterten, etwas anderes zu tun. Die Erfahrung hat jedoch deutlich gezeigt,

dass die Motivation für das bestehende Interesse meist stärker ist.

Ein besserer Weg als das Verbieten ist ein kontrollierter Zugang. Möglicherweise ist das Problem nicht das Interesse an sich, sondern vielmehr die Tatsache, dass es alle anderen Beschäftigungen überlagert. Größere Erfolge sind erreicht worden, indem man die Zeit begrenzte, die das Kind für sein Interesse aufwendet. Dabei empfiehlt sich der Einsatz einer (Stopp-)Uhr. Doch ist es sehr wichtig, dass das Kind danach aufgefordert wird, sich einer anderen Beschäftigung zuzuwenden, die es ebenfalls gerne tut, und dass es die »Ausrüstung«, die zu seinem Spezialinteresse gehört, nicht länger vor Augen hat. Mit anderen Worten: »Aus den Augen, aus dem Sinn«. Schlagen Sie dem Kind vor, in einem anderen Zimmer eine Aufgabe zu erfüllen, die ihm vertraut ist und die es mühelos bewältigen kann, oder eine notwendige Besorgung zu erledigen. Wenn es bekümmert oder aufgebracht ist, dann beruhigen Sie es, indem Sie ihm versichern, dass es zu einer bestimmten Zeit – die Sie präzisieren – wieder zu seinem Spezialinteresse zurückkehren kann. Im Grunde begrenzt man damit den Zugang.

Das Interesse kann mehrere Wochen hindurch, aber auch jahrzehntelang bestehen, und wenn die Leidenschaft an einem Interesse erloschen ist, wird es gewöhnlich bald durch ein anderes ersetzt. Wenn die Eltern die Beschäftigung ihres Kindes mit seinem Spezialinteresse zeitlich begrenzen und überwachen können, dann ist ein kontrollierter Zugang angebracht.

Spezialinteresse konstruktiv verwenden

Kinder sind im Allgemeinen von dem Bestreben beseelt, ihren Lehrern, Eltern oder Freunden Freude zu bereiten, kompetitiv oder kooperativ zu sein oder die Beschäftigungen anderer Kinder nachzuahmen. Diese Wünsche sind bei einem Kind mit Asperger-Syndrom erheblich geringer; und ein häufig anzutreffendes Dilemma, dem sich Eltern gegenübersehen, ist die fehlende Motivation des Kindes für jedwede Beschäftigung, die sie vorschlagen.

Doch legt das Kind eine enorme Motivation und Aufmerksamkeit an den Tag, wenn es um sein Spezialinteresse geht. Die Strategie, die es hier zu verfolgen gilt, besteht darin, das Interesse für die Aktivität zu wecken, die momentan noch nicht als reizvoll, sondern als langweilig empfunden wird. Eine andere Möglichkeit ist, dem Kind unter bestimmten Voraussetzungen – z.B. wenn es besonders gut lernt – Zugang zu seinem Spezialinteresse zu gestatten; und seine Eltern sollten sich überlegen, wie das Interesse genutzt werden könnte, um soziale Kontakte zu fördern oder einen späteren Beruf daraus zu machen.

Das Spezialinteresse einbeziehen

Soll das Kind das Zählen lernen und hat es ein Interesse am Sammeln von Flaggenabbildungen, dann kann es statt Bauklötzchen ja auch die Flaggenabbildungen zählen. Wenn das Kind die grundlegenden Prinzipien einer bestimmten Aufgabe nicht verstanden hat, dann versuchen Sie sich Beispiele auszudenken, die seinem Interesse entgegenkommen. Sobald die »magischen Worte« (d.h. der Bezug zum Interesse) ausgesprochen sind, wird die Aufmerksamkeit des Kindes gefesselt sein.

Temple Grandin[8] beschreibt eine konstruktive Verwendung eines ihrer Interessen: »Eine weitere Fixierung von mir waren automatische Schiebetüren in Supermärkten und auf Flughäfen. Ein Lehrer mag sich fragen: Wie kann ich Mathematik, Naturwissenschaften und Englisch bei einer Fixierung auf Türen einbringen? Geht das Kind noch in die Grundschule, könnte das einfach sein; beispielsweise könnte man die Firma, die die Tür hergestellt hat, bitten, einen ihrer Kataloge zuzuschicken. Erwachsene halten einen solchen Katalog vielleicht für langweilig, aber das autistische Kind mit einer Fixierung auf Türen findet ihn faszinierend. Mathematik und Geografie könnten integriert werden, indem man das Kind bittet, den Standort der Türfirma auf der Landkarte zu suchen und auszurechnen, wie viele Kilometer sie von seiner Schule entfernt liegt.«[9]

Ältere Kinder »verdienen« sich dank Konzentration und Anstrengungen den Zugang zu ihrem Spezialgebiet. Hat das Kind zum Beispiel zehn Rechenaufgaben richtig gelöst, dann darf es für zehn Minuten in die Bücherei, um etwas über sein Interesse zu lesen. Wenn das Kind den Unterricht eine bestimmte Zeit lang nicht durch Fragen über sein Spezialgebiet unterbrochen hat, dann bewilligt man ihm eine zusätzliche Zeit für sein Interesse, sobald die Schulstunde zu Ende ist.

Berufliche Nutzung

Manche Interessen können schließlich zu einer beruflichen Beschäftigung und damit zu einer Einkommensquelle werden. So kann die Begeisterung für Gartengeräte zum Beruf des Gärtners oder Garten- und Landschaftsarchitekten führen. Ein Interesse für das Wetter kann der Anfang einer Laufbahn als Meteorologe sein; ein Interesse an Karten und Plänen könnte wiederum den Wunsch wecken, Taxifahrer zu werden.

Wie ein Interesse praktisch verwendet werden kann, zeigt sich am Beispiel von Temple Grandin. Sie schildert[10], wie einer ihrer Lehrer ihr spezielles Interesse nutzte: »Mr. Carlock verwendete meine Fixierung auf Viehpferche, um mich zu motivieren, mich mit Naturwissenschaften zu beschäftigen und zu lernen, wie man wissenschaftliche Tabellen verwendet. Er sagte mir, um wirklich etwas über mein Spezialinteresse zu lernen, müsste ich mir wissenschaftliche Methoden aneignen und auf einer Hochschule studieren. Meine Psychologen und Berufsberater wollten mich von meinem seltsamen Interesse abbringen, aber Mr. Carlock lenkte es von einer engen Fixierung auf die Voraussetzungen für eine lebenslange Berufslaufbahn. Heute reise ich in der ganzen Welt herum und entwerfe Viehhöfe und Pferche für große fleischverarbeitende Unternehmen. Kürzlich entwarf ich eine humanere Tierhaltevorrichtung, die wahrscheinlich von den meisten großen fleischverarbeitenden Firmen eingeführt werden wird. Heute bin ich führend auf meinem Gebiet und habe mehr als 100 Fachaufsätze über Tierverarbeitung verfasst. Wenn es den Psychologen gelungen wäre, mir meine Fixierung auf Viehpferche abzugewöhnen, würde ich heute vielleicht irgendwo dahinvegetieren und Seifenopern anschauen.«[11]

Finden Sie die positiven Aspekte

Vielleicht ist Ihr Kind künstlerisch begabt oder kann sehr gut Cartoons zeichnen. In diesem Fall könnte es mit einem Kind zusammenarbeiten, das gut Geschichten schreibt. Als »Autor« und »Illustrator« könnten die beiden zusammen ein Buch verfassen, das einen Klassen- oder Schulpreis gewinnt. Man kann dem Kind auch einen persönlichen Berater für sein Interessengebiet zur Seite stellen. Das hilft ihm, sein natürliches Talent zu entwickeln, es konstruktiv anzuwenden und damit seine Selbstachtung zu steigern. Auch werden seine Lehrer und die anderen Kinder mehr Toleranz für sein exzentrisches Sozialverhalten aufbringen, wenn sie sehen, dass es auf einem ganz bestimmten Gebiet etwas Herausragendes leistet. Temple Grandin schreibt dazu: »Die Menschen respektieren Talent, selbst wenn sie einen für verrückt halten.«[12]

Fördern Sie das Interesse an Computern

Prinzipiell sollte ein Interesse an Computern gefördert werden, nicht nur als potenzielles Mittel eines späteren beruflichen Werdegangs, sondern auch, um Selbstvertrauen und soziale Kontakte zu mehren. Das Kind kann dadurch als »Berater« für andere Kinder seiner Klasse fungieren. Im Gegenzug, aus Dankbarkeit, helfen diese Kinder ihm dann vielleicht in anderen Situationen. Ein Teenager war ein richtiger Computerexperte, aber er

wurde von den Gesprächen seiner Mitschüler ausgeschlossen. Wenn sie über ihre Partys, über Vandalismus und sexuelle Erlebnisse sprachen, war er unfähig, daran teilzunehmen. Er wirkte und fühlte sich einsam. Doch als der Computerunterricht begann und einige Maschinen »abstürzten«, waren sein Rat und seine Erfahrung bei den anderen sehr willkommen. Seine Körperhaltung und sein Gesichtsausdruck veränderten sich. Endlich einmal wurde er gebraucht, gehörte er dazu. Auch Computerclubs und Computerauktionen können Gelegenheiten sein, Gleichgesinnte zu treffen und Freundschaften zu schließen, die auf einem gemeinsamen Interesse beruhen.

Quelle der Entspannung und Mittel zur Identifikation

Das Interesse kann auch eine Quelle der Entspannung und des Vergnügens sein, denn die Beschäftigung mit dem Interesse hat eine fast therapeutische Wirkung. Daher sollten die Eltern ihrem Kind den Zugang zu seinem Spezialinteresse erleichtern und ihn fördern, wenn das Kind – vielleicht am Ende eines schwierigen Schul- oder Arbeitstages – gestresst ist. Hat ein Mensch ein starkes Interesse an einer bestimmten Person, so kann er dies als Gelegenheit nutzen, etwas über Gefühle, Freundschaften und Verhaltensregeln zu lernen.

Eine unter Erwachsenen mit Asperger-Syndrom ziemlich beliebte Figur ist

»Data«, der in der Serie »Star Trek« mitspielt. Er ist ein Androide, der zwar bemerkenswerte intellektuelle Fähigkeiten besitzt, jedoch sehr gerne ein Mensch wäre. Besonders schwer fällt es ihm, das Werben, die Emotionen und den Humor der Menschen zu verstehen. Die Schwierigkeiten, mit denen er konfrontiert ist, ähneln sehr denen, vor denen auch viele Erwachsene mit Asperger-Syndrom stehen; daher ist es nicht verwunderlich, dass er nicht selten ihr Idol wird, denn sie können sich in seine Probleme einfühlen. Ein Lehrer oder ein Elternteil kann Datas Dilemma zu Hilfe nehmen, um wichtige Aspekte der Kompetenz in sozialen Situationen zu veranschaulichen.

Wiederkehrende Routinen

Routine scheint zwingend zu sein, um das Leben vorhersehbar zu machen und Ordnung zu schaffen, da Neuheiten, Chaos oder Ungewissheit für einen Menschen mit diesem Syndrom unerträglich sein können. Routine ist auch ein Mittel, um Angst zu verringern. Dabei können sowohl die gewohnte Umgebung als auch gewohnte Vorgänge und Verhaltensweisen ein Gefühl von Sicherheit vermitteln.

Donna Williams[14] beschreibt, wie dies geschehen kann: »Ich liebte es, Dinge zu kopieren, zu gestalten und zu ordnen. Ich liebte die Bände unserer Enzyklopädie. Sie hatten Buchstaben und Zahlen auf dem Rücken, und ich kontrollierte dau-

Akzelerationsprogramme

Heute werden für Jugendliche mit Asperger-Syndrom Akzelerationsprogramme in Bereichen wie Naturwissenschaft und Fremdsprachen entwickelt.[13] Das Ziel hierbei ist, die Kreativität zu fördern – vielleicht kann ein Betroffener später einmal seine Bilder, die er von Zügen anfertigt, verkaufen oder Sportreporter beim Fernsehen oder Astronom werden.

ernd, ob sie in der richtigen Reihenfolge standen, und wenn nicht, stellte ich sie richtig hin. Ich machte aus Chaos Ordnung. Die Suche nach Kategorien endete nicht bei den Enzyklopädien. Ich las das Telefonbuch und zählte die aufgeführten Browns oder die Variationen bestimmter Namen oder die Seltenheit anderer. Ich erkundete das Konzept der Übereinstimmung. Vielleicht sah es so aus, als lebte ich in einer verkehrten Welt, aber ich bemühte mich, Übereinstimmung in den Griff zu bekommen. Da die meisten Dinge sich dauernd veränderten, ließen sie mir nie die Möglichkeit, mich auf sie vorzubereiten. Aus diesem Grund verschaffte es mir Vergnügen und Beruhigung, die gleichen Dinge wieder und wieder zu tun.«[15]

Die Einrichtung einer Routine ist also die Gewährleistung, dass es keine Gelegenheit für Veränderungen gibt.

Rituale gegen Angst

Die Klinikpraxis hat gezeigt, dass die Routine dominierender und ausgeklügelter wird, wenn der Betroffene kurz zuvor Veränderungen bei seinen Bezugspersonen, in seinen Räumlichkeiten oder im Alltag erlebte, oder wenn er Anzeichen der Angst aufweist. Die Angst kann auch auf die Besorgnis zurückzuführen sein, die er empfindet, weil er im gesellschaftlichen Umgang unsicher ist und fürchtet, einen Fehler zu machen, oder weil er fürchtet, es könne eine Veränderung in seiner Alltagsroutine eintreten (bzw. es könne etwas seinen Erwartungen nicht entsprechen). Die gewöhnliche Reaktion auf Angst besteht darin, ein Ritual oder eine Routine zu entwickeln. Im psychologischen Jargon ausgedrückt, fungiert diese Handlung als ein negativer Verstärker, das heißt, sie endet mit einem unangenehmen Gefühl. Die Einrichtung einer Routine ist also eine Sekundärfolge des Asperger-Syndroms und wird als Mittel zur Garantie von Beständigkeit und zur Verringerung der Angst eingesetzt.

Stellen Sie Stundenpläne auf

Aber was kann man tun, damit die Routine nicht allzu beherrschend wird? Ein kleines Kind kann sehr entschieden, ja tyrannisch auftreten, um sicherzustellen, dass seine Routine nicht unterbrochen wird. Eltern sollten in diesem Fall darauf bestehen, dass es Kompromisse eingeht und alternative Möglichkeiten akzeptiert. Es wird hilfreich sein, ihm den Begriff von Zeit zu vermitteln, indem man Uhren, Stundenpläne und ein Tagebuch verwendet. Dann kann es bestimmen, wann bestimmte Ereignisse stattfinden, und auch, in welcher Folge die täglichen Aktivitäten geschehen. Das Leben wird plötzlich vorhersehbar, und der Betroffene erlebt den eigenen Gestaltungsspielraum. Hilfreich bei einem Stundenplan sind gesonderte Karten für jede Aktivität, die man an einer Art Schwarzem Brett befestigt. Tritt eine Änderung im vorausgeplanten Ablauf ein, können die Karten neu geordnet werden.

Veränderungen bedeuten Stress

Wenn der Mensch älter und reifer wird, lässt das strikte Beharren auf einer Routine gewöhnlich nach. Aber niemals werden Veränderungen leicht ertragen. Am Ende eines jeden Schuljahres muss der Übergang in die nächste Klasse und zum nächsten Lehrer sorgfältig geplant werden. Mehrere Monate zuvor sollte der neue Lehrer das Kind während des Unterrichts beobachten und sich mit den Strategien, die der gegenwärtige Lehrer bei ihm anwendet, vertraut machen. Wenn das Kind dann in der neuen Klasse ist, kann der vorige Lehrer gegebenenfalls um Rat gefragt werden. Die Schulverwaltung muss zudem den Problemen Rechnung tragen, die durch den Wechsel des Personals – z.B. durch den Einsatz von Referendaren und den Mutterschaftsurlaub von Lehrkräften – auftreten können, da sie die Routine des Kindes stören.

Sorgen Sie für Stabilität im Alltag

Es wird unerlässlich sein, im Alltag des Kindes eine beruhigende Stabilität zu gewährleisten, insbesondere während der Adoleszenz – einer Zeit unvermeidlicher seelischer und körperlicher Veränderungen. Versuchen Sie, unnötige Störungen in dieser Zeit so gering wie möglich zu halten, und akzeptieren Sie einige Routinen, da sie dem Kind helfen, mit seiner Angst umzugehen. Die Intensität, mit der das Kind oder der Jugendliche auf der Einhaltung der Routinen besteht, ist eine Art Barometer für die Intensität, mit der es von Stress und Angst heimgesucht wird. Wenn die Routine überhandnimmt, muss eine Vorgehensweise ersonnen werden, um das innere Gleichgewicht herzustellen und die Angst zu meistern. Im letzten Kapitel dieses Buches wird eine Anzahl von Strategien vorgestellt, die zum Zwecke der Verringerung der Angst bei Menschen mit Asperger-Syndrom bereits erfolgreich angewendet werden.

Strategien im Überblick

Wozu dienen spezielle Interessen?
- sie erleichtern Gespräche
- sie weisen auf Intelligenz hin
- sie bringen Ordnung und Beständigkeit ins Leben
- sie werden zu einem Mittel, durch das man sich Spaß und Entspannung verschafft

Umgang mit Spezialinteressen:
- Kontrollieren Sie den Zugang zum Spezialinteresse und begrenzen Sie die Zeit der Beschäftigung mit dem Spezialinteresse.
- Versuchen Sie eine konstruktive Verwendung zu fördern, um die Motivation zu erhöhen.
- Machen Sie die Beschäftigung zur Grundlage für eine spätere berufliche Tätigkeit oder für soziale Kontakte.

Routinen sind dringend geboten, damit das Leben kalkulierbar wird.

Umgang mit Routinen:
- Beharren Sie darauf, dass das Kind Kompromisse eingeht.
- Vermitteln Sie ihm den Begriff der Zeit und verwenden Sie dabei Stundenpläne, um die Reihenfolge der einzelnen Aktivitäten zu veranschaulichen.
- Verringern Sie die Angst des Kindes.

Motorische Unbeholfenheit

Wie zeigt sich die motorische Unbeholfenheit? Wie können Ferigkeiten erlernt oder gestärkt werden? Können Eltern ihre Kinder darüber hinaus unterstützen?

Welche Fähigkeiten sind betroffen?

Einer der ersten Indikatoren für motorische Unbeholfenheit ist, dass einige Kinder mit Asperger-Syndrom Monate später, als man erwarten würde, laufen lernen.[1]

In der frühen Kindheit können bei dem Kind Ungeschicklichkeit beim Ballspielen, Schwierigkeiten, seine Schnürsenkel zuzubinden, und eine merkwürdige Gangart beim schnellen Gehen beobachtet werden. Vielleicht macht sich die Unbeholfenheit aber auch nur im direkten Vergleich mit Kindern seines Alters bemerkbar.

Wenn das Kind in die Schule kommt, fallen dem Lehrer vermutlich seine schlechte Handschrift und sein linkisches Verhalten im Sportunterricht auf. In der Adoleszenz entwickelt ein kleiner Teil der Kinder unfreiwilliges Zucken der Gesichtsmuskeln, ein rasches Blinzeln oder gelegentliches Grimassenschneiden. Diese Merkmale weisen auf Unbeholfenheit und Störungen des Bewegungsapparates hin.

Die motorische Koordination bei Kindern mit Asperger-Syndrom wurde bereits in mehreren Untersuchungen erforscht; dabei wurde eine Reihe standardisierter Tests zur Anwendung gebracht. Zu diesen Tests gehörten der Griffith- und der Bruninks-Oseretsky-Test sowie der Test zur Untersuchung motorischer Beeinträchtigungen (Henderson Revision). Die Ergebnisse dieser Testverfahren legen nahe, dass eine schlechte motorische Koordination eine ganze Anzahl von Fähigkeiten betrifft, die nicht nur einfache, sondern auch feine motorische Fertigkeiten mit einschließt. Außerdem existieren Forschungsstudien über spezifischere motorische Fähigkeiten; ferner gibt es eine ganze Reihe diesbezüglicher Informationen aus der klinischen Praxis, die wertvolle Hinweise liefern.

Ich empfehle, Kinder mit diesem Syndrom von einem Physiotherapeuten sowie einem Beschäftigungstherapeuten eingehend untersuchen zu lassen, um die Art und die Intensität seiner Bewegungsprobleme festzustellen. Im Folgenden kommen einige Bereiche zur Sprache, wo motorische Unbeholfenheit zutage tritt, sowie einige Strategien, mit denen man bestimmte Fähigkeiten verbessern kann.

Motorische Unbeholfenheit als Diagnosekriterium

Unbeholfenheit kommt nicht nur beim Asperger-Syndrom vor; sie geht mit einer ganzen Reihe von Entwicklungsstörungen einher. Doch weist die Forschung darauf hin, dass zwischen 50 und 90 Prozent der Kinder und Erwachsenen mit Asperger-Syndrom Probleme mit der motorischen Koordination haben.[2] Daher haben Carina und Christopher Gillberg die motorische Unbeholfenheit als eines ihrer Diagnosekriterien aufgenommen.

Hingegen geben die Kriterien von Peter Szatmari und seinen Kollegen und auch die American Psychiatric Association keinerlei Hinweis auf die motorische Koordination. Doch hat die American Psychiatric Association eine Liste von Symptomen zusammengestellt, die mit dem Asperger-Syndrom in Zusammenhang gebracht werden und die die Existenz von motorischer Unbeholfenheit im Vorschulalter mit einschließen.

Zudem haben praktische Untersuchungen ihrer Kriterien ergeben, dass motorische Verzögerungen und Unbeholfenheit beim Asperger-Syndrom häufig anzutreffen sind.[3]

Während es weiterhin einige Verwirrung darüber gibt, ob motorische Unbeholfenheit ein Diagnosekriterium sein sollte, besteht kein Zweifel, dass sie, wenn sie bei solchen Kindern auftritt, eine einschneidende Wirkung auf ihr Leben hat.

Fortbewegung

Wenn der Betroffene geht oder rennt, wirken seine Bewegungen oft plump und »puppenähnlich«. Manche Kinder gehen, ohne dabei die Arme schwingen zu lassen.[4] In der Fachsprache heißt das: Es kann eine mangelnde Koordination von oberen und unteren Gliedmaßen vorliegen.[5] Dieses Merkmal kann ziemlich auffällig sein, und es ist gut möglich, dass andere Kinder das betroffene Kind deshalb hänseln, was bei ihm wiederum zur Unlust führt, an Sportarten, bei denen man schnell laufen muss, sowie am Sportunterricht der Schule teilzunehmen.

Ein Physiotherapeut oder ein Beschäftigungstherapeut können ein heilgymnastisches Förderprogramm entwerfen, das dazu beiträgt, die Bewegungen besser zu koordinieren. Dazu können beispielsweise ein großer Wandspiegel und ein Videorekorder eingesetzt werden; ferner ist das Vorführen und Nachahmen fließender Bewegungen mithilfe von Musik und Tanz hilfreich. Es ist interessant, dass die Fähigkeit zu schwimmen am wenigsten davon betroffen zu sein scheint. Daher kann diese Aktivität gefördert werden, damit das Kind wirkliche Kompetenz zeigen kann und für eine Leistung, die mit Bewegung einhergeht, bewundert wird.

Ball spielen

Die Geschicklichkeit beim Fangen und Werfen eines Balls scheint bei Kindern mit dem Syndrom besonders beeinträchtigt zu sein.[6] Wenn das Kind mit beiden Händen einen Ball auffängt, sind seine Armbewegungen oft schlecht koordiniert; auch hat es Probleme mit dem Timing – das heißt, die Arme schließen sich zwar in der richtigen Weise, aber den Bruchteil einer Sekunde zu spät. Eine Untersuchung ergab, dass die Kinder oft nicht in die Richtung ihres Zieles schauten, ehe sie den Ball warfen.[7] Die Klinikpraxis zeigt, dass solche Kinder wegen ihrer schlechten Koordination auch Schwierigkeiten haben, einen Ball zu kicken.

Eine der Folgen davon ist, dass diese Kinder von einigen der beliebtesten Spiele, die auf dem Schulhof gespielt werden, ausgeschlossen sind. Es ist gut möglich, dass sie daraufhin solche Aktivitäten überhaupt meiden, da sie um ihre mangelnde Kompetenz wissen. Denkbar ist

Üben Sie das Ballspielen mit Ihrem Kind

Die Eltern sollten daher schon von einem frühen Alter an seine Geschicklichkeit trainieren – nicht etwa mit dem Ziel, dass das Kind ein herausragender Sportler wird, sondern um sicherzustellen, dass es genug Kompetenz hat, um mitspielen zu können. Einige Kinder können auch in eine Jugendfußballmannschaft eingeschrieben werden, wo sie ihre Koordination verbessern und die Regeln bestimmter Spiele lernen können. Auch ist es wichtig, die Sehkraft des Kindes testen zu lassen, damit festgestellt werden kann, ob das Kind zur besseren Koordination von Händen und Augen eine Brille benötigt.

auch, dass sie bewusst ausgeschlossen werden, da sie für die Mannschaft eine Belastung darstellen. Folglich bestehen wenige Chancen, dass ein Kind mit Asperger-Syndrom seine Ballgeschicklichkeit durch Übung verbessert.

Gleichgewicht und manuelles Geschick

Das Kind mit Asperger-Syndrom kann Probleme mit dem Gleichgewicht haben; dies wird getestet, indem man prüft, ob es mit geschlossenen Augen auf einem Bein stehen kann.[8] Auch Temple Grandin[9] schreibt, sie sei nicht imstande, das Gleichgewicht zu halten, wenn sie einen Fuß genau vor den anderen setzen soll (Tandem-Gehen – Gehen auf einer Linie wie auf einem Seil). Dadurch kann das Kind nicht wie andere die Geräte eines Abenteuerspielplatzes nutzen, und auch an Aktivitäten in der Turnhalle vermag es nur bedingt teilzunehmen. Das Kind braucht möglicherweise Übung und Ermutigung zu Aktivitäten, die das Halten des Gleichgewichts erforderlich machen.

Dieser Bereich der Bewegungsfähigkeiten betrifft unter anderem die Fertigkeit, beide Hände zu benutzen, beispielsweise beim Anziehen, beim Binden der Schnürsenkel oder beim Essen mit Besteck.[10] Sie schließt zudem die Koordination von Füßen und Beinen mit ein, die beim Fahrradfahren notwendig ist. Falls das Kind Probleme mit der manuellen Geschicklichkeit hat, dann empfiehlt sich die sogenannte »Hände-auf-Hände«-Strategie, das heißt, der Lehrer oder Elternteil führt die Hände oder Gliedmaßen des Kindes bei den erforderlichen Bewegungen und reduziert diese Hilfe nach und nach. Dieses Charakteristikum der Bewegungsfähigkeiten kann auch noch im Erwachsenenalter das manuelle Geschick beeinträchtigen.

Temple Grandin[11] schrieb: »Ich kann sehr gut eine einzige motorische Aktivität ausüben. Wenn ich ein hydraulisches Gerät bediene, wie zum Beispiel einen Baggerlöffel, dann kann ich mit einem Hebel sehr gut umgehen. Was ich nicht kann, ist, die Bewegung zweier oder mehrerer Hebel gleichzeitig zu koordinieren. Ich kompensiere das, indem ich die Hebel nacheinander in schneller Reihenfolge bediene.«[12]

Unleserliche Handschrift

Es ist möglich, dass der Lehrer ziemlich viel Zeit damit verbringt, die unentzifferbare »Klaue« des Kindes mit Asperger-Syndrom zu verstehen und zu korrigieren. Auch dem Kind ist seine schlechte Handschrift oft bewusst, und es ist durchaus möglich, dass es daher allen Aktivitäten ausweicht, bei denen viel geschrieben werden muss. Ein Pech für manche Kinder: Lehrer und potenzielle Arbeitgeber betrachten eine ordentliche Handschrift als Maß für Intelligenz und als Zeichen für Persönlichkeit.

Hilfsmittel

Es ist gut möglich, dass dies jemanden, der vom Asperger-Syndrom betroffen ist, in Verlegenheit bringt oder er sich über seine eigene Unfähigkeit, ordentlich und gleichmäßig zu schreiben, ärgert. Das Kind benötigt möglicherweise die Hilfe eines Beschäftigungstherapeuten und heilpädagogische Übungen, aber auch die moderne Technologie kann dazu beitragen, das Problem zu verringern.

Kinder mit Asperger-Syndrom sind häufig sehr geschickt in der Handhabung von Computern und können gut mit einer Tastatur umgehen; und das Kind kann vielleicht eine spezielle Bewilligung bekommen, seine Hausaufgaben und die Klassenarbeiten auf dem Computer tippen zu dürfen, anstatt sie mit der Hand zu schreiben. Das Erscheinungsbild seiner Aufgaben würde sich dann nicht negativ von dem seiner Klassenkameraden unterscheiden.

Es könnte aber auch ein Elternteil oder Tutor als »Schreiber« fungieren, um die Leserlichkeit der aufgeschriebenen Antworten oder Hausaufgaben zu gewährleisten. In der Welt von morgen wird die Fähigkeit, mit der Hand zu schreiben, immer unwichtiger werden – zur großen Erleichterung von Tausenden von Kindern mit Asperger-Syndrom!

Zu hastiges Arbeiten

Eine Studie stellte fest, dass ein Großteil der Kinder mit Asperger-Syndrom bei Aktivitäten, die motorische Koordinierung verlangen – wie etwa das Ausschneiden von Figuren mit einer Schere – dazu neigt, die Aufgabe rasch und ohne viel Sorgsamkeit zu erledigen.[13] Sie wirken dabei impulsiv und sind unfähig, langsam und wohl überlegt vorzugehen. Bei einer solchen Hast schleichen sich Fehler ein. Das wiederum kann das Kind, aber auch den Lehrer und seine Eltern

wütend machen. Das Kind benötigt in diesem Fall Ermunterung, in seinem eigenen Tempo zu arbeiten. Manchmal kann man das Kind dazu bringen, langsamer zu arbeiten, indem man es auffordert, zwischen den einzelnen Handlungen zu zählen, und indem man ein Metronom verwendet, mit dem man ein geeignetes Tempo anzeigt.

Lockere Gelenke

Eines der Merkmale, die bei diagnostischen Beurteilungen sehr häufig beobachtet werden, ist das Vorkommen von sogenannten »lockeren Gelenken«.[14] Wir wissen bislang nicht, ob dies eine organische Anomalie ist oder ob sie mit einem schwachen Muskeltonus zusammenhängt.

In seiner Autobiografie schildert David Miedzianik[15]: »Ich erinnere mich, dass man uns in der Grundschule eine ganze Menge Spiele spielen ließ, mit deren Hilfe wir schreiben lernen sollten. Ich wurde in den ersten, aber auch noch in den späteren Grundschuljahren oft ausgeschimpft, weil ich meinen Füller falsch hielt. Auch heute halte ich meinen Füller noch nicht ganz richtig, daher ist meine Handschrift niemals gut gewesen. Ich glaube, ich halte meinen Füller vor allem deswegen nicht richtig, weil die Gelenke meiner Finger übermäßig elastisch sind und ich meine Finger sehr weit zurückbiegen kann.«[16]

Falls das Kind wegen lockerer Gelenke oder einer unzureichenden oder ungewöhnlichen Art des Greifens Probleme hat, sollte es zu einem Beschäftigungstherapeuten oder Physiotherapeuten gebracht werden, damit es untersucht wird und heilgymnastische Übungen verschrieben bekommt. Das ist äußerst wichtig, denn viele Hausaufgaben verlangen den Gebrauch eines Farbstifts oder Füllers.

Rhythmusgefühl

Als Hans Asperger[17] die Merkmale des Syndroms festlegte, erwähnte er auch, dass solche Kinder merkliche Probleme damit haben, verschiedene Rhythmen nachzuahmen.

Temple Grandin[18] schrieb in ihrem autobiografischen Essay: »Schon als Kind hatte ich das Problem, aber auch jetzt als Erwachsene fällt es mir schwer, einen Rhythmus einzuhalten. In einem Konzert, wo die Leute im Takt mit der Musik in die Hände klatschen, muss ich mich an die Person anpassen, die neben mir sitzt. Ich kann mäßig gut aus eigener Kraft einem Rhythmus folgen, aber ich habe sehr große Schwierigkeiten damit, meine rhythmischen Bewegungen mit anderen Menschen oder mit einer musikalischen Begleitung in Einklang zu bringen.«[19]

Das erklärt ein Merkmal, das ziemlich auffällig ist, wenn man neben einem Menschen geht, der am Asperger-Syndrom leidet. Wenn zwei Menschen Seite an Seite gehen, neigen sie dazu, die Bewegungen ihrer Glieder aufeinander abzustimmen, ungefähr so, wie es die Soldaten bei einer Parade tun. Ihre Bewegungen haben denselben Rhythmus. Der Mensch mit Asperger-Syndrom scheint nach dem Schlag einer anderen Trommel zu gehen. Das kann sich auch bemerkbar machen, wenn der Betreffende ein Instrument spielt. Vielleicht tut er es mit Bravour, wenn er alleine spielt, aber er hat u. U. große Schwierigkeiten, mit anderen Musikern zusammenzuspielen.

Nachahmung von Bewegungen

Bei einem Gespräch hat man natürlicherweise die Neigung, Körperhaltung, Gestik und Eigenheiten seines Gegenübers zu imitieren. Dies wird umso eher geschehen, wenn ein guter zwischenmenschlicher Kontakt oder ein hohes Maß an Übereinstimmung zwischen den Gesprächspartnern herrscht, und es geschieht unbewusst.

Wie schon beschrieben, kann der Mensch mit Asperger-Syndrom Schwierigkeiten haben, seine Bewegungen mit denen eines anderen Menschen in Einklang zu bringen oder sie widerzuspiegeln. Vielleicht versucht er, das Problem zu überwinden, indem er die Körperbewegungen anderer Menschen ansieht und sie sofort nachahmt. In der klinischen Praxis hat man Menschen mit Asperger-Syndrom beobachtet, die die Körperhaltungen der anderen Person akribisch nachahmten, und zwar so, dass es auffällig unnatürlich wirkte. Solche Menschen wissen vermutlich nicht recht, welche Körperhaltung für die Situation angemessen ist, und die Nachahmung ist ein Versuch, Kohäsion in der Bewegung zu erreichen. Wo dieses Problem auftritt, hat es sich als äußerst schwierig erwiesen, Strategien zu entwickeln, mit deren Hilfe jemand lernt, die Bewegungen in Übereinstimmung zu bringen, ohne dass sie gekünstelt oder falsch wirken.

Zu den schwereren Formen von Bewegungsstörung gehören die folgenden drei Störungen, die in seltenen Fällen in Zusammenhang mit dem Asperger-Syndrom auftreten. Das Tourette-Syndrom kann sich beispielsweise durch Zuckungen, Blinzeln und unwillkürliche Bewegungen bemerkbar machen.

Das Tourette-Syndrom

Bei dem Tourette-Syndrom handelt es sich um ein organisch erbliches Hirnleiden, das sich in Symptomen wie unkontrollierten Bewegungen und merkwürdigen Lautäußerungen zeigt. Es gibt mehr und mehr Hinweise darauf, dass manche Kinder und Erwachsene, die an Autismus oder dem Asperger-Syndrom leiden, auch Symptome des Tourette-Syndroms entwickeln.[20] Diese Symptome lassen sich in drei Kategorien einteilen:

- motorische
- stimmliche
- verhaltensmäßige

Die motorischen Symptome sind von repetitiven und unwillkürlichen Bewegungen gekennzeichnet. Häufig zu beobachtende motorische Tics (in kurzen Abständen wiederkehrende, unwillkürliche Muskelzuckungen) sind zum Beispiel das Zwinkern mit den Augen, Gesichtszuckungen, Zucken mit Schultern und Kopf sowie ruckartige Bewegungen von Armen oder Beinen. Manchmal bilden sich auch komplexe motorische Tics heraus, wie Hüpfen und Zucken mit dem ganzen Körper. Alle diese merkwürdig anmutenden Bewegungen können fälschlich als »nervöse Angewohnheiten« gedeutet werden.

Stimmliche Symptome sind das Äußern unkontrollierbarer und unvorhersehbarer Laute, wie ständiges Räuspern, Grunzen, Schnauben, oder tierhafte Geräusche, wie Bellen oder ein Kreischen, das dem der Affen ähnelt. Weitere stimmliche Störungen sind Palilalie (krankhafte Wiederholung desselben Wortes oder Satzes) und Echolalie (sinnloses, mechanisches Nachsprechen gehörter Wörter). All diese Phänomene kommen bei Menschen vor, die normalerweise flüssig sprechen.

Zusätzlich können Symptome einer Zwangsstörung auftreten: Zwangsgedanken oder Zwangshandlungen. Beispiele für Zwangshandlungen sind unaufhörliches Bettenmachen und Nachprüfen, ob die Türen verschlossen sind. Gelegentlich entwickelt der Betroffene auch den Zwang, eine gesellschaftlich anstößige Handlung zu begehen, d. h., er berührt zum Beispiel seine Genitalien in der Öffentlichkeit oder äußert Obszönitäten, die nichts mit dem gegenwärtigen Kontext oder der momentanen Stimmung zu tun haben.

Sollte eines dieser Merkmale in Erscheinung treten, dann ist ganz wichtig, dass der Betroffene an einen Psychiater oder Neurologen verwiesen wird, damit dieses Syndrom diagnostiziert wird. Die Behandlung ist gewöhnlich ziemlich effektiv. Sie erfolgt medikamentös und verhaltenstherapeutisch. Außerdem gibt es Selbsthilfegruppen für Familien und Menschen, die vom Tourette-Syndrom betroffen sind.

Katatone und parkinsonsche Symptome

Im Zusammenhang mit Autismus und dem Asperger-Syndrom sind auch Anzeichen für Katatonie (Form der Schizophrenie mit Krampfzuständen der Muskeln) beobachtet worden.[21] Ist ein Mensch davon betroffen, so entwickelt er beispielsweise sonderbare Handstellungen; auch kommt es vor, dass er laufende Bewegungen für Momente unterbricht. Mitten in einer gewöhnlichen Aktivität, wie Frühstücken oder Bettenmachen, wird

der Betroffene plötzlich bewegungslos und scheint für ein paar Sekunden »zu Eis« zu erstarren. Das ist dann weder ein leichter Epilepsieanfall noch Tagträumerei, und der Betroffene hat danach oftmals große Mühe, seine Gliedmaßen und Hände wieder in Bewegung zu bringen. Diese Bewegungen ähneln, oberflächlich gesehen, denen der Parkinsonkrankheit, einem Leiden, das normalerweise hauptsächlich nach dem 60. Lebensjahr auftritt.[22] Die Symptome hierbei sind ein ausdrucksloses, fast maskengleiches Gesicht, die Schwierigkeit, Bewegungen in Gang zu setzen oder zu wechseln, zudem eine langsame, schlurfende Gangart, Zittern und Muskelsteifheit.

Ich habe in meiner langjährigen Praxis mehrere junge Erwachsene mit Asperger-Syndrom erlebt, deren Bewegungsfähigkeiten beeinträchtigt waren – ähnlich wie bei der Parkinsonkrankheit. Dennoch muss hervorgehoben werden, dass dies äußerst selten vorkommt.

Um die Starre zu überwinden, kann es sehr hilfreich sein, wenn ein anderer Mensch beispielsweise die Hand berührt, die wieder bewegt werden soll. Auch das Hören von Musik kann den Fluss der Bewegungen begünstigen. Es ist interessant, dass manche Musikarten sich als besonders heilsam erwiesen haben. Es ist die Musik, deren Aufbau und Rhythmus klar und gleichmäßig ist wie bei der Barockmusik sowie der Country- und Westernmusik. Physiotherapeuten haben zudem

Übungen für ältere Menschen mit Parkinson entwickelt, die auch jüngere Menschen ausüben können.

Falls ein Mensch Anzeichen für katatone oder parkinsonsche Züge entwickelt, sollte er unbedingt an einen Neurologen oder Kinder- und Jugendpsychiater verwiesen werden, damit seine Bewegungsfähigkeiten gründlich untersucht werden. Eine spezielle medikamentöse Behandlung kann die Ausprägung dieser seltenen Bewegungsstörungen bedeutend verringern, und es gibt einfache Techniken, die helfen, Bewegungen (wieder) in Gang zu setzen.

Dysfunktion des Kleinhirns

Neuere Fortschritte in den bildgebenden Verfahren zur Darstellung des Gehirns haben es den Neuropsychologen und Neurologen ermöglicht, spezielle Gehirnstrukturen von Menschen mit Autismus und dem Asperger-Syndrom zu untersuchen. Eric Courchesne war der Erste, der Anormalitäten bestimmter Bereiche des Kleinhirns diagnostizierte. Ergebnisse seiner bahnbrechenden Studien wurden durch unabhängige Forschungen bestätigt, die auch Patienten mit einschlossen, bei denen die Merkmale des Asperger-Syndroms vorlagen.[23]

Schon seit Langem weiß man, dass das Kleinhirn äußerst wichtig für die Regulierung des Muskeltonus, der Gliederbewegungen, der zeitlichen Koordinierung der Bewegungen, der Sprache, der Körperhaltung, des Gleichgewichts und der sensorischen Modulation ist. Bei Temple Grandin[24] wurde eine Kernspintomografie des Gehirns vorgenommen, die ergab, dass ihr Kleinhirn kleiner als normal ist. Eltern und Lehrer müssen sich darüber im Klaren sein, dass hier ein physiologisches Problem vorliegt, nicht etwa Trägheit, und dafür sorgen, dass dem Kind von Fachleuten auf diesem Gebiet der Bewegungen (insbesondere Physiotherapeuten und Beschäftigungstherapeuten) heilpädagogische Übungen verschrieben werden. Diese Übungen können Sie dann auch zu Hause aufgreifen.

Strategien im Überblick

Gehen und Rennen: Verbessern Sie die Koordination der oberen und unteren Gliedmaßen.

Geschick im Umgang mit dem Ball: Trainieren Sie das Werfen und Fangen des Balls, damit das Kind bei Ballspielen mitmachen kann.

Gleichgewicht: Nutzen Sie Abenteuerspielplätze und Sportgeräte.

Manuelles Geschick: Versuchen Sie, das Geschick durch »Hände auf Hände« zu verbessern.

Schlechte Handschrift:

- Lassen Sie heilpädagogische Übungen durchführen.
- Lassen Sie das Kind mit einer Tastatur schreiben.

Schnelle Bewegungen: Überwachen und ermutigen Sie das Kind, die Geschwindigkeit der Bewegungen zu verlangsamen.

Lockere Gelenke/unzureichende Art des Greifens: Lassen Sie heilpädagogische Förderprogramme von einem Beschäftigungstherapeuten durchführen.

Bewegungsstörungen:

- Bei Zuckungen, Blinzeln, unwillkürlichen Bewegungen sollten Sie das Kind auf das Tourette-Syndrom hin untersuchen lassen.
- Bei merkwürdigen Körperhaltungen, »Erstarren zu Eis«, schlurfendem Gang sollten Sie auf Katatonie und parkinsonsche Symptome hin untersuchen lassen. Verweisen Sie den Betroffenen stets an einen Fachspezialisten.

Die Kognition

Das Denken umfasst nicht nur bestimmte Fertigkeiten,
beispielsweise im Lesen und Rechnen, sondern auch
Einfühlungsvermögen, Fantasie und Kreativität.

Die »Theory of Mind«

Die Fähigkeit, sich vorzustellen, dass andere Menschen eigene Vorstellungen, Gedanken und Gefühle haben, bezeichnet man als »Theory of Mind«.

Ungefähr im Alter von vier Jahren besitzen Kinder eine solche »Theorie über mentale Zustände«; dann sind sie in der Lage zu verstehen, dass auch andere Menschen Gedanken, Kenntnisse, Überzeugungen und Wünsche haben, die ihr Verhalten beeinflussen. Menschen mit dem Asperger-Syndrom scheint es schwerzufallen, die Gedanken und Gefühle eines anderen zu erfassen und richtig einzuschätzen.

Kognition ist der Prozess der Aneignung von Wissen; er schließt das Denken, Lernen, das Sich-Erinnern und das Sich-Vorstellen mit ein. Seit den 1950er-Jahren hat sich das Feld der kognitiven Psychologie enorm erweitert, und heutzutage nutzt man die Informationen aus diesem Bereich auch, um das Verständnis für das Asperger-Syndrom zu verbessern. Einer der bedeutsamsten Fortschritte wurde durch die Forschungen von Uta Frith und ihren Kollegen gemacht, die von der Hypothese ausgehen, dass Kinder mit diesem Syndrom in ihrer grundlegenden Fähigkeit, »Gedanken zu lesen« (d. h. zu verstehen), beeinträchtigt sind.[1]

Geschichten interpretieren

Zu den diagnostischen Beurteilungen, die ich selbst durchführe, gehört auch, das betroffene Kind zu bitten, eine Reihe von Geschichten zu kommentieren, mit deren Hilfe sich herausfinden lässt, ob das Kind die Gedanken eines anderen Menschen aufnehmen und berücksichtigen kann. Diese Geschichten reichen von einfachen

Beispielen für Redewendungen – wie »einen Frosch im Hals haben« – bis hin zu Notlügen. Es folgen zwei Beispiele[2].

Man erzählt dem Kind beispielsweise folgende Geschichte: »Helen wartete das ganze Jahr auf Weihnachten, weil sie wusste, dass sie an Weihnachten ihre Eltern bitten konnte, ihr ein Kaninchen zu schenken. Ein Kaninchen wollte Helen mehr als sonst etwas auf der Welt. Schließlich war der Weihnachtstag gekommen, und Helen wickelte fieberhaft die große Schachtel aus, die ihre Eltern ihr geschenkt hatten. Sie war sich sicher, dass sie ein kleines Kaninchen in einem Käfig enthielt. Aber als sie sie öffnete – wobei die ganze Familie um sie herumstand – sah sie, dass das Geschenk aus einer langweiligen Lexikareihe bestand, die Helen überhaupt nicht haben wollte! Doch als Helens Eltern sie fragten, wie ihr das Geschenk gefalle, sagte sie: ›Es ist wundervoll, danke. Es ist genau das, was ich wollte.‹ Hat Helen ihren Eltern die Wahrheit gesagt? Warum hat sie das zu ihren Eltern gesagt?«

Kinder, die im Grundschulalter sind, antworten sinngemäß, dass Helen die Gefühle ihrer Eltern nicht verletzen wollte. Kinder mit Asperger-Syndrom hingegen verstehen gewöhnlich nicht, worum es geht, und äußern beispielsweise, dass Helen in ihren neuen Lexika etwas über Kaninchen lesen könne, oder begreifen überhaupt nicht, warum sie gelogen hat. Manche Kinder mit Asperger-Syndrom

geben eine angemessene Antwort, das heißt, sie geben eine Antwort, die das Verständnis der Gedanken oder Gefühle der Figuren widerspiegelt; aber sie benötigen mehrere Sekunden, um herauszufinden, wie die Frage zu beantworten ist, wohingegen andere Kinder fast sofort antworten.

Wie wird ein Täuschungsmanöver interpretiert?

Inwieweit versteht das Kind folgende Geschichte? »Während eines Krieges nehmen Mitglieder der Roten Armee ein Mitglied der Blauen Armee gefangen. Sie wollen, dass der Mann ihnen sagt, wo sich die Panzer seiner Armee befinden: Sie wissen, dass diese entweder am Meer oder in den Bergen sind. Sie wissen, dass der Gefangene es ihnen nicht sagen will; er wird seine Armee retten wollen, daher wird er sie anlügen. Der Gefangene ist sehr tapfer und sehr clever. Er wird alles tun, damit sie die Panzer nicht finden. Die Panzer befinden sich tatsächlich in den Bergen. Als die anderen ihn also fragen, wo die Panzer sind, antwortet er: ›Sie befinden sich in den Bergen.‹ Ist das, was der Gefangene sagte, richtig? Wo wird die gegnerische Armee nach den Panzern suchen? Warum hat der Gefangene diese Antwort gegeben?«

Von Kindern mit Asperger-Syndrom ist häufig die Antwort zu hören, dass er die Wahrheit sagen wollte oder dass er einen Scherz machte, da das komplizierte

Täuschungsmanöver über ihren gedanklichen Horizont hinausgeht. Zweifellos muss ein Kind einige sprachliche und intellektuelle Fähigkeiten besitzen, um die Ereignisse in diesen Geschichten zu verstehen, aber wenn solche Fähigkeiten vorhanden sind, ist man oft erstaunt, dass eine Aufgabe, die normalen Kindern so leicht fällt, einem Kind mit Asperger-Syndrom so große Schwierigkeiten bereitet.

»Gedankenblindheit«

Dieses Charakteristikum erklärt, warum solche Menschen lieber Sachbücher als erzählerische Werke lesen: Letztere schildern die Charaktere, die Entwicklung und die persönlichen Erfahrungen von Menschen und ihren Interaktionen. In der Prosaliteratur stehen gewöhnlich soziale und emotionale Erfahrungen im Vordergrund, im Gegensatz zu Sachbüchern, die nicht in demselben Maße Verständnis für Menschen und ihre Gedanken, Gefühle und Erfahrungen erfordern.[3]

Außerdem ermöglichen sie es dem Leser, Wissen in einem ganz speziellen Bereich zu erwerben, was der Neigung der Betroffenen besonders entgegenkommt. Dies erklärt vielleicht, warum das Kind gelangweilt ist und sich störend verhält, wenn im Schulunterricht eine Geschichte vorgelesen wird – wohingegen seine Klassenkameraden begeistert zuhören. Dieses Merkmal trifft auch auf Erwachsene zu.

Was können wir jetzt, wo wir dieses Merkmal als »Gedankenblindheit« erkannt haben, tun, um dem Kind zu helfen, »Gedankenlesen« zu lernen? In einer Studie wurde ein bestimmtes Programm zum Erlernen sozialer Fähigkeiten angewendet, in dem man den Teilnehmern explizite und systematische Erklärungen für die tiefer liegenden sozial-kognitiven Verhaltensprinzipien gab.[6] Es wurden Szenarien durchgespielt, die den Teilnehmern halfen, die Perspektive oder die Gedanken anderer zu verstehen; das ging vom Führen einer Person – der man die Augen verbunden hatte – durch einen

....

Temple Grandin[4]

Ich ziehe Bücher vor, die auf Tatsachen beruhen

>> *Ich ziehe Bücher, die auf Tatsachen beruhen, und Sachbücher vor. Romane mit komplizierten zwischenmenschlichen Beziehungen interessieren mich nur wenig. Wenn ich Romane lese, dann am liebsten einfache, unkomplizierte Geschichten, die an interessanten Orten spielen und eine Menge Beschreibungen enthalten.*[5] <<

....

Irrgarten (um Wissen vorzuführen, das der andere nicht hat) bis hin zu Rollenspielen, in denen Szenarien verwendet wurden, die den beiden oben aufgeführten Beispielen ähneln.

Forschungen und Klinikpraxis weisen zudem darauf hin, dass ein Betroffener durchaus Kenntnisse über die Gedanken anderer Leute haben kann, jedoch unfähig ist, dieses Wissen wirksam anzuwenden.[7] Er kann verstandesmäßig erfassen, was ein anderer Mensch denken oder fühlen mag, aber er erkennt nicht, in welcher Situation solche Fähigkeiten verlangt werden. Dies hat man als Defizit des zentralen Triebes nach Kohärenz bezeichnet, das heißt als Unfähigkeit, die Bedeutsamkeit verschiedener Wissenstypen für ein bestimmtes Problem zu verstehen.[8]

Ein Beispiel: Wenn ein Kind ohne Erlaubnis das Lieblingsspielzeug eines anderen Kindes genommen hat und dann gefragt wird, wie sich das andere Kind seiner Meinung nach wohl fühlen mag, dann kann es durchaus eine treffende Antwort geben; doch allem Anschein nach hatte es diese Gedanken nicht im Kopf, als es das Spielzeug wegnahm. Das Wissen war demnach vorhanden, doch wurde nicht erkannt, dass es hier gefordert war.

Eltern und Lehrer müssen dem Kind vermitteln, an die Folgen zu denken, ehe es handelt. Es sollte sich nach dem Prinzip »Halte ein, denke nach, handle dann« richten: »Halte ein und denke nach, wie sich der Mensch fühlen mag, bevor du das Beabsichtigte tust.« Die Gedanken und Gefühle anderer Leute sollten immer berücksichtigt werden.

Schulaufgaben anpassen

Ich bin der Ansicht, dass Schulaufgaben bei Kindern mit Asperger-Syndrom dahingehend abgeändert werden sollten, dass ihren Problemen Rechnung getragen wird. Entscheidende Textstellen können zum Beispiel markiert werden, der Sitzplatz kann so angeordnet werden, dass eine auditive und visuelle Ablenkung ausgeschlossen ist; ferner sollten ihre Probleme mit der Handschrift berücksichtigt und ihnen genug Zeit zugestanden werden, um die Antworten niederzuschreiben. Bestimmt fallen Ihnen weitere Maßnahmen ein.

Gedächtnis und Flexibilität des Denkens

Eltern fällt oft auf, dass ihr Kind ein ausgesprochenes Langzeitgedächtnis hat. Flexibilität im Denken fällt den Betroffenen hingegen sehr schwer.

Sehr anschaulich ist der Bericht von Alberts Eltern, die erzählen: »Er kann sich an Geschehnisse erinnern, die passiert sind, als er noch ganz klein war; beispielsweise hatte sich ein Ereignis zugetragen, das er niemals kommentiert hatte; erst ein paar Jahre später brachte er es zur Sprache und erinnerte sich an jede Einzelheit.«[9]

Gewöhnlich fällt es einem Kind schwer, sich genau an Dinge zu erinnern, die sich vor seiner Sprachentwicklung zugetragen haben. Die Erinnerung ist nur vage und stützt sich u. U. fast ausschließlich auf Fotos und Erzählungen der Eltern. Doch manche Menschen mit Asperger-Syndrom können sich sehr lebhaft an ihre frühe Kindheit erinnern.

Albert

Meine Erinnerungen an die früheste Kindheit

≫ *Ich erinnere mich, dass, wenn ich als einjähriges Kind nach Nashville fuhr, die Luft dort manchmal nach Brennholz roch. Ich erinnere mich, wie ich Musik hörte, es störte mich sehr. Ich wusste, ich war an einem fremden Ort; ich wachte auf und roch die Luft. Der Ort kam mir vor wie ein riesiger Haufen alter Gebäude.*[10] ≪

Erinnerungen sind oft visuell; so erklärte Candy, dass ihre »Erinnerungen sich eher auf Gegenstände als auf Menschen oder persönliche Dinge beziehen«. Die Fähigkeit, sich genau an Szenen zu erinnern, kann bis zur genauen Erinnerung an ganze Buchseiten gehen. Dieses eidetische oder fotografische Gedächtnis kann in Prüfungen sehr hilfreich sein, obwohl ich selbst eine Studentin mit Asperger-Syndrom kannte, die fälschlicherweise beschuldigt worden war zu mogeln, weil ihre Prüfungsantworten exakt wiedergegebene, lange Passagen aus den Vorlesungstexten enthielten.

Außergewöhnliches Langzeitgedächtnis

Positiv ist zu vermerken, dass ein außergewöhnliches Langzeitgedächtnis und das Speichern trivialer Fakten und Informationen über spezielle Interessen ein Vorteil für Teilnehmer an Fernsehquizshows ist. Sein besonderes Geschick verhalf einem jungen Mann mit Asperger-Syndrom dazu, potenzieller Sieger des örtlichen Kneipenwettbewerbs zu werden. Sein spezielles Interesse waren alte Filme. Dennoch verlor er in der Endrunde wegen eines einzigen Punktes, als er gefragt wurde, in welchem Jahr »Vom Winde verweht« gedreht worden war. Seine Antwort war falsch, und er nahm seinen Irrtum ruhig hin. Seine Eltern konnten nicht glauben, dass er einen Fehler gemacht hatte, und stellten

einige Nachforschungen über den Film an. Es stellte sich heraus, dass ihr Sohn im Grunde die richtige Antwort gegeben hatte, das heißt, er hatte das Jahr genannt, in dem der Film gedreht wurde, wohingegen auf der Antwortkarte das Jahr stand, in dem der Film herausgebracht worden war.

Flexibilität des Denkens

Menschen mit Asperger-Syndrom haben meist Probleme mit der kognitiven Flexibilität – mit anderen Worten, sie sind in ihrem Denken sehr einseitig.[11] Es ist rigide und passt sich nur schlecht Veränderungen an. Auch mit Fehlschlägen kommen diese Menschen nicht gut zurecht. Oft haben sie nur eine einzige Herangehensweise an ein Problem und benötigen Unterweisung darin, welche Alternativen entwickelt werden könnten.

Kleinen Kindern kann man mithilfe von Spielen Flexibilität beibringen, in denen das Kind gefragt wird: »Was könnte es sonst noch sein?« oder »Gibt es noch eine andere Möglichkeit, wie du das tun könntest?« Man kann das Kind auch Haufen unterschiedlich geformter Plastikklötze nach sich verändernden Regeln in verschiedene Gruppen sortieren lassen (z. B. nach Größen, Formen, Farben oder Dicke). Ist ein Gegenstand oder eine Zeichnung mehrdeutig, kann man das Kind fragen, was es darin sieht. Ältere Kinder können mit den »Was-ist-falsch?«-Karten flexibles Denken lernen. Jede Karte schildert eine Szene, die absonderlich oder unmöglich ist, und das Kind muss erkennen und erklären, was falsch ist. Ein anderes Spiel ist »Was alles kann man mit einem … tun?« (z. B. einem Ziegelstein, einer Wäscheklammer usw.).

Unfähigkeit, aus Fehlern zu lernen

Eines der bedauerlichen Charakteristika, die mit der gedanklichen Unflexibilität einhergehen, ist, dass die Betroffenen nur ungenügend in der Lage sind, aus Fehlern zu lernen. Eltern und Lehrer berichten zuweilen, dass ein Kind mit seiner Aktivität weitermacht, dass es eine »geistige Sperre« hat und seine Strategien nicht ändert, auch wenn diese nicht funktionieren.

Ein oft gehörter Satz ist: »Er/sie lernt nicht aus den Folgen.« Auch Forschungen haben dieses Charakteristikum nun bestätigt.[12] Ein Elternteil sagte: »Er sucht nur Hilfe, nachdem er zuerst seine eigene Methode versucht hat.« Das Kind sollte ermutigt werden, innezuhalten und über eine andere Vorgehensweise nachzudenken oder den Lehrer oder ein anderes Kind um Hilfe zu bitten.

Die Inflexibilität oder Rigidität des Denkens kann sich auch negativ auf das Verhalten des Kindes in der Schule auswirken. Ein Elternteil drückte das so aus: »Wenn er entschieden hat, dass etwas getan werden muss, dann kann nichts und niemand ihn davon abhalten«. Und: »Man kann ihm nichts sagen, was er nicht hören will.« Der Betroffene scheint es einfach nicht ertragen zu können, dass er auch einmal Unrecht hat und ist in Diskussionen oder Auseinandersetzungen äußerst hartnäckig oder stur. Sobald seine Gedanken in eine bestimmte Richtung gehen, scheint er unfähig zur Veränderung zu sein, selbst wenn diese Richtung eindeutig falsch ist und nirgendwohin führt. Bei diesen Gelegenheiten ist es am besten, einfach zu sagen, man selbst habe nun einmal eine andere Meinung.

Einseitiges Denken

Haben Kinder mit Asperger-Syndrom einmal eine ganz bestimmte Verhaltensweise gelernt, sind sie oft nicht imstande, ihr Können auf andere Situationen zu übertragen. Mit ihrem einseitigen Denken erkennen sie möglicherweise nicht, dass das, was sie gelernt haben, auf sehr viele Gegebenheiten angewendet werden kann. Es obliegt in diesem Fall den Eltern und Lehrern, das Kind auf die verschiedenen Umstände hinzuweisen, in denen eine spezielle Fertigkeit dienlich ist. Manchmal behaupten Lehrer und Eltern, das Kind habe in einer anderen Sachlage deshalb versagt, weil die anderen Personen sich nicht richtig verhalten hätten. Doch kann es auch sein, dass das Kind sich da an eine rigide Auslegung hielt, wo flexibleres Handeln angemessen gewesen wäre.

Fertigkeiten im Lesen und Rechnen

Ein Großteil der Kinder mit Asperger-Syndrom weist in seinen Fertigkeiten im Lesen, Buchstabieren und Rechnen äußerst unterschiedliche Fähigkeitsniveaus auf. Manche Kinder entwickeln eine Hyperlexie, das heißt, sie haben einen großen Wortschatz, sind aber nur unzureichend in der Lage, die Wörter oder die Handlung einer Geschichte zu verstehen[13], wohingegen andere wiederum beträchtliche Schwierigkeiten damit haben, den »Lesecode« zu knacken.

Hans Asperger[14] schrieb, dass sich in seiner eigenen Kindergruppe Kinder befanden, die Anzeichen von Dyslexie (Teilverlust intakter Lesefähigkeit) aufwiesen und Schwierigkeiten hatten, das Buchstabieren zu lernen. Hingegen waren einige von ihrer frühen Kindheit an von Zahlen fasziniert und schon sehr früh imstande zu zählen. Das Interesse des Kindes für Mathematik kann gegebenenfalls zu einer glanzvollen Mathematikerkarriere führen. Und tatsächlich bin ich mehreren Universitätsprofessoren begegnet, die das Asperger-Syndrom haben.

Außergewöhnliche Fertigkeiten im Rechnen

Hans Asperger schilderte, wie ein Junge, der eben erst eingeschult worden war, gebeten wurde, fünf und sechs zusammenzuzählen. Der Junge reagierte folgendermaßen:

»Ich mag keine kleinen Summen, ich rechne lieber aus, was 1000 mal 1000 macht.« Nachdem er eine Weile seine »selbst gestellten« Rechenaufgaben gelöst hatte, verlangten wir von ihm, dass er die von uns gestellte Aufgabe löste. Er ging dabei mit der folgenden originellen, wenn auch umständlichen Methode vor: »Schauen Sie, so rechne ich das aus: Sechs und sechs macht zwölf, und fünf und sechs ist eins weniger, also elf.«[15]

Ein anderes Kind, Harro, benutzte die folgende Methode, die eher ein Erwachsener als ein Kind anwenden würde:

Aufgabe: 34 minus zwölf. Antwort: »34 plus zwei macht 36, minus zwölf macht 24, minus zwei macht 22; auf diese Weise bekam ich es schneller als alle anderen heraus.«

Aufgabe: 47 minus 15. Antwort: »Addiere entweder drei dazu und addiere zudem drei zu dem dazu, was abgezogen werden soll, oder ziehe zuerst sieben, dann acht ab.«[16]

Richard war 17, als er einen Bericht über sein Leben verfasste, und beschrieb, welche Faszination Zahlen seit seiner frühen Kindheit auf ihn ausübten.[17]

··

Richard

Fasziniert von Zahlen

>> *Alles begann mit einem alten Wandkalender, der in dem Bäckerladen des Dorfes hing, in dem ich lebte. Meine Leidenschaft wurde durch die großen schwarzen und roten Zahlen entfacht; und ich, damals ein dreijähriger Junge, war vollkommen besessen von ihnen. Bald entdeckte ich, dass sich solche ›Gebilde‹ auch an Haustüren, auf Buchseiten und in Zeitungen befanden. Plötzlich bestand meine winzige Welt nur noch aus Zahlen, sehr zur Beunruhigung meiner Eltern, die mir meine (vom Bäcker geschenkte) Sammlung von Kalenderblättern wegnahmen, während ich schlief (ich legte sie immer unter mein Kopfkissen). Sie waren in keiner Weise bereit, mein Verlangen nach Zahlen zu befriedigen.*

Dennoch entwickelte ich mit drei Jahren ganz spontan eine klare Vorstellung von den Zahlen von eins bis 100, an die ich mich heute noch erinnern kann. Ich wusste ganz genau, was es bedeutete, drei Jahre alt zu sein: Man war seit ein, zwei, drei Jahren auf der Welt. Dann ging ich – praktisch ohne fremde Hilfe – vom Zählen zur ›Arithmetik‹ über. Man hat mir später erzählt, dass ich, als ich dann vier war, meiner Mutter triumphierend verkündete: ›Auch wenn du es mir nicht sagst, weiß ich, wie viel vier mal 25 ist. Es ist 100, weil zwei mal 50 auch 100 macht.‹ Ich glaube, meine Mutter ärgerte sich stets, wenn ich etwas über die Zahlengeheimnisse der Erwachsenen herausfand. Trotz des Widerstands meiner Mutter machte ich mit großer Beharrlichkeit weiter …[18] <<

··

Berücksichtigen Sie die andere Denkweise

Es ist interessant festzustellen, dass ein Kind mit Asperger-Syndrom sich beim Erwerb schulischer Fähigkeiten häufig nicht der herkömmlichen Folge der Lernphasen anpasst und etwas Zeit benötigt, um grundlegende Fertigkeiten zu lernen, oder aber auch, dass es sehr früh schon mit einer unkonventionellen Strategie recht originelle Fähigkeiten erwirbt. Das Kind scheint eine andere Weise des Denkens und Problemlösens zu haben. Der Lehrer muss in diesem Fall bereit sein, die Vorgehensweisen des Kindes zu prüfen, und darf sie nicht abwerten, nur weil sie sich von denen seiner Klassenkameraden unterscheiden. Sie sind nur anders und können für das Kind leichter sein als die herkömmliche Alternative. Folglich ist es sehr wichtig, nicht nur in Betracht zu ziehen, was das Kind kann, sondern wie es etwas tut. Beobachtet man solche Kinder im Unterricht genau, so fallen noch andere eigentümliche Merkmale auf. Das kann eine auffällige Angst vor dem Versagen, vor Kritik oder Unvollkommenheit sein.

Einige Kinder lehnen es ab, sich in einer neuen Aktivität zu versuchen, wenn sie auch nur den leisesten Verdacht haben, sie könnte ihnen nicht gelingen, oder wenn es den geringsten Hinweis auf eine mögliche Enttäuschung gibt. In diesem Fall sollte der Lehrer sie ermutigen und jede Kritik vermeiden. Macht ein Kind einen Fehler, so sollte er nicht etwa Mitleid zeigen, sondern ihm erklären, dass dies nicht seine Schuld ist, da die Aufgabe tatsächlich schwierig sei.

Falls es dem Kind widerstrebt, durch Handheben um Hilfe zu bitten, weil es sich dann dumm vorkommt oder fürchtet, von anderen Kindern verspottet zu werden, dann kann zwischen Kind und Lehrer ein geheimer Code verabredet werden: Immer wenn das Kind Hilfe benötigt, aber keine Aufmerksamkeit auf sich lenken möchte, kann es einen bestimmten Gegenstand – z.B. einen Radiergummi – in einer gewissen Anordnung auf seinen Schreibtisch legen. Sieht der Lehrer dieses geheime Signal, kann er sich dem Kind unauffällig nähern und ihm seine Hilfe anbieten.

Streben nach Perfektion und Individualismus

Ein weiteres Merkmal ist, dass solche Kinder sehr hohe persönliche Maßstäbe haben und nach Perfektion streben. Diese Maßstäbe können weit über dem Niveau liegen, das der Lehrer oder andere Kinder von ihnen erwarten. Auch kann sein, dass sie es Erwachsenen übel nehmen, wenn sie sie wie Kinder behandeln, insbesondere wenn man sie kritisiert oder tadelt. Solche Kinder reagieren häufig positiver, wenn man eine Haltung einnimmt, aus der hervorgeht, dass sie reifer sind, als ihr Alter vermuten ließe.

Kinder mit Asperger-Syndrom sind in erster Linie Individualisten und keine Teamarbeiter. Situationen, die die Arbeit im Team erfordern, können für sie daher besonders anstrengend sein. Beispielsweise musste ein Junge während eines zwischen zwei Klassen ausgetragenen Wettkampfes warten, bis die Reihe an ihm war, auf eine Frage zu antworten. Er hatte sehr große Angst davor, eine falsche Antwort zu geben und damit vor sich selbst und vor allen zu versagen. Als er dann an die Reihe kam, stellte ihm der Lehrer eine Frage, von der der Junge wusste, dass er sie meistern konnte. Doch seine gesteigerte Angst beeinträchtigte sein Denken und sein Sprechvermögen derart, dass er letztendlich eine falsche Antwort gab. Er war am Boden zerstört, trotz all der Ermutigungen und Tröstungen seitens der anderen Mitglieder seiner

Mannschaft. Wenn Menschen mit Asperger-Syndrom Sport treiben, dann tun sie es mit mehr Erfolg, wenn es sich um eine einsame Sportart handelt, wie Golf spielen oder Angeln.

Manche Kinder ertragen es nicht, wenn etwas nicht beendet und perfekt ist. Candy schrieb, dass »alles genau zu sein hat, nichts darf unvollendet oder fehlerhaft bleiben«. Daher kann es geschehen, dass das Kind in seinem Klassenzimmer bleibt, um die Aufgaben seinen Maßstäben gemäß zu beenden, auch noch, nachdem die anderen Kinder in den Pausenhof gegangen sind.

Verminderte Aufmerksamkeit

Hans Asperger[19] schrieb, »wir registrierten regelmäßig eine Störung der aktiven Aufmerksamkeit«[20], und die Klinikpraxis zeigt, dass das Asperger-Syndrom und das Aufmerksamkeits-Defizitsyndrom bei ein und demselben Kind vorkommen können. Doch hat man bei dem Aufmerksamkeitsdefizit-Syndrom häufig das Gefühl, das Kind schaue den Lehrer zwar nicht an, höre ihm jedoch aufmerksam zu. Das Kind träumt nicht etwa mit offenen Augen, sondern nimmt genau auf, was gesagt wird; allerdings schenkt es der Körpersprache des Lehrers keine Beachtung.

Ein weiteres wichtiges Merkmal ist das Fehlen jeglicher Motivation zu Aktivitäten, die das Kind nicht interessant findet. Hätte das Kind jedoch beispielsweise ein Interesse für Dinosaurier und würden alle Unterrichtsstunden von Dinosauriern handeln, so gelänge es dem Kind sicher spielend, auch über einen längeren Zeitraum hinweg aufmerksam zu sein.

Studie zur Schulleistung

Eine Studie ergab, dass diese Kinder in der Grundschule oft sehr gute Ergebnisse erzielen, aber in der Oberschule in ihren Leistungen merklich nachlassen.[21] Die Forschung hat ergeben, dass dies mit der anderen Art der Fähigkeiten zu tun hat, die der Lehrplan nun vorschreibt. In der Grundschule bestehen die verlangten Leistungen meist in rein mechanischen Aufgaben, einem guten Langzeitgedächtnis und ziemlich einfachen sprachlichen Übungen. Auf der höheren Schule setzt man voraus, dass das Kind Fertigkeiten in Verständnis, Vorstellungsvermögen, Analyse, Teamarbeit und Problemlösung erwirbt. Soziale Kompetenzen gewinnen also an Bedeutung. Diese Gebiete sind bei einem Teenager mit Asperger-Syndrom oft nur schwach ausgeprägt.

Das Fähigkeitsprofil in Intelligenztests

Elizabeth Wurst, eine Kollegin von Hans Asperger, war die Erste, die ein genaues Profil der intellektuellen Fähigkeiten ausmachte, indem sie standardisierte Intelligenztests verwendete. Kinder mit Asperger-Syndrom schneiden vergleichsweise gut bei Tests ab, die Wissen über die Bedeutungen von Wörtern, Sachinformationen, Arithmetik und das Zusammensetzen von Mosaiken abfragen.

Beim Mosaiktest müssen sie in einer bestimmten Zeit mit farbigen Klötzen ein abstraktes Muster nachlegen. Es gelingt ihnen oft gut, ein großes geometrisches Muster in kleine Segmente zu unterteilen.[22] Bei einigen kann das Profil eine bedeutsame Diskrepanz zwischen verbalem IQ und IQ-Leistung[23] aufweisen, aber dies kann in beide Richtungen gehen.

Leider kommt es häufig vor, dass Menschen die intellektuellen Fähigkeiten eines anderen anhand seines Vokabulars und seines Fachwissens beurteilen, und da viele Kinder mit Asperger-Syndrom relativ gut auf diesen Gebieten sind, wird möglicherweise angenommen, das Kind sei recht intelligent. Doch wenn das Kind dann einer formellen intellektuellen Beurteilung unterzogen wird, kann sein Gesamt-Intelligenzquotient geringer sein als erwartet. Dies ist auf seine relative Schwäche in anderen Testbereichen zurückzuführen, insbesondere in den Punkten Verständnis, Bilderanordnung und Absurditäten.[24] Hier muss das Kind Geschick in sozialen Belangen zeigen. Es kann bemerkenswert kompetent sein, wenn es um das Wachrufen von Informationen und das Definieren von Wörtern geht, aber vergleichsweise weniger gewandt im Lösen von Problemen.

Ergebnisse von Intelligenztests können für das Ermitteln von Bereichen, in denen das Kind relativ stark ist und im Hinblick auf echte Leistungen gefördert werden kann (wodurch auch seine Selbstachtung erhöht wird), aufschlussreich sein. Ebenso dienen Tests dem Erkennen von Schwächen, die erklären können, warum das Kind bei bestimmten Aktivitäten in der Schule weniger Fortschritte macht. Da das gesamte Fähigkeitsprofil beim Intelligenztest eines Kindes mit Asperger-Syndrom häufig auffällig ungleichmäßig ist, sollte man sich davor hüten, eine einzige IQ-Zahl als allein ausschlaggebend für die intellektuellen Fähigkeiten des Kindes ansehen zu wollen. Das Gesamterscheinungsbild ist hier wichtiger als die Zahl.

Fantasie, Kreativität und visuelles Denken

Von kleinen Kindern erwartet man, dass sie fantasievolle Spiele spielen, in denen sie vorgeben, bestimmte Personen zu sein, und sich dementsprechend kleiden.

Wenn Kinder zusammen sind, spielen sie gerne erfundene Szenen wie Teegesellschaften oder Räuber und Gendarm. An den Fantasiespielen von Kindern mit Asperger-Syndrom jedoch ist etwas Ungewöhnliches.

Klinische Beobachtungen solcher Kinder ergaben, dass sie einen Hang zu fantasievollen, aber einsamen Spielen haben; zudem wurden einige recht merkwürdige Verhaltensweisen ausgemacht. Beispielsweise spielte ein kleiner Junge mit Asperger-Syndrom allein in einer Ecke des Schulhofes und tat so, als backe er Brot. Er hatte Grassamen vom Schulhof aufgesammelt, ihn dann zwischen Steinen gemahlen und durchlief somit alle Phasen des Brotherstellens (vom Anbauen des Korns über das Mahlen des Mehls bis zum Backen). Die anderen Kinder waren davon fasziniert und stellten sich zu ihm, um mitzumachen, aber er sagte mit barschen Worten zu ihnen, sie sollten weggehen. Er wollte die vollkommene Kontrolle über sein Spiel behalten. Manchmal werden andere Kinder beteiligt, aber das Kind benimmt sich dann wie ein diktatorischer Filmproduzent in Hollywood, der seinen Schauspielern alle Skripte vorschreiben will.

Einsame Fantasiespiele

Dieses einsame Fantasiespiel kann bemerkenswert kreativ wirken, aber gelegentlich fällt bei genauer Beobachtung auf, dass die Handlungen und Dialoge die perfekte Nachahmung der Originalquelle sind. Beispielsweise wird die Geschichte von Aschenputtel gespielt, aber der Tonfall des Kindes und der ganze Ablauf sind identisch mit der Geschichte, die der Lehrer mit der Klasse durchnahm. Und jeden Tag werden aufs Neue die gleichen routinemäßigen Abläufe ausgeführt.

Während andere Kinder so tun, als seien sie Figuren aus ihren Lieblingsfilmen und -fernsehserien, besteht das Fantasiespiel vieler Kinder mit Asperger-Syndrom darin, zu tun, als seien sie ein bestimmter Gegenstand, nicht eine bestimmte Person. Ein Junge verbrachte viele Minuten damit, von einer Seite zur anderen zu schaukeln. Als man ihn fragte, was er da tue, antwortete er: »Ich bin ein Scheibenwischer« – die sein momentanes Spezialinteresse darstellten. Ein anderer Junge tat so, als sei er eine Teekanne, während ein Mädchen mehrere Wochen lang tatsächlich behauptete, es sei eine verstopfte Toilette! Ältere Kinder mit Asperger-Syndrom denken sich Fantasiewelten aus, vor allem dann, wenn sie die reale Welt nicht verstehen oder nicht darin verstanden werden. Dies mag einer der Gründe dafür sein, warum manche Kinder so von Dinosauriern fasziniert sind.

....

Richard

Ich zog mich in eine Traumwelt zurück[25]

》 ›Resteten‹ war der Name, den ich meiner Traumwelt gab, einer Welt voller Harmonie und Frieden, in der nichts Böses geschah, einer Welt, die sich um irgendeine entfernte Sonne weit draußen im Universum drehte. Als ich ein kleiner Junge war, liebte ich es – immer wenn das Leben hier auf der Erde schwierig und unverständlich war –, mich dahin zurückzuziehen, in ihre majestätische Gebirgslandschaft, durch die der schnell fließende Olympia-Fluss floss. Dies tat ich sehr oft. Von meiner frühesten Kindheit an unterschied ich mich von meinen Altersgenossen, und für Kinder ist das natürlich Grund genug, einen zu verspotten, zu schlagen und zu quälen. Ich war unfähig, mich zu verteidigen, da ein tief verwurzeltes Gefühl mich davon abhielt, meine Hand zu heben, um jemand anderen zu verletzen. Infolgedessen war der Umgang mit Schulkameraden – etwas, was für die meisten Menschen eine vergnügliche Seite des Schulbesuchs ist – für mich eine Qual. Dennoch fand ich gleich am ersten Tag einen Freund, der immer bereit war, für mich ›die Ärmel aufzurollen‹. Seine Name, Inno, ist auffälliger, als er selbst je war; denn er ist ein praktischer, bodenständiger Junge, der (bedauerlicherweise für mich) vor Kurzem nach Amerika zog, wo er sich gut eingelebt hat.

*Meine heutige Liebe zur Wissenschaft entstand nicht einfach aus der Begeis-
terung eines Jungen für Zahlen und Arithmetik; sie wurde auch noch aus einer anderen Quelle gespeist: In meinem Unterricht in Heimatkunde und
Geografie hörte ich zum ersten Mal von Frankfurt und dem Main. Ich folgte
dem Lauf des Mains auf der Landkarte und kam über den Rhein und sein Tal
an die Küste, und von da aus gelangte ich über die Meere in die ganze Welt.
Ich verbrachte immer mehr Zeit mit meinen Reisen auf der Landkarte und
entdeckte, dass es – wenn überhaupt – nur wenige Siedlungen in den Polar-
regionen gab. Dies überraschte mich, und nun widmete ich die meiste Aufmerksamkeit dem Nord- und Südpol. Von dieser Zeit an folgte ich den For-
schungsreisenden in das Land des ewigen Winters. Immer hatten mich Orte
angezogen, wo ich, wie ich glaubte, keinen Menschenmassen begegnen
würde. Daher begeisterte ich mich mit neun Jahren ganz besonders für die
bodenlosen Tiefen des Ozeans, wie sie in William Beebes ›Eine halbe Meile
unter dem Meeresspiegel‹ beschrieben sind, für die bizarren Lebensformen
längst vergangener Epochen, die Boelsche in seinem Buch ›Leben der Urwelt‹
schilderte, sowie für Picards abenteuerlichen Flug in die Stratosphäre.*

*Dann fragte ich mich, was wohl außerhalb unserer Erde liegen möge. Ich
fand die Antwort sowohl in den Sternkarten und Planetentafeln im Schul-
atlas meines Vaters als auch in Diesterwegs ›Populäre Himmelskunde‹. Ich
vertiefte mich nun in dieses Buch, während meine Eltern sich immer wieder fragten, ob man einem Zehnjährigen erlauben sollte, ein solches Buch zu
lesen. Ganz besonders interessierte ich mich für die physikalische Struktur
der Himmelskörper, weniger für die Konstellationen und die Zeiten, in denen
man sie sehen konnte. Eine Menge Informationen erhielt ich durch Sir James
Jeans Buch ›The Mysterious Universe‹. Dank der Schilderung einer Raumfahrt
durch die Sonne lernte ich die Struktur der Atome, deren Elektronenschalen
dort oben zerstört werden. Das Buch führte mich auch durch die Sternhau-
fen der Milchstraße zum entferntesten Spiralnebel. Von der Astrophysik zur
Physik war es dann für mich nur ein kleiner Schritt.*[26] ◄►

Der Betroffene kann also ein reiches, fantasievolles Innenleben entwickeln, eine Form der Flucht und des Vergnügens, das die erste Stufe zu einer Karriere oder auch nur ein vergnüglicher Zeitvertreib sein kann. Liam verbringt ganze Stunden damit, seine eigenen Abenteuer über seinen Helden, Supakid, zu zeichnen, der gegen das Böse kämpft und sich sehr für das Kricketspiel engagiert. Eine

Frau schreibt jeden Tag ein Skript für eine Folge der Serie »Star Trek«. Diese Texte werden niemals an den Produzenten der Fernsehserie geschickt, aber sie befriedigen ihr Bedürfnis, den Problemen zu entgehen, die sie mit der wirklichen Welt hat. Hans Asperger war der Erste, der bei solchen Menschen einen Hang zur Erfindung fantastischer Geschichten bemerkte; spätere Studien bestätigten dies.[27]

Wenn Kinder ihre Fantasiewelt als Realität ansehen

Der einzige negative Aspekt, über den sich Eltern im Klaren sein müssen, ist, dass es manchen kleinen Kindern mit Asperger-Syndrom schwerfallen kann, zwischen Wirklichkeit und Fiktion zu unterscheiden. Sie nehmen die Ereignisse für bare Münze. Sagt man ihnen, das sei »nur eine Geschichte«, können sie ziemlich erschrocken reagieren und unfähig sein, dies zu begreifen. Auch kann es Anlass zu Besorgnis geben, wenn sich Jugendliche allzu oft in ihre innere Fantasiewelt zurückziehen. Wenn dies der Fall ist, dann müssen Eltern sich beraten lassen, wie sie ihr Kind zu mehr sozialen Kontakten ermutigen können, und sich darüber informieren, ob das Verhalten ihres Kindes ein Anzeichen für eine gravierende Krankheit, wie zum Beispiel eine Depression, ist.

Visuelles Denken

In einer Studie trug eine Gruppe Erwachsener mit Asperger-Syndrom mehrere Tage ein kleines Gerät, das in unregelmäßigen Abständen einen Piepton abgab.[28] Man bat sie aufzuzeichnen, was sie im Augenblick des Tons wahrnahmen und dachten. Wenn andere Menschen sich dieser Prozedur unterwerfen, dann schildern sie eine ganze Reihe von Gedanken, die mit dem Sprechen, mit Gefühlen, Körperempfindungen und vorgestellten Bildern zu tun haben. Doch die Erwachsenen mit Asperger-Syndrom gaben ihre Gedanken hauptsächlich oder einzig in Form von Bildern wieder. Solche Menschen scheinen vornehmlich eine visuelle Art des Denkens zu besitzen.

Temple Grandin schildert[29]: »Mein Denken ist vollkommen visuell, und Arbeiten wie Zeichnen sind leicht für mich. Ich habe mir in sechs Monaten selbst das Entwerfen beigebracht. Ich habe große Tieranlagen aus Stahl und Beton gezeichnet, aber es fällt mir schwer, mir eine Telefonnummer zu merken oder Zahlen im Kopf zusammenzurechnen. Ich muss sie dazu aufschreiben. Jedes Stück Information, das ich behalte, habe ich mir auf visuellem Weg eingeprägt. Wenn ich mich an einen abstrakten Begriff erinnern muss, ›sehe‹ ich die entsprechende Buchseite oder meine Aufzeichnungen vor mir und ›lese‹ die Information davon ab.

Melodien sind das Einzige, das ich mir ohne visuelle Vorstellung einprägen kann. Ich präge mir wenige Dinge ein, die ich höre, außer wenn sie emotional anregend sind oder wenn ich ein Bild damit verbinden kann. Bei Vorträgen und Vorlesungen mache ich mir sorgfältig Notizen, da ich das Gehörte sonst vergessen würde. Wenn ich über abstrakte Begriffe wie menschliche Beziehungen nachdenke, benutze ich visuelle Vergleiche. Beispielsweise sind Beziehungen zwischen Menschen wie eine gläserne Schiebetür. Die Tür muss langsam geöffnet werden; wenn sie aufgestoßen wird, kann sie zerbrechen. Wenn ich eine Fremdsprache lernen müsste, würde ich dies durch Lesen tun, das heißt, auf visuellem Weg.«[30]

Temple Grandin hat 1995 ein Buch veröffentlicht, das ihr visuelles Denken beschreibt und aufzeigt, in welcher Weise es ihr Leben beeinflusste und wie es ihr ermöglichte, recht bemerkenswerte Fertigkeiten zu entwickeln.[31]

Unterstützen Sie die Visualisierung beim Lernen

Leider richtet sich ein Großteil des Schulstoffs an das verbale Denken. Hier können Lehrer helfen, indem sie ein Kind mit Asperger-Syndrom zur Visualisierung ermutigen und Schaubilder verwenden. Das Kind ist besser imstande, Lösungen für Probleme zu sehen als Lösungen in Worte zu fassen. Im Mathematikunterricht beispielsweise könnte das Kind ein Rechenbrett auf seinem Schreibtisch haben. Auch kann es lernen, sich Grundbegriffe oder Ereignisse als wirkliche Szenen vorzustellen. Erwachsene mit Asperger-Syndrom haben erklärt, sie hätten Geschichte oder Naturwissenschaft gelernt, indem sie die entsprechenden Ereignisse visualisierten – beispielsweise dadurch, dass sie vor ihrem inneren Auge ein Videoband abspielen ließen, auf dem die sich verändernden Molekularstrukturen zu sehen waren. Solche Menschen können zudem einen außergewöhnlich guten Blick für Einzelheiten haben, der ihnen bei künstlerischen Arbeiten sehr zu Hilfe kommt.

Einstein war ein visueller Denker

Das visuelle Denken hat große Vorteile. Nicht selten ist ein natürliches Talent für Schach und Billard damit verbunden, und der größte Naturwissenschaftler des 20. Jahrhunderts, Albert Einstein, war ein visueller Denker. Er fiel beim Schulsprachtest durch, stützte sich beim Studium jedoch auf visuelle Methoden.

Seine Relativitätstheorie basiert auf Vorstellungen von sich bewegenden Güterwagen und dem Fahren auf Lichtstrahlen. Es ist interessant, dass seine Persönlichkeit und Familiengeschichte Elemente beinhalten, die auf das Asperger-Syndrom hinweisen.[32]

Auch spricht einiges dafür, dass der Philosoph Ludwig Wittgenstein und der Komponist Béla Bartók – die beide in ihren Arbeiten äußerst originär waren – Symptome des Asperger-Syndroms aufwiesen.[33] Temple Grandin hat darauf aufmerksam gemacht, dass Vincent van Gogh als Kind Züge hatte, die mit dem Syndrom in Zusammenhang gebracht werden.[34] Schaut man sich heutige bekannte Persönlichkeiten an, so kann man vermuten, dass der Gründer des Unternehmens Microsoft, Bill Gates, einige Merkmale aufweist, die mit dem Asperger-Syndrom in Verbindung gebracht werden.[35] Ich bin mehreren berühmten Professoren und einem Nobelpreisträger begegnet, die unter dem Asperger-Syndrom litten. Dieses Denken ist folglich anders, oft sehr originell und wird häufig missverstanden, aber es ist nicht falsch oder mangelhaft.

Hans Asperger[36] nahm eine sehr positive Einstellung jenen gegenüber ein, die das Syndrom hatten, und schrieb: »Es hat den Anschein, dass man, um in der Wissenschaft oder in der Kunst Erfolg zu haben, einen Schuss Autismus haben muss. Zum Erfolg gehört notwendigerweise die Fähigkeit, sich von der Alltagswelt, von einfachen, praktischen Dingen abzuwenden, die Fähigkeit, ein Thema mit Originalität zu überdenken, um in der Kreation neue, unberührte Wege zu gehen und alle Begabungen in dieses eine Spezialgebiet zu lenken.«[37]

Strategien im Überblick

Theory of Mind:
- Vermitteln Sie dem Kind die Perspektive und die Gedanken anderer z.B. durch Rollenspiele und geben Sie gezielte Anweisungen.
- Ermutigen Sie das Kind, innezuhalten und darüber nachzudenken, wie sein Gegenüber sich fühlen wird, bevor es handelt oder spricht.

Gedächtnis: Trainieren Sie das Erinnerungsvermögen für Sach- und einfache Informationen mithilfe von Quiz und Spielen.

Flexibilität des Denkens:
- Üben Sie das Ersinnen alternativer Strategien.
- Lehren Sie das Kind, um Hilfe zu bitten, indem es gegebenenfalls einen geheimen Code anwendet.

Lesen, Buchstabieren, Rechnen:
- Prüfen Sie, ob das Kind hierbei eine unkonventionelle Methode benutzt.
- Wenn eine alternative Methode funktioniert, dann sollten Sie diese nutzen.
- Vermeiden Sie Kritik und Mitgefühl.

Fantasie und Kreativität: Fantasiewelten können eine Form der Flucht sein, aber auch Vergnügen bereiten.

Visuelles Denken: Ermutigen Sie das Kind durch Schautafeln und visuelle Vergleiche zur Visualisierung.

Die sensorische Empfindlichkeit

Hierzu gehören die Klangempfindlichkeit, die Berührungsempfindlichkeit und weitere sensorische Besonderheiten.

Die Klang-
empfindlichkeit

Wir wissen, dass autistische Kinder sehr sensibel auf bestimmte Klänge und Berührungen reagieren, jedoch ein leicht eingeschränktes Schmerzempfinden besitzen.

Etwa 40 Prozent dieser Kinder weisen eine Anomalie der sensorischen Sensibilität[1] auf. Man nimmt heute an, dass dies auch auf das Asperger-Syndrom zutrifft.[2] Eines oder mehrere sensorische Systeme sind so übersensibel, dass gewöhnliche Empfindungen als unerträglich heftig empfunden werden können. Die bloße Vorahnung des Erlebnisses kann zu großen Angst- oder Panikzuständen führen. Glücklicherweise nimmt die Überempfindlichkeit im Laufe der Kindheit meist ab; es gibt jedoch auch Menschen, bei denen sie sich niemals verliert. Eltern wundern sich oft darüber, warum diese Empfindungen dem Kind unerträglich sind, wohingegen das Kind mit Asperger-Syndrom sich seinerseits wundert, warum die anderen nicht denselben Sensibilitätsgrad haben wie es selbst. Auch

wenn man sich nicht in das Kind hineinfühlen kann, ist es jedoch wichtig, den Leidensdruck ernst zu nehmen. Und man kann nach Möglichkeiten suchen, die Belastungen zu verringern bzw. sie zu vermeiden. Die am häufigsten vorkommenden Empfindlichkeiten betreffen Klänge und Berührungen, aber in manchen Fällen auch Geschmack, Lichtintensität, Farben und Aromen. Hingegen reagieren die Betroffenen kaum auf bestimmte Schmerz- und Temperaturgrade, die für andere wiederum unerträglich wären.

Klinische Beobachtungen und Berichte von Autisten und Menschen, die unter dem Asperger-Syndrom leiden, lassen darauf schließen, dass es drei Arten von Geräuschen gibt, die als äußerst intensiv empfunden werden.

- **Lärm:** Die erste Kategorie ist plötzlicher, unerwarteter Lärm, den ein Erwachsener mit Asperger-Syndrom als »durchdringend« beschrieb. Er meinte, er erinnere ihn an das Bellen eines Hundes, das Schrillen eines (alten) Telefons, das Husten eines Menschen oder das Klicken einer Federspitze.
- **Elektrische Geräte:** Die zweite Kategorie ist ein schrilles, kontinuierliches Geräusch, wie es häufig von kleinen elektrischen Geräten ausgeht, die man in der Küche, im Badezimmer und bei der Gartenarbeit benutzt.
- **Komplexe Klänge:** Die dritte Kategorie sind verwirrende, komplexe oder multiple Klänge, wie man sie in Einkaufszentren oder bei geräuschvollen gesellschaftlichen Versammlungen, mit vielen Menschen hört.

Das Unbehagen verstehen

Für Eltern oder Lehrer kann es schwer sein, sich in das Kind hineinzuversetzen, da sie selbst diese Hörreize nicht als übermäßig unangenehm wahrnehmen. Man kann das Unbehagen mit dem vergleichen, das viele Menschen angesichts ganz bestimmter Geräusche empfinden, wie das von Fingernägeln, die über eine Schultafel kratzen. Der bloße Gedanke an dieses Geräusch lässt manche Menschen schon erschauern. Die Zitate in den Kästen stammen von Menschen, die das Asperger-Syndrom haben oder autistisch sind, und illustrieren die Intensität ihrer Erfahrungen. Ich stimme Grandins Ansicht zu, dass schmerzhafte sensorische Reize niemals als Bestrafungsmittel verwendet werden sollten.

Temple[3]

Ich fürchte mich vor lauten Geräuschen

>> *Laute, plötzliche Geräusche erschrecken mich immer noch. Meine Reaktion darauf ist stärker als die anderer Menschen. Noch immer hasse ich Ballons, weil ich nie weiß, ob einer platzt und mich aufspringen lässt. Lang anhaltende hohe Elekromotorgeräusche, wie die von Haarföns und Badezimmerlüftern, stören mich immer noch; bei Niederfrequenzmotorengeräuschen ist das nicht der Fall.*

Meine Mutter, meine Lehrer und die Hauslehrerin machten alles richtig – nur wussten sie nichts von meinen sensorischen Problemen. Hätten sie davon Kenntnis gehabt, dann hätten meine Wutanfälle und andere schlechte Verhaltensweisen mit Sicherheit früher aufgehört. Als die Hauslehrerin entdeckte, dass laute Geräusche mich quälten, bestrafte sie mich – wenn ich böse gewesen war –, indem sie eine Papiertüte platzen ließ. Dies war eine große Qual für mich. Ein schmerzhafter oder erschreckender sensorischer Reiz sollte niemals als Bestrafungsmittel verwendet werden. Ich fürchtete mich vor allem, was ein plötzliches, unerwartetes und lautes Geräusch verursachen konnte.

Lärm war für mich ein großes Problem. Wenn ich mit einem lauten oder verwirrenden Geräusch konfrontiert war, konnte ich es nicht modulieren. Ich musste es entweder ausschalten und mich zurückziehen oder es ganz hereinlassen wie einen Güterzug. Um seine Attacke zu vermeiden, zog ich mich oft zurück und sperrte die Welt aus. Heute, als Erwachsene, habe ich noch immer Schwierigkeiten damit, Hörinputs zu modulieren. Wenn ich am Flugplatz ein Telefon benutze, bin ich unfähig, den Hintergrundlärm auszublenden, ohne auch die Stimme am Telefon auszublenden. Andere Menschen können in einer geräuschvollen Umgebung telefonieren, aber ich kann das nicht, obwohl mein Gehör normal ist. Als ich ein Kind war, waren laute Geburtstagspartys für mich unerträglich, da dann immer sämtliche verfügbaren Lärminstrumente zum Einsatz gebracht wurden.[4] ◄●

Darren[5]

Für mich klingt ein Staubsauger fünfmal lauter

❯❯ *Ebenso erschreckten mich der Staubsauger, das Püriergerät und der Mixer, weil sie in meinen Ohren etwa fünfmal lauter klangen, als sie tatsächlich waren.[6]*

Der Busmotor setzte sich mit einem Donnerschlag in Gang, der Motor klang beinahe viermal so laut wie normal, und ich hatte fast während der ganzen Fahrt meine Hände an den Ohren.[7] ◄●

Jolliffe[8]

Meine Hörsensitivität

❯❯ *Im Folgenden will ich nur einige der Geräusche aufzählen, die mich noch immer so sehr aufregen, dass ich meine Ohren zuhalte, um sie nicht hören zu müssen: Lautes Rufen, laute, überfüllte Plätze, das Geräusch bei der Berührung von Styropor, der Lärm von Freiballons und Flugzeugen, geräuschvolle*

Fahrzeuge auf Baustellen, hämmernde und knallende Geräusche, die Geräusche von elektrischen Werkzeugen, das Geräusch des Meeres, das Geräusch von Filz- oder Markierstiften, Feuerwerke. Trotz alldem kann ich Musik lesen und spielen, und es gibt bestimmte Musikarten, die ich liebe. Ja, wenn ich zornig und über irgendetwas verzweifelt bin, dann ist Musik das einzige Mittel, das mich innerlich ruhiger werden lässt.[9] ◆

Verschiedene Auslöser

Der Grad der Empfindlichkeit kann ungewöhnlich hoch sein. Ein kleiner Junge mit Asperger-Syndrom, der sich zur Behandlung in einem Krankenhaus befand, regte sich plötzlich aus – für die Außenstehenden – unerklärlichen Gründen auf und äußerte den dringenden Wunsch, das Krankenhaus zu verlassen; doch war er nicht imstande zu erklären, warum. Da ich um die Hörempfindlichkeit des Kindes wusste, ging ich den Krankenhausflur entlang, um die Ursache seiner Qual zu suchen: In der Damentoilette hatte jemand den Heißlufttrockner eingeschaltet, ein Geräusch, das für andere Menschen in der Klinik unhörbar war, von dem Kind jedoch als zu durchdringend und schrill empfunden wurde.

Albert machte sich seine auditive Empfindlichkeit zunutze, um vorauszusagen, wann ein Zug eintreffen würde. Das gelang ihm einige Minuten, bevor seine Eltern den Zug hören konnten. Er erzählte: »Ich kann ihn immer hören, Mama und Papa können das nicht, ich fühle das Geräusch in meinen Ohren und in meinem Körper.«[10]

Ein anderes Kind interessierte sich ganz besonders für Busse. Bevor ein Fahrzeug in Sicht kam, konnte es seine Marke identifizieren. Doch hörte es zudem auch die einzelnen Geräusche aller anderen Busse, die in diesem Teil der Stadt verkehrten. Dadurch konnte es das Nummernschild des Busses voraussagen, der kurz vor seinem Eintreffen, aber noch nicht sichtbar war. Derselbe Junge spielte nur ungern im Garten seines Elternhauses. Als er gefragt wurde, warum das so sei, antwortete er, er vertrage das »klappernde Geräusch« nicht, dass die Flügel der Schmetterlinge verursachten. Wie es ein Betroffener formuliert: »Die Wirklichkeit ist für einen autistischen Menschen eine verwirrende interagierende Masse von Ereignissen, Menschen, Orten, Klängen und Anblicken ...« (Jolliffe et al., 1992, S. 16)

Eines der Merkmale der starken Klangempfindlichkeit ist, dass diese erheblichen Schwankungen unterworfen ist. An manchen Tagen werden die Geräusche als unerträglich schrill empfunden, wohingegen sie an anderen Tagen zwar lästig, aber auszuhalten sind.

Darren

Eine akustische Täuschung[11]

>> *Ein anderer Streich, den meine Ohren mir spielten, bestand darin, dass sie die Lautstärke der Geräusche um mich herum veränderten. Wenn andere Kinder mit mir sprachen, konnte ich sie manchmal kaum hören und dann wieder klangen ihre Worte für mich wie Gewehrkugeln.[12]* ◄◄

Die am häufigsten zu beobachtende Empfindlichkeit besteht gegenüber Hundegebell. Einkaufstouren und Familienspaziergänge werden nie ohne Angst unternommen, da immer die Gefahr besteht, einem Hund zu begegnen. Oder aber der Betroffene verbringt schlaflose Nächte, weil er in einiger Entfernung von seinem Haus einen Hund bellen hört. Manche Erwachsene mit Asperger-Syndrom verbringen geradezu ihr Leben damit, jedem Hund aus dem Weg zu gehen und eine Unzahl Beschwerdebriefe an die Gemeindeverwaltung und an die Gesellschaft zur Bekämpfung von Lärm zu schreiben.

Geräusche ausblenden und vermeiden

Wie wird der Betroffene mit einer solchen Empfindlichkeit fertig? Manche lernen, bestimmte Geräusche auszublenden, wie in dem Zitat von Temple Grandin (Seite 145) beschrieben. Dafür gibt es Techniken, bei denen man irgendetwas kritzelt oder vor sich hin summt oder sich intensiv auf einen bestimmten Gegenstand konzentriert. Es lohnt sich vielleicht auch, ein Achtsamkeitstraining durchzuführen. Candy schilderte, dass »gewisse Geräusche schwer auszublenden oder zu vermeiden« seien, »das ist erst kürzlich als Ursache für einige meiner Qualen erkannt worden«.

Unaufmerksamkeit eines Kindes kann also die Reaktion auf Geräusche sein, die der Lehrer oder die Eltern als unbedeutend erachten. Manche Geräusche können vermieden werden. Wenn beispielsweise das Surren des Staubsaugers zu laut ist, dann sollte dann gesaugt werden, wenn sich das Kind in der Schule befindet oder beispielsweise draußen spielt. Bei einem Mädchen beobachteten wir, dass es das Geräusch von Stühlen, die über den Boden ihres Klassenzimmers kratzten, nicht ertragen konnte. Der Lärm wurde ausgeschaltet, indem man an den Stuhlbeinen Filzstücke befestigte. Erst danach konnte sie sich wirklich auf ihre Schulaufgaben konzentrieren. Auch kann der Betroffene in seiner Tasche immer einen Ohrschutz – z. B. Ohropax® – tragen, den er sich in die Ohren stecken kann, wenn der Lärm unerträglich wird.

Hörintegrationstraining

Zudem gibt es eine neue Technik: das sogenannte Hörtraining oder Hörintegrationstraining. Diese neue Behandlungsmethode wurde zuerst von Guy Berard in Frankreich entwickelt; der Patient hört dabei über zehn Stunden hinweg eine speziell modulierte Musik.[15] Die Vorabergebnisse durch unabhängige Untersuchungen sind ermutigend.[16] Doch ist diese Behandlung teuer und von den Krankenkassen noch nicht anerkannt.

Musik und Lerngeschichten

Eine andere Strategie kam bereits in einem der letzten Zitate zur Sprache: »Wenn ich zornig und über irgendetwas verzweifelt bin, dann ist Musik das einzige Mittel, das mich innerlich ruhiger werden lässt.«[13] Wir beginnen zu erkennen, dass das Hören von Musik mithilfe von Kopfhörern den Lärm bannen kann, der als zu stark wahrgenommen wird; der Betroffene ist damit in der Lage, in Ruhe in einem Einkaufszentrum umherzugehen oder sich in einem geräuschvollen Klassenzimmer auf seine Arbeit zu konzentrieren. Hat ein Mensch mehrmals am Tag die Möglichkeit, Musik zu hören, so kann dies seine anormalen Reaktionen auf Geräusche erheblich verringern.[14]

Es kann einem Kind helfen, wenn ihm die Ursache und die Dauer des Geräusches, das es als unerträglich empfindet, erklärt werden. Die Lerngeschichten von Carol Gray sind äußerst vielseitig und können so abgeändert werden, dass sie auf die Hörsensitivität angewandt werden können. So enthielt eine Lerngeschichte für ein Kind, das sehr empfindlich auf das Geräusch von Handtrocknern in öffentlichen Toiletten reagierte, eine Beschreibung der Funktion und der Zusammensetzung der Maschine sowie die Zusicherung, dass sich diese nach einer bestimmten Zeit von selbst ausschalte.

Es ist wichtig, dass Eltern und Lehrer sich über die Hörempfindlichkeit des Kindes im Klaren sind und versuchen, das Ausmaß plötzlichen Lärms so gering wie möglich zu halten, die Gespräche, die die anderen im Hintergrund führen, zu reduzieren, und spezifische Geräusche zu vermeiden. Dies verringert die Angst des betroffenen Kindes und ermöglicht ihm, sich zu konzentrieren und am sozialen Leben teilzunehmen.

Weitere sensorische Besonderheiten

Es kann eine äußerst starke Empfindlichkeit gegenüber einer bestimmten Berührungsintensität oder gegenüber der Berührung von bestimmten Körperteilen bestehen.

Wenn zum Beispiel die Kopfhaut betroffen ist, werden das Haareschneiden oder -waschen und das Kämmen für das Kind jedes Mal zur Qual.

....

Temple[17]

So berührungsempfindlich war ich als Kind

≫ *Als Baby wehrte ich mich immer dagegen, berührt zu werden, und erinnere mich, dass ich mich, als ich ein wenig älter wurde, steif machte, zurückzuckte und mich von den Verwandten losriss, wenn sie mich an sich drückten.[18]*

Als Kind mochte ich es nicht, wenn meine Beine oder Arme sich berührten, und ich trug Schlafanzüge statt Nachthemden.[19]

Als Kind wollte ich gerne die Beruhigung spüren, die man empfindet, wenn man gehalten wird, aber jedes Mal, wenn Menschen mich an sich zogen, wich ich zurück, aus Angst, die Kontrolle zu verlieren und verschlungen zu werden.[20] ≪

....

Die Berührungs-
empfindlichkeit

Temple Grandin nahm die Berührungs-
formen, die bei Begrüßungen unter Vertrauten oder bei Gesten der Zuneigung
in Erscheinung treten, als zu intensiv, ja
überwältigend wahr. Sie vermied soziale
Kontakte aufgrund einer physiologischen
Reaktion auf Berührungen; dem lag nicht
unbedingt der Wunsch nach Vermeidung
der Nähe oder des Umgangs mit anderen zugrunde. Bestimmte Körperberei-
che scheinen besonders empfindlich zu
sein: die Kopfhaut, die Oberarme und die
Handflächen. Es ist gut möglich, dass das
Kind beim Frisör oder auch bei der häus-
lichen Haarwäsche – sowie beim Kämmen – in Panik gerät. Auch geht es vermutlich äußerst ungern mit bestimmten
Materialien um, beispielsweise mit Fin-
gerfarben oder Knetmasse. Wenn Sie
merken, dass Ihr Kind sich in solchen Situationen unwohlfühlt bzw. einen starken Widerwillen entwickelt, sollten Sie
sehr behutsam sein.

Temple[21]

Ich hatte eine Abneigung gegen
bestimmte Kleider

>> *Einige Vorfälle, wo ich mich schlecht benahm, hatten ihre direkte Ursache in
meinen sensorischen Problemen. Oft benahm ich mich in der Kirche schlecht
und schrie, weil meine Sonntagskleider sich so komisch anfühlten. Wenn ich
bei kaltem Wetter in einem Rock hinaus musste, taten mir die Beine weh.
Kratzige Unterröcke machten mich halb wahnsinnig. Ein Gefühl, das für die
meisten Menschen unbedeutend wäre, kann für ein autistisches Kind so sein,
als reibe man mit Sandpapier auf rauer Haut. Bestimmte Arten der Stimulation werden durch ein beschädigtes Nervensystem in hohem Maße verstärkt.
Man hätte dieses Problem bei mir dadurch lösen können, dass man Sonntagskleider für mich gesucht hätte, die sich wie Alltagskleider anfühlten.
Heute, als Erwachsene, fühle ich mich oft sehr unwohl, wenn ich eine neue
Art Unterwäsche tragen muss. Die meisten Menschen gewöhnen sich mühelos an verschiedene Kleiderarten, ich aber empfinde sie noch stundenlang als
fremd. Heute kaufe ich Alltagskleider und Ausgehkleider, die sich gleich anfühlen.«[22]*

*Ich kann das Gefühl von Haut, die Haut berührt, nicht ertragen und ziehe es
vor, lange Hosen zu tragen, um die Empfindung abzuschwächen.[23]* <<

Es ist gut möglich, dass das Kind nur wenige Kleider wirklich gerne trägt, um sicher zu sein, dass sie sich immer gleich anfühlen. Das Problem ist, dass man diese Kleider dann sehr oft waschen muss und dass sie natürlich nur begrenzt haltbar sind.

Sobald ein bestimmtes Kleidungsstück gerne getragen wird, sollten die Eltern mehrere Exemplare (und zudem einige »auf Zuwachs«) kaufen, damit immer gewaschene Exemplare zu Verfügung stehen und sie auch dann nicht ausgehen, wenn das Kind größer wird.

Sensorische Integrationstherapie

Glücklicherweise haben Beschäftigungstherapeuten ein spezielles Behandlungsprogramm für Betroffene entworfen, die sogenannte Sensorische Integrationstherapie, die dazu beitragen kann, die Berührungsempfindlichkeit oder – um es mit dem Fachausdruck zu sagen – die taktile Defensive zu verringern. Zu der Behandlung gehören sowohl Massagen, als auch sanftes Reiben spezifischer Stellen und Vibration. Manchmal können auch starke Druckausübung und vestibuläre Stimulation (z. B. Drehen und Schaukeln) helfen.

....

Temple[24]

Tiefer Druck und Pressen wirkten bei mir therapeutisch

>> *Ich riss mich los oder machte mich steif, wenn mich jemand umarmen wollte, aber ich fand Rückenmassagen wundervoll. Das Reiben der Haut hat einen beruhigenden Effekt.*

Ich liebte Stimulationen mit starker Druckausübung. Oft kroch ich unter das Sofa und bat meine Schwester, sich draufzusetzen. Der Druck wirkte sehr beruhigend und entspannend.

Als Kind liebte ich es, in enge, geschützte Räume zu kriechen. Dort fühlte ich mich sicher, entspannt und außer Gefahr. <<

....

Temple Grandin hatte die gute Idee, einen sogenannten Berührungsapparat zu entwerfen, der fast den ganzen Körper umschloss. Die Maschine war mit Schaumstoff ausgekleidet und übte einen kräftigen Druck aus. Sie fand heraus, dass dieser kräftige Druck ein beruhigendes und entspannendes Gefühl auslöste, das sie nach und nach desensibilisierte, umso öfter sie es probierte.

Die Geschmacks-empfindlichkeit

Einige Mütter berichten, dass ihr Kind als Kleinkind oder in den Vorschuljah-ren beim Essen sehr wählerisch gewesen sei. Achten Sie dennoch möglichst auf gesunde Ernährung, ohne das Kind zum Essen zu zwingen. Probieren Sie viele Lebensmittel aus.

Sean[25]

Ich aß gerne fade Dinge

>> *Ein großes Problem hatte ich mit der Nahrung. Ich aß sehr gerne Dinge, die fad und unkompliziert waren. Meine bevorzugten Nahrungsmittel waren Müsli – trocken, ohne Milch –, Brot, Pfannkuchen, Makkaroni und Spaghetti, Kartoffeln und Milch. Da es die Nahrungsmittel waren, die ich auch schon in meiner frühen Kindheit gegessen hatte, fand ich sie beruhigend und wohltuend. Ich wollte nichts anderes probieren.*

Ich war überempfindlich gegenüber der Beschaffenheit von Lebensmitteln und musste alles mit den Fingern berühren, um zu testen, wie es sich anfühlte, ehe ich es in den Mund stecken konnte. Ich hasste es geradezu, wenn der Nahrung Dinge beigemischt waren, wie Nudeln, die mit Gemüse serviert wurden, oder Brot, das belegt war. Niemals konnte ich so etwas in den Mund stecken. Ich wusste, wenn ich es täte, dann würde ich sehr krank werden.[26] <<

Zum Glück lassen die meisten vom Asperger-Syndrom betroffenen Kinder, die diese Art von Empfindlichkeit haben, sie irgendwann hinter sich. Man sollte unbedingt vermeiden, das Kind zum Essen bestimmter Lebensmittel zu zwingen oder ihm so lange nichts zu essen zu geben, bis es bereit ist, mehr Speisearten zu sich zu nehmen. Das Kind besitzt eine erhöhte Sensitivität für manche Arten von Nahrung. Es legt kein Verhaltensproblem an den Tag, wenn es sich dagegen sträubt.

Dennoch müssen die Eltern darauf achten, dass das Kind abwechslungsreich genug isst; ein Ernährungsberater kann gegebenenfalls erklären, was für das Kind nahrhaft, aber auch in Bezug auf Geschmack und Beschaffenheit gut verträglich ist. Nach und nach nimmt diese Empfindlichkeit ab, doch die Angst davor – und damit die Vermeidung bestimmter Nahrungsmittel – kann bestehen bleiben. Wenn dies der Fall ist, dann ermutigen Sie das Kind, an neuen Lebensmitteln zuerst zu lecken und davon zu kosten, anstatt sie gleich zu kauen und hinunterzuschlucken. Auch wäre zu empfehlen, ein neues Nahrungsmittel dann zu versuchen, wenn das Kind entspannt oder abgelenkt ist. Doch manche Erwachsene mit Asperger-Syndrom haben ihr Leben lang eine nur sehr begrenzte Ernährungspalette, die immer dieselben Bestandteile enthält, welche stets in derselben Weise zubereitet werden.

Die visuelle Empfindlichkeit

Einige Asperger-Betroffene sind besonders empfindlich gegenüber Licht und Farben. Gegenüber Schmerz und Temperatur zeigt sich dagegen häufig eine Unempfindlichkeit.

Ein seltenes Merkmal, das mit Autismus und dem Asperger-Syndrom in Verbindung gebracht wird, ist eine Empfindlichkeit für bestimmte Intensitäten von Licht und Farben oder auch eine Verzerrung der visuellen Wahrnehmung. Manche Kinder und Erwachsene berichten, sie würden »von Helligkeit geblendet« und vermieden deshalb, starker Lichteinwirkung ausgesetzt zu sein. Beispielsweise berichtete Darren: »An hellen Tagen war meine Sicht verschwommen.«

Ist dies der Fall, dann sollten Eltern und Lehrer vermeiden, das Kind dem Licht auszusetzen; zum Beispiel sollte es im Auto nicht auf der Seite sitzen, die besonders stark von der Sonne beschienen ist, und in der Schule nicht an einem Schreibtisch sitzen, der vom Sonnenlicht überflutet wird. Eine weitere Möglichkeit ist, eine Sonnenbrille und Fotochromlinsen zu tragen und im Haus Sonnenblenden zu verwenden, um intensive Lichtbestrahlung zu vermeiden. Am Arbeitsplatz sollte man starke visuelle und auditive Reize ausschalten. Mir ist bekannt, dass manche Erwachsene mit Asperger-Syndrom ihre visuelle Sensitivität durch Irlen-Linsen verringern konnten.

Nutzung der Farbsensitivität

Auch in den Gemälden mancher Menschen mit Asperger-Syndrom ist diese intensive Farbwahrnehmung zu beobachten. Es gibt Fälle, wo diese besondere Wahrnehmung zu einer Einkommensquelle wurde, da der Betroffene ein für seine ungewöhnliche Farbverwendung berühmter Künstler wurde.

Ein sich ungünstig auswirkendes Merkmal ist die Wahrnehmungsverzerrung, wie von Darren White beschrieben: »Ich hasste kleine Läden, weil meine Augen sie noch kleiner wirken ließen, als sie tatsächlich waren.«[27]

Sie sehen also, dass die spezifische Art der Wahrnehmung Fluch aber auch Segen für den Betroffenen sein kann. Unterstützen Sie ihn in jedem Fall dabei, mit der Situation zurechtzukommen, indem sie an seiner Seite sind.

Jolliffe

Meine Wahrnehmungsverzerrung

》 *Vielleicht weil die Dinge, die ich sehe, nicht immer in der richtigen Weise von mir wahrgenommen werden, fürchte ich mich vor so vielen Dingen, die man sehen kann: vor Menschen, insbesondere ihren Gesichtern, sehr hellen Lichtern, Menschenmengen, Dingen, die sich plötzlich bewegen, großen Maschinen und Gebäuden, die ich nicht kenne, unbekannten Orten, meinem eigenen Schatten, der Dunkelheit, Brücken, Flüssen, Kanälen, Bächen und dem Meer.[28]* 《

Es ist schwer, diese visuelle Empfindlichkeit zu verringern. Vielleicht werden wir mit der Zeit Strategien lernen, die ebenso effektiv sind wie die, die wir bei Hörempfindlichkeit anwenden. Gegenwärtig können wir nur das erkennen, was als zu intensiv wahrgenommen wird, und versuchen, solche Eindrücke zu vermeiden.

Geruchsempfindlichkeit

Manche Menschen mit Asperger-Syndrom berichten, dass bestimmte Gerüche überwältigend sein können.[29] Die Eltern müssen sich darüber im Klaren sein, dass Veränderungen bei den im Hause verwendeten Parfüms sowie bei flüssigen Putzmitteln als sehr störend empfunden werden können und daher möglicherweise besser zu vermeiden sind. Dasselbe gilt auch für Weichspüler. Hier ist es vielleicht sogar sinnvoll, ganz darauf zu verzichten. Versuchen Sie einfach durch Fragen herauszufinden, welche Geräusche ihm angenehm sind und was stört.

Unempfindlichkeit gegenüber Schmerz und Temperaturen

Kinder und Erwachsene mit Asperger-Syndrom wirken oft äußerst stoisch und zeigen keinerlei Reaktionen bei Schmerzgraden, die andere Menschen bereits als unerträglich empfinden würden. Es geschieht nicht selten, dass die Betroffenen sich, ohne mit der Wimper zu zucken, einen Splitter entfernen lassen und heiße Getränke zu sich nehmen, ohne sich die Zunge zu verbrennen. Zuweilen tragen solche Kinder an heißen Tagen warme Kleidung oder wollen an kalten Wintertagen unbedingt Sommerkleider anziehen. Es ist, als sei bei ihnen der innere Thermostat defekt.

Die mangelnde Reaktion auf Schmerz kann Kinder davon abhalten zu lernen, bestimmte gefährliche Handlungen zu vermeiden, was dazu führt, dass sie häufige »Gäste« von Unfallstationen werden. Das ärztliche Personal wundert sich nicht selten über den Wagemut solcher Kinder oder aber ist der Ansicht, dass die Eltern ihre Aufsichtspflicht vernachlässigen.

Eines der größten Probleme für die Eltern besteht darin, herauszufinden, wann das Kind chronische Schmerzen hat und ärztliche Hilfe benötigt. Ohreninfektionen und Blinddarmentzündungen können einen gefährlichen Grad erreichen, ehe sie entdeckt werden. Es kommt vor, dass ein Kind starke Zahnschmerzen hat oder sich aus irgendwelchen anderen Gründen nicht wohl fühlt, aber kein Wort davon sagt. Die Eltern eines Jungen bemerkten, dass ihr Sohn einige Tage lang anders als sonst war; doch nichts in seinem Verhalten wies darauf hin, dass er unter starken Schmerzen litt.

Wenn das Kind im Allgemeinen nur eine minimale Reaktion auf Schmerzen zeigt, sollten Eltern es sich zur Pflicht machen, auf jedes Zeichen von Unwohlsein zu achten, Anzeichen für eine Krankheit auf den Grund zu gehen und sich die Strategien zunutze zu machen, die zur Förderung der Selbstoffenbarung entwickelt wurden (siehe Kapitel »Sozialverhalten«, Seite 64). Auch sollten Eltern dem Kind erklären, dass es wichtig ist zu sagen, wann es Schmerzen hat.

Die Synästhesie

Das ist ein seltenes Leiden, das nicht nur Menschen mit Asperger-Syndrom befällt. Es umfasst die Mitempfindung in einem Sinnesorgan bei Reizung eines anderen. Die am häufigsten vorkommende Äußerung ist, dass jemand immer dann Farben sieht, wenn er einen bestimmten Klang hört. Das wird manchmal auch »farbiges Hören« genannt. Einige Menschen mit Asperger-Syndrom haben dieses ungewöhnliche Phänomen beschrieben.

So schilderte Jim[29], wie er es empfindet: »Manchmal geraten die Kanäle durcheinander, so als wenn Klänge in Form von Farben zur Wirkung kämen. Manchmal weiß ich zwar, dass irgendetwas irgendwo auf mich zukommt, aber ich kann nicht sofort sagen, um welchen Sinn es sich eigentlich handelt.«

Er erklärte, dass bestimmte Klänge oft von vagen Farb-, Form-, Textur-, Bewegungs-, Geruchs- oder Geschmackswahrnehmungen begleitet werden. Außerdem bemerkte er, dass Hörreize andere sensorische Prozesse störten. Beispielsweise musste er »die Küchengeräte ausschalten, damit er etwas schmecken konnte«.[30] Diese Erfahrung muss für den Betroffenen ziemlich verwirrend sein, und mit der Erforschung dieses Gebietes haben wir erst begonnen.[31]

Strategien im Überblick

Hörempfindlichkeit:
- Vermeiden Sie bestimmte Geräusche.
- Das Hören von Musik kann bestimmte Geräusche überlagern.

- Ein Hörintegrationstraining kann hilfreich sein.
- Halten Sie Hintergrundgeräusche stets so leise wie möglich, insbesondere dann, wenn mehrere Menschen zur selben Zeit sprechen.
- Erwägen Sie den Gebrauch von Ohrstöpseln.

Berührungsempfindlichkeit:
- Kaufen Sie mehrere Exemplare eines Kleidungsstücks, das gut vertragen wird.
- Eine sensorische Integrationstherapie kann hilfreich sein.
- Manche Körperstellen können durch Massage und Vibration desensibilisiert werden.

Geschmacksempfindlichkeit:
- Vermeiden Sie es, dem Kind bestimmte Lebensmittel aufzuzwingen oder es durch Hungernlassen zum Essen derselben zu bewegen.

- Lassen Sie das Kind an neuen Nahrungsmitteln zuerst lecken und ein wenig davon kosten, bevor es sie kaut und hinunterschluckt.
- Versuchen Sie neue Lebensmittel, wenn das Kind durch etwas anderes abgelenkt oder entspannt ist.

Visuelle Empfindlichkeit:
- Vermeiden Sie intensive Lichteinwirkung.
- Benutzen Sie eine Sonnenblende oder eine Sonnenbrille.

Schmerzunempfindlichkeit:
- Achten Sie auf Verhaltensweisen, die auf Schmerz hindeuten könnten.
- Ermuntern Sie das Kind zu sagen, wenn es Schmerzen hat.
- Ein leichtes Unbehagen kann auf eine gravierende Krankheit hindeuten.
- Erklären Sie dem Kind, warum es wichtig ist, zu sagen, wann es Schmerzen hat.

Service

Im Folgenden finden Sie Antworten auf die wichtigsten Fragen rund um Asperger, aber auch wichtige Anlaufstellen und Ansprechpartner sowie Literaturhinweise.

Häufig gestellte Fragen

Im letzten Kapitel sollen einige Fragen und Probleme erörtert werden, mit denen die Betroffenen und Angehörigen im Alltag konfrontiert sind.

Im Folgenden geht es zum einen um die Beschreibung und Analyse der ungewöhnlichen Merkmale dieses Syndroms. Aber auch praktische Strategien, mit deren Hilfe man jenen Verhaltensmerkmalen begegnen kann, die sehr auffällig oder hinderlich sind, werden an dieser Stelle ausführlich behandelt.

Ist das Asperger-Syndrom erblich bedingt?

Hans Asperger[1] war der Erste, der bei seinen Untersuchungen – in abgeschwächter Form – ähnliche Symptome bei den Eltern (insbesondere bei den Vätern) der Kinder, die er betreute, beobachtete und die Vermutung aussprach, das Leiden könne vererbt sein.

Nachfolgende Forschungen haben bestätigt, dass es in manchen Familien auffallend ähnliche Merkmale bei Verwandten ersten oder zweiten Grades (auf beiden Seiten der Familie) gibt und dass man in der Familiengeschichte häufig einige »exzentrische« Persönlichkeiten findet, die eine abgeschwächte Ausprägung des Syndroms aufweisen.[2] Auch gibt es Familien, in deren Geschichte Kinder mit Asperger-Syndrom und klassischem Autismus vorkommen.[3] Es kann also durchaus sein, dass bei einem Bruder oder einer Schwester eines bestimmten Kindes Autismus diagnostiziert wird und man bei näheren Untersuchungen innerhalb der Familie noch ein weiteres Kind mit dem Asperger-Syndrom findet. Zudem gibt es Familien, wo mehrere Kinder oder Generationen an diesem Syndrom litten.

Ob und welche Gene eine Rolle spielen, ist noch unklar

Bisher haben wir die genaue Art der Übertragung dieses Syndroms noch nicht erkannt und wissen nicht, ob es genetisch bedingt ist, aber wir haben einige Vermutungen, inwieweit die Chromosomen dabei eine Rolle spielen könnten. Brüchige Stellen beim X-Chromosom[4] und beim Chromosom 2[5] und auch noch weitere die Chromosomen betreffenden Anomalien – wie Translokation – sind mit dem Asper-ger-Syndrom in Verbindung gebracht worden.[6] Insbesondere Kinder mit Fragilem-X-Syndrom – einer relativ häufig vorkommenden genetischen Anomalie – können Merkmale herausbilden, die mit dem Asperger-Syndrom übereinstimmen. Da sich unsere Kenntnisse über die Gene ständig erweitern, sind wir vielleicht bald in der Lage, die Häufigkeitsrate des Syndroms bei einzelnen Familien vorherzusagen.

Falls ein Elternteil oder Verwandter in seinen Kinder- oder Jugendjahren ähnliche Symptome aufwies, so haben diese Menschen nun die einmalige, unschätzbare Chance, dem Kind zu helfen. Sie wissen, was das Kind durchmacht. Sie haben daher Verständnis und können Ratschläge geben, die auf ihren eigenen Erfahrungen und Strategien beruhen, die sich als wirksam erwiesen haben. In den Momenten, wo das Kind sich missverstanden und allein fühlt, kann dieses Familienmitglied erklären, dass es dieselben Gefühle hatte.

Leider weigern sich manche Eltern, das Syndrom zu erkennen, da sie damit akzeptieren müssten, dass sie daran Anteil haben. Dem Kind wird dann nicht das nötige Verständnis entgegengebracht, und es kommt auch nicht mit den entsprechenden Fachleuten in Kontakt. Falls die Symptome bei einem Elternteil oder nahen Verwandten beobachtet werden, sollte dies als eindeutiger Gewinn für das Kind angesehen werden; weder der Verwandte noch das Kind sollten deswegen beschämt oder verlegen sein, denn mit dem Syndrom sind viele positive Merkmale verbunden.

Schwangerschaft oder Geburt als Ursache?

In ihrem Aufsatz über das Asperger-Syndrom erwähnte Lorna Wing[7], dass fast die Hälfte aller der von ihr betreuten Fälle eine Geschichte von prä-, peri- oder postnatalen Krankheiten aufwiesen hatten, die einen Gehirnschaden verursacht haben könnten. Diese Beobachtung wird von neueren Studien erhärtet. In einer Studie wurde vom häufigen

Vorkommen von Schwangerschaftsto-
xikose berichtet[8], aber die Schwangerschaft kann auch ohne Probleme verlau-
fen sein.[9] Dennoch ist die Häufigkeitsrate
von Schwierigkeiten, die bei der Geburt
aufgetreten sind, hoch. Obwohl hierbei
kein einziger Faktor besonders hervor-
sticht, wird berichtet, dass bei einem
großen Teil der Kinder mit Asperger-Syndrom Krisen während der Geburt – insbesondere in den späten Phasen der Ent-
bindung – auftraten und dass außerdem
bei vielen Kindern neonatale Probleme
zu verzeichnen waren.[10]

Auch scheint das Syndrom vermehrt da
aufzutreten, wo Babys bei der Geburt zu
klein für ihr Alter und wo Mütter relativ alt waren, das heißt, über 30 Jahre.[11]
Die Untersuchung über eine Familie, die
Drillinge mit Asperger-Syndrom hat, lässt
vermuten, dass eine Schädigung des Gehirns vor, während oder nach der Geburt
der wesentliche Grund für das Syndrom
sein kann oder zumindest den Grad der
Ausprägung beeinflussen kann.[12]

Folglich können Vorfälle, die mit großer Wahrscheinlichkeit während der
Schwangerschaft, der Geburt oder der
frühen Kindheit Gehirnschäden verursachen, vermutlich in der Entstehung des
Asperger-Syndroms eine Rolle spielen.
Wir kennen drei potenzielle Ursachen für
Autismus: genetische Faktoren, ungünsti-
ge Umstände bei der Geburt und Infek-
tionen während der Schwangerschaft, die
das Gehirn des Kindes beeinträchtigt ha-

ben. Ferner muss noch erforscht werden,
ob das Asperger-Syndrom auch die Folge
spezifischer viraler oder bakterieller In-
fektionen – vor oder kurz nach der Geburt – sein kann.

Ist ein spezieller Gehirn-bereich funktionsgestört?

Vieles spricht für die Vermutung, dass
der Frontallappen und der Temporallap-
pen des Gehirns dysfunktional sind. Das
ergaben Studien, bei denen eine Reihe
neurophysiologischer Tests sowie Kern-
spintomografietechniken durchgeführt
wurden. Studien, bei denen die mo-
dernste Technologie zum Einsatz kam, legen nahe, dass es ziemlich genau lokali-
sierbare Bereiche der Frontallappen gibt
– insbesondere die mediale Frontalre-
gion – die, wenn sie in der frühen Kindheit geschädigt werden, ein Muster von
Verhaltensweisen und Merkmalen des
Asperger-Syndroms zur Folge haben können.[13] Ich kenne zudem mehrere Fälle,
wo das Kind eine angeborene Anomalie
der Frontallappen hat. Auch nimmt man
nach dem gegenwärtigen Forschungs-
stand an, dass beim Asperger-Syndrom
eine kortikale Dysfunktion der rechten
Gehirnhälfte besteht, ähnlich wie bei einem Syndrom mit dem Namen Nonverbale Lernbehinderung (NLB).[14] Das heißt,
die Wissenschaft nimmt an, dass beim
Asperger-Syndrom spezifische Bereiche
oder Strukturen des Gehirns dysfunktional sind.

Können Eltern das Syndrom verursacht haben?

Widersprechen sollte man der Meinung, das Asperger-Syndrom sei die Folge einer unzureichenden elterlichen Betreuung, Misshandlung oder Vernachlässigung. Leider kann es geschehen, dass Eltern anfangs denken, das Verhalten habe etwas mit ihrer Erziehung oder ihrem eigenen Charakter zu tun. Doch am Ende erkennen sie, dass mit dem Kind etwas nicht in Ordnung ist und der Fehler nicht bei ihnen liegt. Dennoch nehmen Verwandte, Freunde und fremde Menschen immer wieder an, die mangelhafte Betreuung der Eltern sei dafür verantwortlich.

Das Familienleben wird vom Syndrom bestimmt

Wenn Eltern ein Kind mit Asperger-Syndrom haben, so kann dies ihr soziales Leben, ihre Gespräche und die häusliche Atmosphäre rigoros verändern. Es kommt vor, dass solche Eltern ihre sozialen Kontakte einschränken, weil sie anderen Menschen immer wieder erklären müssen, warum sich ihr Kind so ungewöhnlich benimmt. Die Gespräche im Hause werden pedantisch und sind beherrscht von den häufigen Unterbrechungen und Fragen des Kindes; der ganze Haushalt wird streng reglementiert, damit sich das Kind nicht durch allzu viele Veränderungen irritiert fühlt. Die Eltern fragen sich vielleicht, ob sie ihr Kind mit dem Syndrom »infiziert« haben, obwohl

Sie brauchen sich keine Vorwürfe zu machen

Das Asperger-Syndrom wird nicht durch emotionale Traumen, Vernachlässigung oder mangelnde Liebe zum Kind hervorgerufen. Forschungsstudien haben eindeutig nachgewiesen, dass es eine Entwicklungsstörung ist, die auf eine Dysfunktion der spezifischen Strukturen und Systeme des Gehirns zurückgeht. Es kann sein, dass diese Strukturen aufgrund von Chromosomenanomalien nicht voll entwickelt sind oder während der Schwangerschaft, der Geburt oder in den ersten Lebensmonaten Schaden erlitten haben.

sie sich vor der Ankunft ihres Kindes für vollkommen normal hielten. Man fühlt sich dabei an die Worte erinnert: Wahnsinn ist erblich – man bekommt ihn von seinen Kindern. Die Lage der Eltern wird dadurch erschwert, dass so wenige Menschen echte und kritiklose Hilfe leisten. Auch in vielen Behörden vertritt man die Meinung, das Kind sei aufgrund einer emotionalen Misshandlung anders als normale Kinder.[15] Die Eltern vermeiden dann – aus Angst vor Schuldzuweisungen – den Kontakt mit Stellen, die Hilfe bieten könnten, obwohl sie eigentlich in ihrer Situation vor allem Mitgefühl und Unterstützung benötigen würden.

Geht das Syndrom mit anderen Störungen einher?

Die einfache Antwort auf die Frage lautet: Ja. Die Merkmale des Asperger-Syndroms wurden auch bei Menschen mit zerebraler Lähmung, bei der Recklinghausen-Krankheit und bei tuberöser Sklerose sowie beim Tourette-Syndrom festgestellt.[16] Zu gegebener Zeit werden wir vermutlich noch andere Krankheiten entdecken, die einen Risikofaktor für das Entwicklungs- und Fähigkeitenmuster des Asperger-Syndroms darstellen.

Oft ist die andere Erkrankung leichter zu diagnostizieren, daher werden ihr alle Symptome zugeschrieben. Folglich werden manche Eltern einige Zeit warten müssen, ehe beide Erkrankungen erkannt und behandelt werden können. Hat sich die Diagnose auf Asperger-Syndrom erhärtet, sollte man mit dem diagnostischen Prozess fortfahren, um herauszufinden, ob das Kind auch noch an einer weiteren Erkrankung leidet, die mit dem Syndrom in Verbindung steht. Beispielsweise wurde in einer Studie von einem Kind berichtet, bei dem das Asperger-Syndrom diagnostiziert worden war; anschließend fand man heraus, dass es an einer tuberösen Sklerose litt.[17]

Die Eltern befinden sich im Prozess der Diagnosefindung in einer Zwickmühle: einerseits müssen sie auf die Kompetenz der Ärzte vertrauen, andererseits kann es immer wieder hilfreich sein, die Diagnose mit den eigenen Erfahrungen im Alltag und dem Befinden des Kindes abzugleichen.

Wo beginnt die normale Bandbreite?

Die normale Bandbreite der Fähigkeiten und Verhaltensweisen in der Kindheit ist ziemlich groß. Viele Kinder sind schüchtern, nicht sehr gesprächig, haben ungewöhnliche Hobbys und benehmen sich oft ein wenig linkisch. Tatsächlich können einige sogar extrem schüchtern sein.[18] Dennoch sind die Symptome des Asperger-Syndroms qualitativ unterschiedlich. Sie stehen jenseits der normalen Bandbreite und haben ein sehr charakteristisches Muster. Man weiß heute, dass die Erkrankung sich in einem nahtlosen Kontinuum vollzieht, das sich am äußersten Ende der normalen Skala auflöst. Es ist unvermeidlich, dass einige Kinder sich in einer Art Grauzone befinden, wo man sich nicht sicher ist, ob ihre ungewöhnliche Persönlichkeit und die Bandbreite ihrer Fähigkeiten die ausgeprägte Qualität haben, die in eine Diagnose passen. Diese Kinder haben eine »Andeutung« der Erkrankung. Dennoch können die Strategien, die für Kinder mit Asperger-Syndrom entwickelt wurden, auch bei solchen Kindern in abgewandelter Form angewandt werden. Es ist auffällig, dass sie mithilfe solcher Förderprogramme bemerkenswert schnelle Fortschritte machen.

Kann eine Sprachstörung die Ursache sein?

Wenn ein kleines Kind Schwierigkeiten damit hat, die Sprache der anderen Kinder zu verstehen, und nicht so gut wie seine Altersgenossen sprechen kann, dann wäre es durchaus denkbar, dass es Interaktionen und freies Spiel meidet, da die Sprache ein integraler Bestandteil solcher Aktivitäten ist. Oberflächlich betrachtet kann das Kind Merkmale haben, die auf das Asperger-Syndrom hinweisen. Doch ein Kind mit diesem Syndrom hat komplexere und gravierende soziale Beeinträchtigungen als sekundäre Schüchternheit oder Rückzugstendenzen und beschäftigt sich gewöhnlich sehr intensiv mit einem speziellen Interesse; zudem hat es ein größeres Bedürfnis nach Routinen. Kinder mit einer Sprachstörung werden in dem Maße motivierter und fähiger im freien Spiel sein, wie sich ihre Sprachfertigkeiten und ihr Selbstvertrauen verbessern.

Semantisch-pragmatische Sprachstörung

Das Asperger-Syndrom wird als Teil des autistischen Kontinuums oder Spektrums angesehen, und es gibt nur eine Sprachstörung, die an dieses Kontinuum grenzt oder sich teilweise mit ihm deckt. Die semantisch-pragmatische Sprachstörung beinhaltet viele Sprachmerkmale des Asperger-Syndroms und kann in einen abgeschwächten Ausdruck des Syndroms übergehen.[19] Die gewöhnlichen Merkmale sind Echolalie, geringe Eloquenz, ungewöhnliche Prosodie, Schwierigkeit, sich auf die Perspektive anderer Menschen einzustellen, (oberflächlich gesehen) richtige Syntax mit sonderbarem oder unangemessenem semantischem Inhalt. Solche Kinder können ebenfalls sehr einseitige, monotone Interessen besitzen, und sie legen beim Spielen ein merkwürdiges Verhalten an den Tag.

Es sind allerdings im Vergleich zu dem Kind, das unter dem Asperger-Syndrom leidet, nur relativ geringfügige Beeinträchtigungen in den sozialen, kognitiven, bewegungsmäßigen und sensorischen Fähigkeiten zu verzeichnen. Solche Kinder mögen auf den ersten Blick den Kindern mit Asperger-Syndrom ähneln, aber mit fortschreitender Entwicklung des Kindes werden die Unterschiede deutlicher. Solche Kinder benötigen die Hilfe von Sprachtherapeuten, um ihre Sprachfertigkeiten zu verbessern, und zudem einige der Förderprogramme, die auch für Kinder mit Asperger-Syndrom zusammengestellt wurden.

Geht das Syndrom mit ADHS einher?

Das Asperger-Syndrom und das Aufmerksamkeitsdefizit-Syndrom sind zwar zwei unterschiedliche Erkrankungen, aber es ist durchaus möglich, dass ein Kind an beiden leidet.

Wie kann man sie voneinander unterscheiden? Vielleicht ist das Hauptmerkmal des Asperger-Syndroms das ungewöhnliche Profil des sozialen und emotionalen Verhaltens. Bei Kindern mit Aufmerksamkeitsdefizit-Hyperaktivitäts-Syndrom kann die Fähigkeit, kooperativ und konstruktiv mit anderen Kindern zu spielen, auffällig begrenzt sein. Doch wissen solche Kinder im Allgemeinen, wie man spielt, und sie wollen auch spielen, aber es gelingt ihnen nicht richtig. Sie können störend, destruktiv und gedankenlos sein, was dann zum völligen Zusammenbruch der Aktivität führt. Es kommt vor, dass andere Kinder sie meiden, da diese mit ihrem schlechten Betragen nichts zu tun haben wollen.

Unterschiedliches Sozialverhalten

Hingegen ist das Sozialverhalten von einem Kind mit Asperger-Syndrom qualitativ unterschiedlich und stimmt mit dem Profil überein, das im Kapitel »Sozialverhalten« (siehe Seite 29) beschrieben wurde. Zudem besitzen Kinder mit dem Aufmerksamkeitsdefizit-Syndrom ein vielfältiges Spektrum an sprachlichen Fertigkeiten und Interessen, wohingegen Kinder mit Asperger-Syndrom ein eher eingeschränktes Sprach- und Interessenprofil aufweisen. Ihre Interessen sind meist idiosynkratisch und einsam, im Gegensatz zu Kindern mit Aufmerksamkeitsdefizit-Syndrom, deren Interessen eher denen der Kinder ihrer Altersgruppe entsprechen.

Kinder, die an beiden Erkrankungen leiden, haben eine Vorliebe für Routinen und Übersichtlichkeit. Sie können sensorische Empfindlichkeiten aufweisen und Probleme mit der motorischen Koordination haben.

Unterschiedliches Konzentrationsvermögen

Was die Konzentration betrifft, so sind Kinder mit dem Aufmerksamkeitsdefizit-Syndrom nur begrenzt fähig, aufmerksam zu sein. Das kann entsprechend der Aktivität, Motivation und den Umständen variieren, aber praktisch immer ist ein Defizit bei anhaltender Aufmerksamkeit zu verzeichnen. Beim Asperger-Syndrom kann der Konzentrationsumfang sehr unterschiedlich sein; er ist gering, wenn es um soziale Aktivitäten geht, kann jedoch bemerkenswert groß sein, wenn sich das Kind für ein bestimmtes Thema oder für einen Menschen interessiert. Hier besteht das Problem mehr in der Motivation als in einer niederen, festgesetzten Obergrenze für anhaltende Aufmerksamkeit.

Beide Erkrankungen können mit Impulsivität einhergehen, aber dieses Merkmal ist beim Asperger-Syndrom gewöhnlich kaum ein Problem. Das Kind, das am Aufmerksamkeitsdefizit-Syndrom leidet, hat tendenziell Probleme mit organisatorischen Fertigkeiten, das heißt, es hat Schwierigkeiten, etwas zu beginnen, wechselt von einer unbeendeten Ak-

Gemeinsamkeiten beider Syndrome

Christopher Gillberg und seine Kollegen in Schweden untersuchten Kinder mit Störungen der Aufmerksamkeit, der motorischen Koordination und der Wahrnehmung – wir sprechen vom sogenannten DAMP-Syndrom – und fanden in dieser Gruppe Kinder mit Asperger-Syndrom.[20] Neuere Forschungen lassen darauf schließen, dass eines von sechs Kindern, die am Asperger-Syndrom leiden, auch eindeutige Symptome des Aufmerksamkeitsdefizit-Hyperaktivitäts-Syndroms aufweist.[21] Beide Syndrome mögen spezifische Unterschiede haben, aber sie besitzen auch einige Ähnlichkeiten und Gemeinsamkeiten, und ein Kind kann auf beides diagnostiziert werden und benötigt damit auch eine Behandlung für beide Syndrome.

tivität zur nächsten und ist dabei leicht vergesslich. Beim Asperger-Syndrom schließt das Profil ungewöhnliche Aspekte der organisatorischen Fertigkeiten mit ein, wie unkonventionelle Maßnahmen, Probleme zu lösen, und Inflexibilität; doch im Allgemeinen sind diese Kinder sehr logisch, wollen eine begonnene Aktivität auch zu Ende führen und können Informationen gut abrufen.

Ist es eine Form der Schizophrenie?

Hans Asperger dachte zuerst, dass Kinder mit »autistischer Psychopathie« (sein ursprünglich verwendeter Fachausdruck für das Asperger-Syndrom) ein Leiden hätten, das sich zur Schizophrenie hin entwickeln würde. Dies ist nunmehr mehr als 50 Jahre her, und die Kenntnisse über die Schizophrenie waren damals äußerst begrenzt. Einige negative Anzeichen für Schizophrenie, wie Sprach- und Gedankenarmut und Affektverflachung, sind sehr ähnlich.[22] Hans Asperger betreute 200 Kinder, die an dem Syndrom litten, und nur eines wurde später schizophren.[23] Neuere Untersuchungen über Erwachsene mit Asperger-Syndrom legen die Annahme nahe, dass höchstens fünf Prozent Anzeichen für Schizophrenie entwickeln.[24]

Ich habe erwachsene Patienten betreut, die mit der Diagnose »atypische Schizophrenie« von psychiatrischen Kliniken an mich überwiesen wurden, die jedoch bei näherer Untersuchung die Entwicklungsgeschichte und das Fähigkeitsprofil eines Erwachsenen mit Asperger-Syndrom aufwiesen. Können die Symptome, oberflächlich gesehen, denen der Schizophrenie ähneln, und wie kann man wissen, wann tatsächlich Schizophrenie vorliegt?

Es gibt klare Unterschiede

Einige Jugendliche mit Asperger-Syndrom legen eine zeitweilige Minderung ihrer Fähigkeiten, gesteigerte soziale Rückzugstendenzen, einen Mangel an Interesse für persönliche Hygiene und eine intensive Beschäftigung mit ihren speziellen Interessen an den Tag. Dies könnte als eine Periode der allgemeinen Verschlechterung gedeutet werden, die dem Ausbruch der Schizophrenie stets vorausgeht. Obwohl es genaue Unterschiede zwischen Asperger-Syndrom und Schizophrenie gibt, kann in der Praxis eine Reihe einfacher Irrtümer zu einer falschen Diagnose führen.

Die vorrangigste Ursache für Stress im Leben eines Menschen mit Asperger-Syndrom ist der soziale Kontakt, und erhöhter Stress führt gewöhnlich zu Angststörungen und Depressionen. Der an Schizophrenie Leidende hat eine viel größere Palette potenzieller Stressoren als der gesunde Mensch, und wenn er übermäßig gestresst ist, entwickelt er eindeutige Symptome der Schizophrenie mit Halluzinationen und Wahnvorstellungen.

Eines der Anzeichen für Schizophrenie ist das Erleben von akustischen Halluzinationen. Allerdings ist Vorsicht geboten, wenn es darum geht festzustellen, ob tatsächlich eine Schizophrenie vorliegt. Wenn ein vom Asperger-Syndrom Betroffener von einem Psychiater gefragt wird: »Hören Sie Stimmen?«, wird er wahrscheinlich mit Ja antworten, weil er die Frage wörtlich interpretiert und ihre verborgene Bedeutung nicht versteht. Eine weitere Frage könnte nämlich lauten: »Hören Sie Stimmen von Menschen, die nicht anwesend sind?« Auch diese Frage wird unter Umständen mit Ja beantwortet. Nähere Fragen bringen dann ans Licht, dass der Patient so antwortete, weil er Menschen im Nebenzimmer sprechen hört …

Echte Schizophreniesymptome sind selten

Die klinische Erfahrung führt zu der Annahme, dass eine kleine Minderheit junger Erwachsener mit Asperger-Syndrom echte Symptome der Schizophrenie entwickelt. Doch sind solche Episoden gewöhnlich kurz und hängen häufig mit einem besonders belastenden Ereignis, etwa einer bevorstehenden Prüfung, zusammen. Sie müssen also keine Angst haben, dass es zu einem Dauerzustand wird. Falls Eltern echte Anzeichen für Wahnvorstellungen oder Halluzinationen bei ihrem Kind erkennen, so sollte der Betroffene unbedingt an einen Kinder- oder Jugendpsychiater verwiesen werden, der praktische Erfahrung mit dem Asperger-Syndrom hat.

Paranoia und Wahn

Eines der Merkmale des Asperger-Syndroms ist die Schwierigkeit, die Gedanken anderer Menschen zu verstehen. Eine Folge davon kann sein, dass der Betroffene anderen Menschen zu Unrecht böse Absichten unterstellt. Ein Vorfall ist vielleicht ein Unfall gewesen, wird aber als »absichtlich zugefügt« gedeutet. Vielleicht schnappt der Betroffene wirklich einmal einige abschätzige Bemerkungen über seine Person und seine sozialen Fähigkeiten auf. Dies kann ihn dazu bringen, so misstrauisch zu werden, dass es an Paranoia grenzt. Doch hat dies mit seinen Schwierigkeiten zu tun, eine »theory of mind« und eine wirklichkeitsgetreue Wahrnehmung der Absicht zu erwerben.

Menschen mit Asperger-Syndrom haben zuweilen ungewöhnliche Sprachqualitäten, die auf den ersten Blick den Sprach- und Gedankenstörungen ähneln, die mit Schizophrenie assoziiert werden. Solche Menschen sprechen ihre Gedanken oft in der Öffentlichkeit aus oder auch, wenn sie allein sind, zum Beispiel im Badezimmer oder auf der Toilette. Manchmal wiederholen sie dabei die Gespräche, die sie im Laufe des Tages geführt haben. Einige sprechen auch in der dritten Person, das heißt, sie verwenden nicht das Personalpronomen »ich«, sondern bezeichnen sich als er (bzw. sie). Dadurch wirkt ihr Monolog äußerst merkwürdig, vor allem, wenn das »Gespräch« starke Emotionen beinhaltet. Ein weiteres Merkmal des Asperger-Syndroms ist eine verzögerte emotionale Reifung. So können ältere Teenager und junge Erwachsene an einem Glauben ans Übernatürliche festhalten, der unreif und kindlich wirkt. Ihre Erklärungen für bestimmte Ereignisse können Zauberei und Fantasie mit einschließen, und es fällt ihnen oft schwer, Tatsachen und Erfindungen auseinanderzuhalten. Diese ungewöhnliche Sicht der Realität kann verwirrend für den Psychologen sein, der diesen Aspekt des Syndroms nicht kennt; daher betrachtet er ihn unter Umständen als Wahn.

Falsche Behandlung

Es ist also unschwer nachzuvollziehen, wie eine falsche diagnostische »Fährte« gelegt werden kann. Leider gibt es vermutlich zahlreiche Menschen, die als behandlungsresistent oder als chronisch geisteskrank – insbesondere als schizophren – diagnostiziert werden, bei denen jedoch schließlich »nur« das Asperger-Syndrom erkannt wird.[25] Die ursprüngliche Diagnose auf Schizophrenie mag zweifelhaft gewesen sein, aber zur gegebenen Zeit benötigten der Betroffene oder seine Familie professionelle Hilfe, und die psychiatrischen Einrichtungen waren die einzigen Stellen, an die man sich wenden konnte. Die Behandlung bestand vermutlich in der Verabreichung von Beruhigungsmitteln und psychologischer Betreuung; richtiger wäre es natürlich gewesen, etwas zu unternehmen, damit sich das Sozialverhalten des Patienten verändert und man ihn besser versteht.

Was ist »high-functioning autism«?

Wir wissen, dass es eindeutige Unterschiede zwischen Kindern mit Asperger-Syndrom und Autismus gibt – wie sie als Erstes von Leo Kanner definiert wurden –, und zwar in Bezug auf soziale Interaktion, Sprache und Langzeitentwicklung[26], aber unterscheidet sich das Asperger-Syndrom vom sogenannten »high-functioning autism« (autistische Personen mit hohem Entwicklungsniveau)?

Uns ist seit vielen Jahren bekannt, dass manche Kinder in ihrer frühen Kindheit die typischen Merkmale des Autismus aufweisen, später jedoch die Fähigkeit entwickeln, komplizierte Sätze zu sprechen, und dass sie grundlegende soziale Fertigkeiten und normale intellektuelle Fähigkeiten herausbilden. Diese Symptome wurden unter dem Begriff »high-functioning autism« zusammengefasst, einem Terminus, der in den Vereinigten Staaten weiterhin sehr gebräuchlich ist. Mir fiel auf, dass er vor allem auf Menschen angewendet wird, bei denen man in ihrer frühen Kindheit Autismus diagnostiziert hatte. Er wird weniger häufig bei Kindern verwendet, deren frühe Entwicklung nicht mit dem typischen Autismus übereinstimmte.

Was ist der Unterschied zwischen diesen beiden Begriffen, und beschreiben sie wirklich verschiedene Merkmale? Zahlreiche Studien haben untersucht, ob zwischen beiden unterschieden werden kann.[27] Zum gegenwärtigen Zeitpunkt legen die Ergebnisse nahe, dass kein bedeutsamer Unterschied zwischen beiden vorzuliegen scheint. Sie haben mehr Gemeinsamkeiten als Unterschiede.

Pragmatische Diagnosestellung

Sowohl der Autismus als auch das Asperger-Syndrom befinden sich in demselben nahtlosen Kontinuum, und es wird immer Kinder in einer Grauzone geben, bei denen man nicht weiß, ob der Begriff wirklich angebracht ist. Zur gegebenen Zeit werden wir imstande sein, die Grenzen zwischen Autismus und Asperger-Syndrom zu erkennen. Gegenwärtig empfiehlt sich wohl eine eher pragmatische Vorgehensweise: Stellen Sie die Diagnose, die dem Kind die entsprechende Förderung ermöglicht.

Der Begriff »high-functioning autism« (HFA) wurde eine Zeit lang in den englischsprachigen Ländern verwendet und dient einigen Fachleuten auch weiterhin als bevorzugtes Diagnose-Etikett. Das hat mit einer ganzen Reihe von Faktoren zu tun, vor allem mit der Politik der staatlichen Organisationen, die die Förder- und Betreuungseinrichtungen zur Verfügung stellen, und mit einem Mangel an Kenntnissen und Schulung in der Diagnose des Asperger-Syndroms. Manche Behörden stellen ohne Weiteres Mittel für ein Kind zur Verfügung, das auf Autismus diagnostiziert wurde, erkennen jedoch das

Asperger-Syndrom (und die damit verbundenen Ansprüche) nicht an. Daher kommt es vor, dass Fachleute den Begriff nur ungern verwenden, weil es den Zugang zu den Förderstellen verzögert, ja sogar verhindern kann. Weitere Faktoren sind die fehlende Literatur über das Asperger-Syndrom, die mangelnde diesbezügliche Ausbildung für Fachleute sowie der Konservatismus mancher Menschen. Daher kann ein und dasselbe Kind in einer Gegend auf high-function autism und in einer anderen auf Asperger-Syndrom diagnostiziert werden.

Drückt sich das Syndrom bei Mädchen anders aus?

Bei den Überweisungen für eine diagnostische Beurteilung besteht ein Jungen-Mädchen-Verhältnis von 10 zu 1.[28] Dennoch zeigen die epidemiologischen Fakten, dass das Verhältnis bei 4 zu 1 liegt.[29] Warum werden nur so wenige Mädchen auf das Syndrom hin diagnostiziert? Ich habe festgestellt, dass Jungen im Allgemeinen in größerem Umfang soziale Defizite und ein sehr ungleichmäßiges Profil ihrer sozialen Fähigkeiten aufweisen und eine Tendenz zu störendem und/oder aggressivem Verhalten haben, vor allem, wenn sie frustriert oder gestresst sind. Diese Charakteristika fallen vermutlich zuerst Eltern und Lehrern auf, die dann von einem Spezialisten wissen wollen, warum das jeweilige Kind sich so ungewöhnlich verhält.

Hingegen neigen Mädchen eher dazu, sich in das soziale Zusammenspiel einzufügen; auch besitzen sie ein gleichmäßigeres Profil sozialer Fertigkeiten. Mir ist aufgefallen, dass Mädchen mit Asperger-Syndrom auch eher imstande sind, sozialen Handlungen zu folgen, und zwar durch verzögerte Nachahmung. Sie beobachten die anderen Kinder und imitieren sie dann; doch sind ihre Handlungen weniger gut getimt und auch weniger spontan. Eine Studie über die geschlechtsspezifischen Unterschiede beim Autismus erhärtet diese bislang nicht ganz gesicherte Annahme.[30]

Mädchen mit diesem Syndrom werden eher für unreif als für seltsam gehalten. Ihre speziellen Interessen sind häufig keineswegs so auffällig wie bei den Jungen. Daher könnte man sie als »unsichtbar« bezeichnen – sie sind sozial isoliert, leben in ihrer Fantasiewelt, aber sie üben keinen störenden Einfluss auf die Klasse aus. Obwohl Mädchen vermutlich weniger oft auf Asperger-Syndrom diagnostiziert werden, besteht eine größere Gefahr, dass sie still vor sich hin leiden.

Schwierigkeiten in der Adoleszenz

Im Falle der Mädchen ist von Bedeutung, dass sich während ihrer Adoleszenz die Basis für Freundschaften ändert. Die Freundschaft beruht nun nicht mehr auf gemeinsamen Spielen, sondern auf Gesprächen, die vornehmlich von Erfahrungen, Beziehungen und Gefühlen handeln.

Manchmal möchte eine Heranwachsende mit Asperger-Syndrom weiterhin die Spiele spielen, die sie in der Grundschule oder auf dem Spielplatz spielte, und beginnt, ihre Kontakte zu früheren Freunden nach und nach aufzugeben, da die beiderseitigen Interessen auseinanderdriften.

Auch stellt sich ein neues Problem, mit dem das junge Mädchen nun fertig werden muss: die Annäherungsversuche der gleichaltrigen Jungen. Die Betroffene ist zwar in der Lage, Gespräche zu führen, aber ihre Vorstellungen von Romantik und Liebe sowie von körperlicher Intimität sind verwirrend und für andere oft abstoßend. Einige Mädchen im Teenageralter berichteten, dass sie, um in soziale Aktivitäten mit einbezogen zu werden, eine Art Maske trügen. Auf ihre Klassenkameraden machten sie somit einen stets lächelnden Eindruck, aber hinter der Maske litten sie an Ängsten und Selbstzweifeln. Sie wollen dabei sein und

anderen Menschen gefallen, aber sie können ihre inneren Gefühle nicht in der Öffentlichkeit zeigen.

Mädchen haben eine bessere Langzeitprognose

Ich habe Mädchen mit den typischen Symptomen des Asperger-Syndroms in den Grundschuljahren beobachtet, die sich am Autismus/Asperger-Syndrom-Kontinuum entlang bewegten, bis zu einem Punkt, wo die gebräuchlichen Diagnosekriterien nicht mehr auf die subtileren Probleme anwendbar waren, mit denen sie konfrontiert waren. Meine klinische Erfahrung lässt darauf schließen, dass Mädchen eine bessere Langzeitprognose haben als Jungen. Sie scheinen eher in der Lage zu sein zu lernen, wie man mit anderen Menschen umgeht, und ihre Schwierigkeiten bereits in einem frühen Alter zu verbergen. Das wird durch das folgende Gedicht von Vanessa Regal illustriert.

....

Vanessa

Die Falten ausbügeln

>> *Das Leben war einst ein einziges Durcheinander.*
Wie fehlende Figuren in einem Schachspiel.
Wie ein unfertiges Muster für ein Kleid.
Wie Nein sagen, aber Ja meinen.
Wie mehr wollen und weniger bekommen.
Aber langsam streiche ich es glatt.

Das Leben war einst eine knittrige Falte.
Wie deins sagen, aber meins meinen.
Wie sich krank fühlen, aber sagen: Ich bin o. k.
Wie Milch bestellen, aber Wein bekommen.
Wie einen Baum sehen, aber Weinstock sagen.
Aber langsam streiche ich es glatt.

Das Leben ist jetzt klarer.
Der Wirrwarr löst sich.
Und Hoffnung naht.
Natürlich sind da noch Dellen vor mir.
Aber ich betrachte sie nicht mehr mit Furcht.
Nach vierzehn Jahren haben sich die Wirren geglättet. ◄●

Wie kann man die Angst eines Menschen verringern?

Jeder soziale Kontakt kann beim vom Asperger-Syndrom Betroffenen Angst hervorrufen, da er nicht weiß, wie er den Kontakt anfangen, aufrechterhalten und die Aktivität und das Gespräch danach wieder beenden soll. Die Schule wird zu einem sozialen Minenfeld; jeden Augenblick kann man seinen Fuß auf eine falsche Stelle setzen. Die natürlichen Veränderungen in den Alltagsroutinen und Erwartungen verursachen große Nöte, zumal bestimmte sensorische Erlebnisse unerträglich sein können. All diese Faktoren machen einen Menschen furchtsam.

Bei einigen fluktuiert der Grad der Angst; sie kommt in »Wellen«, mit Zeiten großer Panik, auf die dann Perioden relativer Ruhe folgen. Man hat den Eindruck, dass er inhärente Angstgefühle hat, die sich geradezu einen Grund suchen. Sobald diese durch rationale Erklärungen aus der Welt geschaffen wurden, sucht sich die Angst einen neuen Nährboden. Manchmal werden Betroffene mit ihrer Angst fertig, indem sie sich auf ihr Spezialinteresse konzentrieren, und das Ausmaß, in dem sie dies tun, entspricht dem Ausmaß ihrer Angst.

Je angsterfüllter der Mensch ist, desto intensiver betreibt er sein Spezialinteresse. Wenn er Angst hat, beharrt er noch stärker auf der Einhaltung seiner Routinen. Bei akuten Angstzuständen treten die Merkmale des Asperger-Syndroms besonders stark zutage; wenn der Betroffene jedoch glücklich und entspannt ist, bedarf es möglicherweise großer Sachkenntnis, um die Anzeichen überhaupt zu erkennen.

Greifen Sie bei Angst ein

Bei schwach ausgeprägten Ängsten kann sich ein einfaches Stressmanagement-Programm als wirksam erweisen. Eltern und Lehrer sollten das Programm einleiten, sobald sie beim Kind die Anzeichen für zunehmende Angst bemerken. Möglicherweise schaukelt das Kind sanft hin und her oder fällt durch sein rigides Denken auf. Unter Umständen ist auch bekannt, dass gewisse Ereignisse Angst auslösen, beispielsweise die Ungewissheit, ob ein mit Spannung erwartetes Ereignis stattfinden wird – eine Geburtstagsparty oder eine Prüfung in der Schule. Wenn innere oder äußere Anzeichen eine nahe bevorstehende oder zunehmende Angst anzeigen, dann gibt es mehrere Möglichkeiten: Sie können Aktivitäten vorschlagen, die Entspannung, Leistung oder Ablenkung fördern, oder Aktivitäten, die körperliche Energie erfordern, damit Spannung und Angst »aufgezehrt« werden.

Entspannung kann zum Beispiel durch das Hören von geeigneter Musik gefördert werden (d. h. nicht durch harten Rock), durch das Bereitstellen eines »Zufluchtsortes«, an dem der Betroffene nicht gestört werden kann, und durch die Anwendung von Entspannungsmaßnahmen wie Massagen, tiefes Atmen und positives Denken. Auch die intensive Beschäftigung mit seinem Spezialinteresse kann dem Menschen helfen, sich abzulenken und zu entspannen. Eine andere Möglichkeit ist, das Kind zu irgendeiner Leistung am Computer anzuspornen oder es auf andere Gedanken zu bringen, indem man mit ihm über Schulfächer spricht, die es interessant findet und die ihm leichtfallen, oder auch, indem man es animiert, sich durch Aktivitäten wie Aufräumen abzulenken, damit Ordnung und Symmetrie wiederhergestellt werden.

Körperliche Aktivität kann helfen

Wenn ein Mensch sehr ängstlich oder erregt ist, kann es auch angesagt sein, eine Aktivität in Angriff zu nehmen, die körperliche Anstrengung erfordert. Für kleine Kinder könnte dies das Schaukeln oder das Springen auf dem Trampolin, Radfahren oder Spazierengehen sein. Gibt es einen Hund im Haus, so wird er den kleinen Ausflug begrüßen. Teenagern kann man bestimmte – mit körperlichem Einsatz verbundene – Aufgaben in Haushalt oder Garten vorschlagen.

Das Springen auf einem Trampolin ist für alle Altersgruppen empfehlenswert. Eine Frau mit Asperger-Syndrom litt unter chronischen Angstzuständen und erklärte, sie fühle sich nach ihrem Arbeitstag »in Hochspannung«. Als wir uns darüber unterhielten, welche körperlichen Aktivitäten sie ausführen könne, sagte sie, sie würde furchtbar gerne auf einem Trampolin springen, könne dies aber nicht tun, da sie das Gefühl habe, ihre Nachbarn würden sie dann für verrückt oder exzentrisch halten. Es lag ihr sehr viel daran, dass man sie für »normal« hielt. Wir schlugen ihr vor, sie solle den anderen erklären, dies gehöre zu ihrem Fitness- und Diätprogramm, das der Arzt ihr verschrieben habe. Mithilfe dieser »Verordnung« konnte sie sich dann dieser Aktivität hingeben, die sie aufregend und therapeutisch zugleich fand.

Sozialer Kontakt ist Stress

Diese Strategien sind einfache Methoden, um mit Angst und Stress umzugehen, aber für Menschen, die vom Asperger-Syndrom betroffen sind, ist die anstrengendste Aktivität überhaupt, mit anderen Menschen Umgang zu pflegen. Wenn der Kontakt mit anderen für ein Kind zum Stressfaktor wird, dann bietet sich an, es von einem Teil der Schulaktivitäten zu befreien oder die Zeit, die es im Klassenzimmer verbringt, zu reduzieren. Andere Kinder genießen die sozialen und unstrukturierten Aspekte, die mit den Pausen einhergehen, aber für das Kind mit Asperger-Syndrom sind solche Zeiten meist belastend. Einerseits ist es wichtig, dass es lernt, mit anderen zu spielen, andererseits kann sich der Stress während der folgenden Schulstunden negativ auf sein Angstniveau, seine Kompetenz und seine Toleranz auswirken.

Daher hat es sich bei einigen Kindern bewährt, wenn man sie in der ersten Hälfte der Pause mit den anderen Kindern spielen ließ, ihnen in der zweiten Hälfte jedoch die Möglichkeit gab, allein konstruktiven Aktivitäten nachzugehen – sich zum Beispiel in der Bibliothek aufzuhalten und etwas über ihr Spezialinteresse zu lesen. Nach solchen entspannenden Betätigungen ist das Kind dann besser imstande, mit den sozialen Aspekten des Schulunterrichts umzugehen.

Kleine Kinder – und sogar manche Teenager und Erwachsene – brauchen im Laufe des Tages immer wieder »Inseln der Einsamkeit«. Candy erklärte, dass sie sich während ihrer Arbeit darüber Sorgen mache, wie sie wohl in der Pause mit den anderen zurechtkäme; aber sie fand eine Lösung: »Kreuzworträtsel sind ein wahrer Segen – denn wenn man während der Pause darin vertieft ist, so bleiben die Leute auf Distanz.« Der Lehrer kann dem Kind auch spezifische Aufgaben auftragen, die ihm ermöglichen, allein zu sein, beispielsweise das Kind mit einer Mitteilung zum Schulsekretariat schicken. Vielleicht enthält der Umschlag nur die Anweisung für die Sekretärin, dem Kind dafür zu danken, dass es die Mitteilung überbracht hat, und es in seine Klasse zurückzuschicken.

Manche Kinder haben Angst, einen ungeschickten Eindruck zu hinterlassen oder im Zentrum der Aufmerksamkeit zu stehen, und fragen daher den Lehrer nur ungern vor allen anderen um Hilfe. Wenn das Kind Angst hat, um Hilfe zu bitten, dann kann ein »Geheimcode« zwischen Kind und Lehrer vereinbart werden, beispielsweise, dass das Kind einen bestimmten Gegenstand (z. B. einen Bleistiftspitzer) auf seinen Schreibtisch legt, womit es signalisiert, dass es Hilfe benötigt. Der Lehrer kann dann Hilfestellung leisten, ohne das Kind dem Gefühl auszusetzen, es sei auffällig.

Alternative Unterrichtsmöglichkeiten

Auch gelingt es zuweilen, die Angst der Kinder zu verringern und ihre schulischen Leistungen zu verbessern, indem man während des Schuljahres Pausen einlegt, die Kinder nicht an allen Unterrichtsstunden teilnehmen lässt oder sie zu Hause unterrichtet. Eltern und Lehrer merken vielleicht, dass ein Schuljahr zu lang für ein Kind ist und dass es Anzeichen für chronische Angstzustände zeigt. So wie ein Kind, das körperlich krank ist, ein paar Tage von der Schule abgemeldet wird, so braucht das Kind mit Asperger-Syndrom möglicherweise ein paar Tage, um sich auszuruhen, damit es bis zum Ende des Schuljahres durchhält. Manche Kinder nehmen nur an einigen Schulstunden teil und kehren danach nach Hause zurück.

Bei gravierenden Angstzuständen hat es sich bewährt, das Kind gänzlich zu Hause zu unterrichten, insbesondere wenn es sich um Teenager handelt. Jeder Antrag auf Hausunterricht muss sorgfältig geprüft werden; zum einen sollte man sicherstellen, dass ausgebildete Lehrer zur Verfügung stehen, zum anderen sollte man verhindern, das Kind vollkommen von den anderen Kindern zu isolieren. Dennoch kann diese Methode eine konstruktive Alternative zu starken Medikamenten oder einer möglichen Einweisung in eine psychiatrische Anstalt sein. Die Entscheidung für den Hausunterricht hat sich besonders bei manchen Teenagern mit einer sekundären Diagnose, wie einer Depression oder einer Zwangsstörung, als vorteilhaft erwiesen.

Medikamente können helfen

Längere Perioden von schweren Angstzuständen können zu einem sekundären psychiatrischen Leiden, wie einer Zwangsstörung, führen. Zum Beispiel entwickelt der Betroffene den Zwang, sich aus Angst vor Ansteckung andauernd die Hände zu waschen. Diese Handlungen sind ein Mittel zur Verringerung der Angst. Falls das Ausmaß der Angst sehr groß ist, ist professionelle Hilfe eines Psychiaters oder eines klinischen Psychologen erforderlich. Es gibt eine ganze Reihe von Medikamenten gegen Angststörungen, die von Menschen mit Autismus und Asperger-Syndrom eingenommen werden.[31]

Temple[32]

Meine Angst wurde durch Antidepressiva gelindert

》 *Kurz nachdem ich meine erste Regelblutung bekommen hatte, begannen die Angstattacken. Sie waren wie eine Art ständiges Lampenfieber. Ich sage oft zu anderen Leuten: Stellen Sie sich vor, wie Sie sich gefühlt haben, als Sie einmal etwas taten, was wirklich Angst in Ihnen auslöste – beispielsweise eine Abschlussprüfung. Und nun stellen Sie sich vor, wie es wäre, wenn Sie sich fast immer – grundlos – so fühlten. Mein Herz klopfte, meine Hände waren schweißnass und meine Bewegungen unruhig.*

… Die Nervosität hatte einen bestimmten Tageszyklus und war schlimmer am späten Nachmittag und am frühen Abend. Am späten Abend und am frühen Morgen ließ sie nach. Auch war sie im Frühling und im Herbst tendenziell schlimmer.

… Ich las in der medizinischen Bibliothek, dass Antidepressiva sich bei der Behandlung von Patienten mit endogenen Angst- und Panikstörungen bewährt hatten … Diese Tabletten haben mein Leben verändert.«[33] 《

Schwere Angstzustände, die mit Depressionen und rituellen Verhaltensweisen verbunden sind, können durch eine ganze Reihe von Medikamenten erheblich verringert werden: den Selektiven Serotonin-Reuptake-Hemmern.

Kognitive Verhaltenstherapie und Desensitivierung

Auch eine kognitive Verhaltenstherapie kann dazu beitragen, sowohl schwere Angst- und Panikattacken als auch Ängste zu behandeln, die mit ganz spezifischen Situationen wie Prüfungen verbunden sind oder angesichts von bestimmten Gegenständen oder Tieren ausgelöst werden. In der Therapie arbeitet man daran, die Art und Weise zu ändern, in der der Betroffene über Angst denkt und auf sie reagiert. Die Angst wird etwa so behandelt wie die eines Menschen, der an einer Phobie leidet. Furcht vor bestimmten Tieren kommt ziemlich häufig vor; viele Leute ängstigen sich vor Schlangen, Spinnen, Ratten usw. Kinder mit Asperger-Syndrom können sich vor Hunden fürchten, nicht aus Angst, von ihnen angefallen zu werden, sondern wegen des Bellens, das sie als zu laut und unerträglich empfinden. Manche Kinder mit dem Syndrom können Ängste vor unbeseelten Objekten, wie Schaufensterpuppen oder Zimmerpflanzen, entwickeln. Das betroffene Kind reagiert dann vollkommen panisch auf diese Objekte, kann jedoch nicht erklären, warum sie so erschreckend wirken.

Wird ein Mensch wegen seiner Angst vor Spinnen behandelt, so fordert man ihn auf, sich zu entspannen und sich in einigem Abstand eine tote Spinne vorzustellen und trotzdem – mithilfe der Ermutigung des Psychologen – entspannt zu bleiben. Nach und nach gewöhnt sich der Betroffene daran, an große Spinnen zu denken, schließlich sogar daran, in ihrer Nähe zu sein, bis die Angst einen normalen Grad erreicht hat. Diese Methode wird Desensitivierung genannt und wurde bei Kindern mit Asperger-Syndrom erfolgreich angewandt.

Methoden zur Angstkontrolle

Eine andere Methode, die sich mehr auf das Denken oder auf kognitive Fertigkeiten stützt, besteht darin, dem Kind zu erklären und zu demonstrieren, dass es seine Angst kontrollieren kann. Diese Behandlung erfordert die Sachkenntnis eines in kognitiver Verhaltenstherapie ausgebildeten Psychologen sowie eine Modifizierung dieser Therapie, indem mehr Gewicht auf geistige Vorstellungen und Bilder als auf verbale Gedankengänge gelegt wird. Beispielsweise kann das Kind mit dem Bleistift ein einfaches Porträt von sich selbst zeichnen, mit einer Gedankenblase, die seine Angst darstellt. Es kann mit einem Radiergummi den Inhalt der Blase ausradieren und ihn durch einen anderen, angenehmeren Gedanken ersetzen. Es ist somit besser imstande zu erfassen, was es bedeutet, seine Gedanken zu ändern. Auch wenn diese einfache Methode der Desensitivierung von Eltern oder Lehrer durchgeführt werden kann, sind beide Behandlungsprogramme zeitaufwendig – jedoch einer ausschließlichen Behandlung durch angstverringernde Medikamente in jedem Fall vorzuziehen.

Bei einem Kind, das sich vor Zimmerpflanzen fürchtete, wählten wir einen Zeitpunkt, an dem es entspannt war – am Abend, nachdem es ein Bad genommen hatte –, und ermunterten es, eine sehr kleine Zimmerpflanze zu akzeptieren – anfangs am anderen Ende seines Zimmers, dann auf einem Tisch neben ihm. Dieses einfache Verfahren verringerte seine Angst, aber wir wurden vor ein Problem gestellt, das bei Kindern mit Asperger-Syndrom häufig zu beobachten ist: die Schwierigkeit, das eben Gelernte auf eine andere Situation zu übertragen. Seine Mutter erklärte dies ziemlich treffend: »Er findet sich mit dieser einen Pflanze ab, an die Sie ihn gewöhnt haben, aber jede neue Pflanze macht ihn verrückt.« Dennoch konnte ein gewisser Erfolg erreicht werden, indem man das Kind in einer solchen Situation etwas Leckeres essen ließ, wie Schokolade oder Eis, oder indem man es animierte, in Verbindung mit dem gefürchteten Objekt oder der gefürchteten Situation positive Gedanken zu entwickeln.

Wie groß ist die Gefahr einer Depression?

In Lorna Wings Aufsatz[34] vermerkte sie die ausgeprägte Häufigkeit von Depressionen und affektiven Störungen bei Erwachsenen mit Asperger-Syndrom. Die klinische Erfahrung hat ebenfalls bestätigt, dass diese Gruppe einem größeren Risiko unterliegt, eine Depression zu bekommen: Bis zu 15 Prozent der Erwachsenen erlebten einmal eine depressive Phase[35]; zudem besteht bei ihnen Selbstmordgefahr.[36] In der frühen Kindheit denkt der Betroffene weniger darüber nach, ob er sich von anderen Kindern unterscheidet. Sein Leben dreht sich um seine Familie und die Schule, daher ist der soziale Kontakt zu anderen nur bedingt von Bedeutung.

Soziale Isolation

Doch während der Adoleszenz entwickeln betroffene Kinder mehr Interesse am Umgang mit anderen. Sie sind sich gleichzeitig ihrer Schwierigkeiten bewusst. Auch das am wenigsten intelligente Kind der Klasse kann in sozialer Hinsicht begabt und ein Anführer und Spaßmacher sein; doch ein Kind mit Asperger-Syndrom wird trotz seiner intellektuellen Fähigkeiten – wenn es versucht, Freunde zu haben, im Mittelpunkt der Aufmerksamkeit zu stehen oder Witze zu erzählen – ausgeschlossen, verspottet oder lächerlich gemacht. Dies ist die häufigste Ursache für Depressionen: Das Kind möchte wie die anderen sein und Freunde haben, aber es weiß nicht recht, wie es das anstellen soll. Folglich kann die Ursache für die Depression eine verständliche Reaktion sein.

In manchen Fällen liegt jedoch eine biologische Prädisposition vor. Forschungsstudien lassen darauf schließen, dass in Familien, die ein autistisches oder an Asperger-Syndrom leidendes Kind haben, eine etwas höhere Häufigkeit von Depression oder manischer Depression (bipolarer affektiver Störung) zu verzeichnen ist.[37]

Depression und Aggression

In den meisten Fällen treten dabei die typischen Symptome einer Depression zutage, mit offenkundigen Veränderungen in Stimmung, Appetit, Schlaf, mit Suizidgedanken und entsprechenden Handlungen. Dennoch ist es möglich, dass keine Diagnose auf Depression gestellt wird, da der Betroffene häufig nur über eine begrenzte Skala emotionalen Ausdrucks verfügt und seine Affekte auch davor kaum geäußert hat.

Die Depression äußert sich daher häufig als Aggression oder Alkoholismus. Der Betroffene kann sehr introspektiv und selbstkritisch sein und Entspannung im Alkohol und unverblümten emotionalen Äußerungen suchen; er benutzt den Alkohol als »Selbstverordnung«.

Falls man den Verdacht hat, der Betroffene könne depressiv sein, sollte man ihn unbedingt an einen im Asperger-Syndrom erfahrenen Psychiater verweisen und behandeln lassen. Ich selbst habe mehrere Menschen gekannt, die sich das Leben nahmen.

Behandlung einer Depression:

Die Behandlung der Depression geschieht durch konventionelle Medikamente, sollte aber auch Programme beinhalten, bei denen den Ursprüngen der Depression auf den Grund gegangen wird – gewöhnlich sind dies unzureichende soziale Fertigkeiten, ein Mangel an Freunden und nur begrenzter Erfolg in der Schule oder in der Arbeit. Das häufige Vorkommen von Depressionen bei Erwachsenen kann die Folge von fehlendem Verständnis und mangelnder heilpädagogischer Betreuung sein, die diese Generation in ihrer Kindheit erleben musste.

Es ist anzunehmen, dass die gegenwärtige Generation der Kinder, die frühzeitig und richtig diagnostiziert wurde und von wirksamen Programmen für das Erlernen sozialer Fertigkeiten profitierte, weniger anfällig dafür ist. Sicherlich benötigt ein Mensch, der aufgrund von fehlenden Freundschaften und Arbeitslo-

sigkeit depressiv ist, Anleitungen für das Erlernen sozialer Fertigkeiten und dafür, wie er sich bei Vorstellungsgesprächen verhalten sollte; außerdem sollte er mit Menschen zusammenkommen, die seine Interessen und Werte teilen. Diese Strategien brauchen vielleicht ihre Zeit, aber sie werden verhindern, dass die Depression wiederkehrt.

Unpassender Gefühlsausdruck

Ein Merkmal des Asperger-Syndroms ist die Tendenz, bei Anlässen zu lachen oder zu kichern, wo eigentlich Verlegenheit, Unbehagen, Kummer oder Traurigkeit angebracht ist. Es ist schon vorgekommen, dass Menschen ihren Schmerz über den Tod eines Familienmitglieds durch Lachen oder durch eine Manie zum Ausdruck brachten[38] – oder auch durch völlige Teilnahmslosigkeit. Dies hat mit der Unfähigkeit zu tun, angemessene und subtile Emotionen zu zeigen. Diese ungewöhnliche Reaktion ist kein Zeichen von Gefühllosigkeit oder Geisteskrankheit. Der Betroffene braucht Verständnis und Toleranz für seine idiosynkratische Art und Weise, seinem Kummer Ausdruck zu verleihen.

Wie kontrolliert man Wut und Ärger?

Manche Menschen reagieren mit Angst, andere mit depressiven Verstimmungen, während wiederum andere mit Ärger und Wut auf frustrierende Vorfälle antworten. Einige Menschen externalisieren ihre Gefühle und geben anderen die Schuld, wenn etwas schiefläuft. Sie berichten häufig, es falle ihnen sehr schwer, ihre Wut zu kontrollieren, wie das untenstehende Gedicht von Daniel Woodhouse illustriert.

Vielleicht liegt gar kein rationaler Grund vor – es besteht einfach nur eine aggressive Stimmung oder eine übertriebene Reaktion auf eine Frustration oder Provokation. Die Provokation kann darin bestehen, dass das Kind von Gleichaltrigen gehänselt wurde. Ich habe herausgefunden, dass Kinder mit Asperger-Syndrom bei anderen den Mutter- oder den Raubtierinstinkt zu wecken scheinen. Den betroffenen Kindern mangelt es oft an Geschick, wenn es darum geht, zu kontern und sich zu wehren. Andere Kinder warten einen geeigneten Augenblick ab, um zu reagieren. Dem Kind mit Asperger-Syndrom kann es außerdem an Einfühlungsvermögen und Selbstbeherrschung fehlen, sodass es nicht in der Lage ist, maßvoll auf eine Überforderung zu reagieren. Es gerät in heftige Wut, die es in schwierige Situationen bringt. Der Lehrer sieht, dass das Kind aggressiv ist, weiß jedoch vermutlich nichts von den vorangegangenen Spötteleien, die seine Wut anstachelten.

Daniel

Meine größte Angst bin ich selbst

>> *Meine größte Angst bin ich selbst.*
Kontrolle ist niemals vollkommen: Der ständige Kampf,
sie aufrechtzuerhalten,
zehrt an meinen Kräften.
Ich bin immer müde: Ich bekomme nie genug Schlaf.
Ereignisse geschehen um mich herum, die meiner Kontrolle entgehen:
Ich tue Dinge, die mir Angst machen.
Wenn ich verwirrt oder ärgerlich oder müde bin,
mache ich Fehler und mein Körper gewinnt die Oberhand.
Es ist beängstigend, sein Leben als einen leeren Raum zu sehen.
Es bedarf einer großen Willensanstrengung, wieder die Kontrolle
zu übernehmen
und es nicht einfach geschehen zu lassen.
Ich fürchte mich vor dem, was ich fühle.
Emotionen schwächen meine Kontrolle,
ihr Griff ist dann leichter zu brechen.

Wenn ich nachdenke, nehme ich mir manchmal vor, loszulassen,
einfach alles
seinen Weg gehen zu lassen.
Es tut weh, ständig kämpfen zu müssen.
Ich will Ruhe und Frieden. ◄》

Selbstbeherrschung durch Entspannungstechniken

Im Kapitel über das Sozialverhalten habe ich bereits einige Strategien vorgestellt, mit denen man Kindern helfen kann, den Ausdruck spezifischer Gefühle zu verstehen, vor allem Wut. Eine weitere Möglichkeit ist die Förderung von Selbstbeherrschung und das Üben von anderen Reaktionen. Die Selbstbeherrschung kann durch herkömmliche Methoden verbessert werden, beispielsweise indem der Betroffene innehält und bis zehn zählt, tief durchatmet und sich selbst immer wieder auffordert, Ruhe zu bewahren.

Mit dem Kind können spezifische Entspannungstechniken geübt werden; man kann es auf die Signale hinweisen, auf die hin es sich beruhigen und entspannen muss.

Auch ist es wichtig, ihm zu erklären, dass es andere Möglichkeiten des Sichwehrens gibt als die, eine Person zu schlagen. Das Kind kann seiner Wut mit Worten statt mit Handlungen Ausdruck verleihen, einfach weggehen und sich anderweitig abreagieren, die andere Person auffordern, es in Ruhe zu lassen, oder einen Erwachsenen bitten, ihm zu helfen oder den Schiedsrichter zu spielen.

Stress reduzieren

Vielleicht hat sich das Stressniveau des Kindes über einen gewissen Zeitraum hinweg kontinuierlich erhöht, und ein Vorfall wird nun zum Auslöser, der die Gefühle ans Licht bringt, die lange unterdrückt wurden. Das zerstörerische Betragen oder der Angriff »erleichtert« den Betroffenen, da er seinen Stress im Wutanfall entladen hat. Doch dadurch wird sein Verhalten negativ verstärkt. Es trägt dazu bei, dass am Ende ein unangenehmes Gefühl zurückbleibt.

Leider haben einige Männer mit Asperger-Syndrom eine autoritäre, hierarchische Einstellung dem Leben gegenüber, bei der die Männer über die Frauen herrschen. Daher sind leicht Töchter, Schwestern oder Mütter die Zielscheibe, wenn der Betroffene wütend ist; sie fungieren dann als Mittel, Spannung und Erregung abzubauen. Auch sind sie oft weniger geneigt, sich zu wehren. Wenn der Vorfall vorbei ist, kann derjenige sichtlich entspannt sein, aber er ist bestürzt, weil alle um ihn herum so niedergeschlagen sind.

Dann sollten Sie eine Reihe von Aktivitäten kennen, mit denen man geringe Stressniveaus reduzieren kann. Musikhören kann sich dabei als sehr hilfreich erweisen. Eltern können ihr Kind auch bitten, sich zu entspannen und die Augen zu schließen, während sie eine entspannende Szene schildern, die das Kind dann visualisiert. Andere Möglichkeiten sind Massagen oder ein beruhigendes Bad und viele aufmunternde Worte. Manchmal hilft auch der Rückzug an einen stillen Ort, wo man nicht gestört wird.

Es ist nicht unbedingt zu empfehlen, die Frage zu stellen: »Was ist denn los?«, da es dem Kind schwerfallen kann, die Ursachen für seinen zunehmenden Zorn zu erklären. Wenn das Kind imstande ist, sich selbst zu beherrschen, ist es vielleicht auch in der Lage, die Gründe für seine Stimmung zu erklären; aber manchmal wird die Wut nur noch angestachelt, wenn man die Aufmerksamkeit auf die Gründe lenkt. Eltern und Lehrer lernen mit der Zeit, wann man besser nicht fragen sollte.

Wie soll man als Elternteil reagieren?

Wie aber kann man auf einen Vorfall reagieren? Zuerst einmal sollte man die Lage nicht noch mehr anheizen, indem man ebenfalls zornig wird. Eine Mutter

Alarmzeichen erkennen

Wenn ein Mensch auf diese Weise unkontrolliert Wut oder Ärger äußert, dann sind mehrere Strategien in Erwägung zu ziehen: Die erste besteht darin, eine Liste mit möglichen Anzeichen zu erstellen, die darauf hinweisen, dass der Betroffene zunehmend gestresst ist. Dies können vermehrtes Schimpfen, hochtrabende Gestik, rigides Denken und der Wunsch nach sofortiger Zufriedenstellung sein. Sobald diese Anzeichen erkannt sind, muss der Betroffene auf seine Handlungen und Verhaltensweisen aufmerksam gemacht werden. Denn häufig ist er der Letzte, der seine Stimmung bemerkt und erkennt, dass seine Toleranzgrenze abnimmt.

drückte es so aus: »Wenn ich mit ihm wütend werde, ist das so, als wenn man Benzin auf einen Grill schüttet.« Versuchen Sie also, ruhig zu bleiben – machen Sie dem Kind vor, wie es sich verhalten sollte. Wenn das Kind es erträgt, dass man über die Ursache seines Ärgers spricht, dann versuchen Sie, diese zu ergründen. Wenn es so reagiert, weil man es gehänselt hat, dann sollten beide beteiligten Parteien an der Diskussion teilnehmen. Eine Entschuldigung (manchmal von beiden Seiten) kann hilfreich sein; aber kleine Kinder sollten unbedingt lernen, die Gefühle eines anderen ehrlich und aufrichtig zu respektieren.

Falls der Grad der Erregung größer wird, empfiehlt sich eine andere Strategie: Die Spannung kann mithilfe einer Beschäftigung, die große körperliche Anstrengung erfordert, »aufgezehrt« werden. Aktivitäten wie Joggen oder Radfahren können den Betroffenen in eine optimistischere Stimmung versetzen. Ich habe herausgefunden, dass Aktivitäten, die eine »kreative Zerstörung« beinhalten, besonders effektiv sind.

Wenn der Betroffene sich besser fühlt, nachdem er etwas beschädigt oder zerstört hat, dann sollte man dafür sorgen, dass daraus eine produktive Aktivität wird. Kinder können leere Dosen und Kartonschachteln zum Recyceln zerdrücken oder alte Kleider zu Lumpen zerreißen, während Erwachsene beispielsweise Holz hacken und im Garten umgraben können.

Lernen, anders zu reagieren

Eine Strategie, die ich schon mehrfach erprobt habe, ist, dafür zu sorgen, dass ein Kind einem anderen, das es verletzt hat, etwas schenkt oder als Entschädigung etwas für das andere Kind tut. Es ist wichtig zu lernen, sowohl durch Taten als auch durch Worte Reue zu zeigen. (Vielleicht sollte das Kind die Schokoladenkekse, die es beim Mittagessen als Nachtisch bekommen hat, mit anderen teilen.)

Ferner ist es wichtig, dem Kind zu erklären, was es tun kann, wenn die gleiche Situation erneut auftreten sollte. Sagen Sie: »Wenn er dich das nächste Mal mit dem Bleistift in den Rücken sticht, dann erzähl es mir. Ich helfe dir dann, damit umzugehen.« Betroffene Kinder sind nicht sehr geschickt in der sanften Kunst des Überzeugens und können andere nur durch Einschüchterung und körperliche Stärke manipulieren. Es ist für das Kind wichtig, alternative – möglichst verbale und taktisch geschickte – Methoden zu lernen, um zu seinem Ziel zu gelangen.

Nutzen Sie die Comic-Strip-Gespräche

Für ältere Kinder können die Comic-Strip-Gespräche von Carol Gray ein probates Mittel sein, diese zu befragen und anhand des Vorfalls die Perspektive der anderen klarzumachen sowie alternative Lösungen zu erörtern. Dazu wird eine »Geschichtentafel«-Methode verwendet, mit einem Bild für jede Phase der Ereignisfolge. Die von Carol Gray entwickelte Farbenskala für die Emotionen kann dazu beitragen, Gefühle zu erklären, und das im Kapitel über das Sozialverhalten beschriebene »Barometer« kann verwendet werden, um aufzuzeigen, ob die betreffende Reaktion übertrieben war und welche Worte und Handlungen angemessener gewesen wären. Die Cartoons sollten in einer entspannten Atmosphäre gezeichnet werden. Versuchen Sie herauszufinden, was geschehen ist, und die

Gedanken und Gefühle jedes Teilnehmers zu verstehen, ohne dass sie Angst vor Beschuldigungen haben müssten, die ihre Einstellung und die Aufnahmefähigkeit beeinträchtigen könnte. Auch die Folgen des eigenen Verhaltens werden erörtert; nur weil ein Mensch das Asperger-Syndrom hat, hat er nicht das Recht, sich verantwortungslos zu benehmen. Hierbei jedoch ist es wichtig, zuerst alle Informationen und Perspektiven zu kennen, ehe geeignete Folgen erwogen werden.

Unerklärliche Ausbrüche

Es gibt einige seltene Fälle, wo es aus heiterem Himmel zu einer Aggression kommt; sie ist dann kurz und heftig und erfolgt ohne ersichtlichen Grund.[39] Diese spontanen und unvorhersehbaren Episoden bereiten Eltern große Sorgen und können mit bestimmten neurologischen Faktoren zusammenhängen, insbesondere komplexen partiellen Krampfanfällen. Falls dies der Fall ist, dann sollte der Betroffene an einen Neurologen verwiesen werden, der auf Entwicklungsstörungen spezialisiert ist, damit weitere Untersuchungen und eine entsprechende Behandlung vorgenommen werden können.

Schließlich sollte man, wenn es um die Wut geht, nicht vergessen, dass sie keine Verhaltensweise ist, die nur Menschen mit Asperger-Syndrom betrifft. Tatsächlich gibt es viele Kinder mit Asperger-Syndrom, die nahezu frei von Wut und Aggression sind, selbst wenn sie sehr provoziert werden. Solche Kinder sind dann oft körperlichen Misshandlungen ausgesetzt und werden von »Freunden« leicht ausgenutzt. Sie müssen lernen, selbstbewusst aufzutreten und mit der »Hackordnung« auf dem Spielplatz zurechtzukommen.

Wie verläuft die Adoleszenz?

Die körperlichen Veränderungen geschehen bei jungen Menschen mit Asperger-Syndrom vermutlich zur gleichen Zeit wie bei ihren Altersgenossen, aber es ist möglich, dass sie solche Veränderungen überaus verwirren. Ein Teenager sprach auch nach dem Stimmbruch (ein Begriff, der die Jugendlichen mit Asperger-Syndrom häufig noch zusätzlich verwirrt) noch mit einer sehr hohen Falsettstimme. Als er gefragt wurde, warum er in einem so ungewöhnlichen Tonfall spreche, antwortete er: »Ich mag den Klang meiner Stimme nicht.«

Mädchen und Jungen können die Neigung haben, in der frühen Pubertät eine Anorexia nervosa (Magersucht) zu entwickeln.[40] In dieser Phase kann der Betroffene sehr empfindlich auf Kritik reagieren, insbesondere hinsichtlich seiner äußeren Erscheinung, seiner sozialen Fähigkeiten und der Attribute, die bei den gleichaltrigen Kameraden als wichtig erachtet werden (z. B. ein bestimmtes Körpergewicht zu haben).

Das Syndrom kann sich verstärken

Während der hormonellen Veränderungen, die mit der Adoleszenz einhergehen, kann sich das Syndrom bei den Betroffenen noch stärker zeigen als zuvor. Die Eltern sollten dann unterstützend und geduldig sein und daran denken, dass dies eine schwierige Zeit für alle Kinder ist.

Während die Mehrheit der normalen Teenager sich auf ihre Liebesbeziehungen konzentriert und die diesbezüglichen Gepflogenheiten austestet, möchte der Teenager mit Asperger-Syndrom auch weiterhin platonische Freundschaften, hat rigide Moralvorstellungen und erstrebt vor allem gute Noten. Es ist wichtig zu erklären, dass die Wertvorstellungen und Attribute des Jugendlichen mit Asperger-Syndrom sich von denen seiner Kameraden vielleicht unterscheiden, dass es jedoch auch positive Eigenschaften sein können, die von anderen nur nicht als solche anerkannt werden. Gleichzeitig lohnt es sich aber auch, dem Betroffenen zu erklären, dass das Verhalten der anderen Jugendlichen nicht »verkehrt« ist, sondern dass sie ihrem Alter entsprechende Veränderungen durchmachen.

Diese Jugendlichen können als prüde oder als »hinter dem Mond lebend« verspottet werden. Oftmals gehen solche Menschen erst relativ spät eine feste Beziehung ein (bzw. entwickeln erst spät ein sexuelles Interesse) und legen noch bis in ihre Zwanziger »teenagermäßige« Eigenschaften an den Tag. Die emotionalen Veränderungen der Adoleszenz geschehen bei ihnen oft verspätet und ziehen sich vergleichsweise lange hin.

Setzen Sie Medikamente nur vorsichtig und zeitlich begrenzt ein

Auch Medikamente dämmen die Wut ein. Man sollte in einem solchen Fall ein schnell wirkendes Sedativum zur Hand haben. In einer besonders stressigen Periode kann die Verabreichung von Medikamenten tatsächlich angesagt sein. Doch sollte sie nur als eine zeitlich begrenzte Maßnahme verstanden werden, denn Kinder und Erwachsene, die an Autismus oder Asperger-Syndrom leiden, sind besonders anfällig für langfristige Nebenwirkungen von Sedativa, vor allem bei Antipsychotika. Eine solche Einnahme von Medikamenten kann zweckmäßig sein, muss aber für die Behandlung ganz spezifischer Symptome verschrieben und zudem wirklich regelmäßig überprüft werden; auch sollte sie von kurzer Dauer sein.

Kann ein Betroffener normale Beziehungen führen?

In der frühen Kindheit begnügen sich unter dem Asperger-Syndrom leidende Menschen oft mit der eigenen Gesellschaft und der ihrer engsten Familie. Vielleicht haben sie auch eine Abneigung gegen soziale oder körperliche Kontakte mit anderen und ziehen einsame Beschäftigungen vor.

Doch gibt es auch Kinder, die auf andere Menschen zugehen, als wären diese Familienmitglieder, und sie dementsprechend begrüßen, sich ihnen ohne Scheu nähern und sie berühren. Sie begreifen nicht, dass unterschiedliche Verhaltensregeln für die verschiedenen Arten der Freundschaft existieren. Das kann für andere sehr peinlich sein und führt zu Fehldeutungen der Signale. Auch besteht die Gefahr, dass Kinder von anderen ausgebeutet werden. Man muss ihnen von daher erklären, dass man gemeinhin unterschiedliche Beziehungen zur Familie, zu Lehrern, Freunden und fremden Menschen pflegt. Der Betroffene versteht vielleicht nicht, warum wir uns gegenüber den Menschen unterschiedlich verhalten. Hier bietet das »Freundeskreis-Programm« ein visuelles Modell und eine Anleitung.

Freundeskreis-Programm

Die Technik ist sehr einfach. Zeichnen Sie konzentrische Kreise – das heißt Kreise in Kreisen, die um einen gemeinsamen Mittelpunkt angeordnet sind wie bei einem Dartbrett – auf einen großen Bogen Papier und schreiben Sie den Namen des Kindes auf den innersten Kreis. Auf den nächsten Kreis schreiben Sie die Begrüßungen und Handlungen, die für den »inneren Kreis« des Kindes und für die Menschen innerhalb dieses Kreises angemessen sind. Dies ist gewöhnlich die engste Familie des Kindes. Angemessene Betragensweisen können Küsse, Liebkosungen und Umarmungen sein. Der nächste Kreis ist dann der weiteren Familie des Kindes und seinen engen Freunden vorbehalten. Die angemessenen Betragensweisen sind also weniger vertraulich. Der nächste Kreis gehört Freunden, Lehrern usw., und die nachfolgenden Kreise sind für Bekannte oder Fremde gedacht. Das Kind kann danach Fotos, auf denen bestimmte Menschen und Handlungsweisen abgebildet sind, in die dafür vorgesehenen Kreise legen. Diese visuelle Hilfe trägt dazu bei, eine Diskussion über die angemessenen sozialen Regeln für die unterschiedlichen Arten und Ebenen der Freundschaften zu entfachen.

Geringere Reife

Teenager mit Asperger-Syndrom können – verglichen mit ihren Klassenkameraden – in ihrer sozialen und emotionalen Reife zurückgeblieben sein. Ihre Freundschaften basieren eher auf gemeinsamen Interessen und intellektuellen Hobbys als auf Selbstoffenbarung, Liebesgeschichten und sexueller Erkundung. Auch in der Wahl ihrer Freunde können sie sich von den üblichen Gepflogenheiten ihrer Altersgenossen unterscheiden. So wird der Betroffene oft gehänselt, weil er nicht zu einer bestimmten Clique gehört und nur wenig Erfahrung auf sexuellem Gebiet hat. Auch ist er anfällig für Fehlinformationen. Möglicherweise findet das Kind den Schulunterricht dort, wo er von menschlichen Beziehungen und von Sexualität handelt, unwichtig und langweilig, vor allem, wenn es noch nicht so reif ist wie seine gleichaltrigen Klassenkameraden.

Wenn bei einem solchen Jugendlichen doch ein Interesse an einer Liebesbeziehung besteht, so sollte man ihm helfen, die Signale des anderen Menschen richtig zu deuten. Es kann durchaus sein, dass der Betroffene für jemanden schwärmt, der seine Gefühle nicht erwidert. Dies gehört natürlicherweise zum Leben eines Teenagers dazu, aber für einen Menschen mit Asperger-Syndrom ist die Sache komplizierter. Er setzt möglicherweise voraus, dass der andere genauso fühlt wie er, und nimmt die höflichen Signale gar nicht wahr, die anzeigen, dass das Interesse nicht auf Gegenseitigkeit beruht. Daher muss man den Jugendlichen auf die entsprechenden Signale hinweisen. Betroffene Jugendliche verstehen es unter Umständen nicht, wenn die Absichten eines Menschen nicht romantischer oder freundschaftlicher Natur sind. Ein Mensch mit Asperger-Syndrom wird dadurch leicht Opfer eines sexuellen Übergriffs. Ich kenne mehrere Menschen – Frauen und Männer – mit Asperger-Syndrom, die Opfer von Vergewaltigungen wurden, habe bis heute jedoch noch nie Sexualstraftäter mit Syndrom getroffen.

Intime Beziehungen

Aufgrund der verzögerten emotionalen Entwicklung und der verspäteten Aneignung sozialer Fertigkeiten haben vom Asperger-Syndrom Betroffene oft erst viel später als ihre Altersgenossen enge und intime Beziehungen. Langjährige Erfahrungen zeigen, dass nicht alle Menschen mit Asperger-Syndrom sozial isoliert und allein lebend bleiben. Ihre Partner teilen oft ihre Hobbys oder arbeiten in demselben Beruf (wo sie sich auch häufig kennenlernen).

Der Partner ist oft geschmeichelt von der Intensität, mit der der andere sich ihm widmet, und auch von seiner Zuverlässigkeit, Ehrlichkeit und Treue. Ich habe festgestellt, dass Ehepartner, die nicht dieselbe Persönlichkeit und dieselben Interessen haben, oft sehr fürsorgliche und Geborgenheit spendende Menschen sind, die alle Schwierigkeiten, die sie mit dem sozialen Leben haben, durch solches Verhalten wettmachen. Dennoch haben manche Männer, die an dem Syndrom leiden, beträchtliche Probleme, eine Partnerin zu finden, und reisen sogar ins Ausland, um jemanden zu suchen, der aufgrund seiner kulturellen Unterschiede und seiner finanziellen Lebensumstände weniger Anstoß an den verhaltensbedingten Absonderlichkeiten seines Ehepartners nimmt.[41]

Ehe- und Beziehungsberatung

Ein Gebiet, das noch erforscht werden muss, ist die Ehe- und Beziehungsberatung. Dank meiner klinischen Erfahrung weiß ich, dass betroffene Menschen für ihre Partner verwirrend oder aufreizend sein können. Zwei Quellen des Konflikts sind die körperliche und emotionale Intimität und die starke Beschäftigung mit dem speziellen Interesse. Beispielsweise klagte ein Ehemann, seine Frau, die das Asperger-Syndrom hatte, sei kalt und unnahbar. Er sagte, wenn er ihr seine Zuneigung zeige, sei es, als »umarme er ein Holzbrett«.

Möglicherweise benötigen die Partner eine Beratung, bei der beider Hintergrund und Perspektive erörtert und klargestellt werden. Man könnte eine solche Ehe als Beziehung von zwei Menschen aus sehr verschiedenen Kulturen beschreiben, die nichts von den Gepflogenheiten und Erwartungen des jeweils anderen Partners wissen. Sie treten sich unabsichtlich gegenseitig auf die Füße. Ich verwende diesen Vergleich von dem Menschen aus einer anderen Kultur häufig, um zu erklären, welchen Problemen ein Mensch mit Asperger-Syndrom sich gegenübersieht, wenn er anderen begegnet.

Es ist Eltern zu empfehlen, in der ersten Zeit der Werbung ihres Kindes dem jeweiligen Freund (bzw. der Freundin) einige Erklärungen dafür zu geben, warum sich ihr Sohn/ihre Tochter in Bezug auf die körperliche Intimität so ungewöhnlich verhält und nur selten Worte und Gesten der Liebe gebraucht. Dies kann auch bei kleinen Kindern ein Problem sein. Beispielsweise beklagte die Mutter eines Teenagers, der das Asperger-Syndrom hatte, sich bei ihrem Sohn darüber, dass er ihr gegenüber nur selten ein Zeichen der Liebe äußere. Darauf antwortete er, er habe ihr doch schon im Alter von sechs Jahren gesagt, dass er sie liebe, und verstand nicht, warum er diese Worte wiederholen sollte.

In einem anderen Fall hatte ein Ehemann Schwierigkeiten herauszufinden, wann und wie er seiner Frau sagen sollte, wie sehr er sie liebe. Doch war er imstande, ihr einen Brief zu schreiben, in dem er eine sprachliche Gewandtheit und eine Leidenschaft bekundete, die er in einem Gespräch niemals erreicht haben würde. Also schlug man ihm vor, auch weiterhin Briefe an seine Frau zu schreiben und sie ihr vorzulesen.

Konflikte

Eine weitere Quelle des Konflikts (oder der Langeweile) ist die Faszination des Betroffenen für sein spezielles Interesse. Zuerst mag dies eine liebenswerte Eigenschaft sein, aber schließlich wird sie lästig, vor allem, wenn andere Dinge eigentlich Vorrang haben müssten. Der andere Partner kümmert sich vielleicht nicht in genügender Weise um die Familie oder die Pflichten im Haushalt. Auch hier müssen beide Parteien die jeweilige Perspektive des anderen verstehen. Beziehungsberatung kann helfen, aber sie wird nur dann sinnvoll sein, wenn der Berater praktische Erfahrung mit dem Asperger-Syndrom hat.

Man sollte klarstellen, dass der Betroffene zwar einige Charakterfehler haben mag, dass er aber kaum jemals treulos sein oder das Haushaltsgeld verschwenden wird; sein äußerst genügsames Wesen kann jedoch ebenfalls eine Quelle des Konflikts darstellen. Auch kann es Probleme wegen der Art und Weise geben, in der er mit persönlichen Krisen umgeht. Möglicherweise vermeidet er jede Diskussion über strittige Fragen und zieht sich bei Schwierigkeiten stunden- oder sogar tagelang zurück. Er löst anfallende Probleme, indem er sich in seine eigenen Gedanken vergräbt; sein Partner fühlt sich dann verständlicherweise ausgeschlossen, was zu Verstimmungen führt. Der Partner ist verletzt, weil er seine Meinungen und Ideen in solchen Momenten nicht berücksichtigt sieht. Einige Menschen wählen aber auch bewusst das Alleinleben.

....

Temple [42]

Ich lebe lieber allein

>> *Ich habe mich fürs Alleinleben entschlossen, weil es mir hilft, viele komplizierte soziale Situationen zu vermeiden, mit denen ich nicht gut umgehen kann. Für die meisten autistischen Menschen ist körperliche Nähe genauso ein Problem wie das Nichtverstehen grundlegenden Sozialverhaltens. Auf Konferenzen habe ich mit mehreren Frauen gesprochen, die bei Verabredungen vergewaltigt wurden, weil sie die subtilen Signale des sexuellen Interesses nicht verstanden. Gleichermaßen verstehen auch Männer, die gerne eine Freundin hätten, oft nicht, wie sie mit einer Frau in Kontakt treten sollen. Sie erinnern mich an Data, den Androiden aus Star Trek. In einer Folge der Serie führten Datas Versuche, sich einer Frau zu nähern, zu einer Katastrophe. Als er versuchte, romantisch zu sein, machte er ihr Komplimente mithilfe wissenschaftlicher Fachausdrücke. Selbst autistische Erwachsene, die gewöhnlich sehr geschickt sind, haben solche Probleme.*[43] <<

....

Allein leben

Das Alleinleben kann eine Möglichkeit sein, emotionale und körperliche Intimität zu vermeiden und sich den Kummer über gescheiterte Beziehungen zu ersparen. Aber bis der Betroffene sich dazu entschließt, benötigt er möglicherweise Beratung und Beistand, und zwar vor allem dann, wenn er versucht, enge persönliche Beziehungen einzugehen, und ihm dies nicht gelingt.

Ein Mensch mit Asperger-Syndrom ist also durchaus in der Lage, normale Beziehungen zu entwickeln, denn der Begriff »normal« ist natürlich relativ. Damit eine Beziehung gelingt, müssen beide Partner viel Liebe, Toleranz und Verständnis aufbringen. Dies gilt aber auch für Beziehungen generell, da ja immer zwei Individuen mit verschiedenen Bedürfnissen und Sichtweisen aufeinandertreffen.

Werden Betroffene häufiger kriminell?

Die Fachliteratur über das Asperger-Syndrom enthält mehrere Berichte über Menschen, die Straftaten begingen[44], doch die tatsächliche Häufigkeit der Straftaten ist bemerkenswert niedrig.[45] Unter den Fällen befinden sich Menschen, die wegen verschiedenster Vorfälle vor Gericht gebracht wurden, die mit ihren speziellen Interessen, ihrer sensorischen Empfindlichkeit oder ihren rigiden Moralvorstellungen zusammenhingen.

Ich kenne einen Erwachsenen, dessen Lieblingsbeschäftigung es war, Lottoscheine auszufüllen. Da er eine Unmenge Scheine ausfüllte, ohne auch nur einen einzigen abzugeben (und damit dafür zu bezahlen), verbot sein Zeitungshändler ihm den Zugang zu seinem Geschäft. Mehrere Wochen später wurde in das Geschäft eingebrochen, und das Einzige, was gestohlen wurde, waren mehrere Tausend leere Lottoscheine. Der Verdacht der Polizei fiel bald auf ihn, und kurz darauf fand man in seinem Schlafzimmer die vermissten Scheine. Aufgrund der ungewöhnlichen Art der Straftat wurde er an einen Gerichtspsychologen überwiesen.

Es gibt noch weitere Beispiele von Menschen mit Asperger-Syndrom, die wegen recht ungewöhnlicher Verbrechen, die mit ihren Spezialinteressen in Zusammenhang stehen – vor allem, wenn diese sich auf Waffen, Gifte oder Feuer bezogen – in die Psychiatrie oder in geschlossene Anstalten eingewiesen wurden.

Ursachen und Häufigkeit von Straftaten. Es gab Fälle, wo eine Straftat aufgrund sensorischer Empfindlichkeit begangen wurde. In einem Fall reagierte der Täter äußerst empfindlich auf bellende Hunde, schreiende Kinder und singende Sopranstimmen. Manche Leser werden dafür durchaus Verständnis haben, aber die Methoden, mit denen er die Urheber zwang aufzuhören, brachte die Polizei auf den Plan und trug ihm gerichtliche Klagen ein. Auch gab es Anlässe, wo die strengen Moralvorstellungen des Betroffenen ihn dazu bewogen, Menschen zu kritisieren, deren Kleidung oder Verhalten er als »unmoralisch« erachtete, was dann zu einer Klage wegen beleidigendem Verhalten führte.

Die gerichtlichen Behörden nehmen das Asperger-Syndrom und seine Auswirkungen zunehmend zur Kenntnis und agieren dementsprechend. Doch solche Vorfälle sind selten, und Eltern sollten sich nicht übermäßig Sorgen machen, ihr Sohn oder ihre Tochter könne eine Straftat begehen. Nach meinen klinischen Erfahrungen werden solche Menschen eher zu Opfern als zu Tätern. Sie sind wegen ihrer Naivität und Verwundbarkeit gefährdet.

Welche Einrichtungen und Programme sind nötig?

Das Kind mit Asperger-Syndrom hat nicht dasselbe Verhaltens- und Lernprofil wie ein autistisches Kind; Schulen oder Betreuungseinrichtungen für solche Kinder bieten sich daher meist nicht an. Das Kind ist nicht akut geistig gestört, und psychiatrische Einrichtungen nehmen sich vermutlich nur ungern eines Kindes an, das lediglich eine Entwicklungsstörung aufweist. Das Kind kann spezifische Lernprobleme haben, hat jedoch keine Aufnahmeberechtigung für Institutionen, die den geistig Behinderten vorbehalten sind.[46] Daher besitzen die staatlichen Behörden oft nur wenige Hilfsmittel, Einrichtungen und Fördermaßnahmen für Menschen mit diesem Syndrom.

Zuallererst benötigen Familie und Lehrer sachkundige Informationen über das Syndrom, ferner Hilfsmittel und Förderprogramme für spezifische wichtige Bereiche. Eine Überprüfung der Ressourcen, die für autistische Menschen zur Verfügung stehen, hat gezeigt, dass für die Förderung solcher Kinder vor allem Sachkenntnis nötig ist.[47] Vermutlich gilt dasselbe für Menschen mit Asperger-Syndrom. Die einzelnen Mitglieder der relevanten Berufsgruppen müssen sich einschlägige Kenntnisse aneignen.

Pädagogische Berater und Spezialisten

Beispielsweise sollten es die für die pädagogische Ausbildung zuständigen Ministerien Pädagogen ermöglichen, sich in diesem Bereich ausbilden zu lassen, sodass Schullehrer diese dann um Rat fragen können. Diese Pädagogen können den Unterricht besuchen, um die Kinder genau zu beobachten und danach Strategien, Hilfsmaßnahmen und berufsbegleitende Fortbildungsmöglichkeiten vorzuschlagen.

Keine einzige Berufsgruppe oder Behörde sollte das Monopol auf Diagnose, Behandlung und Unterstützung von Kindern und Erwachsenen mit Asperger-Syndrom besitzen. Sie brauchen

Selbsthilfegruppen sind wichtig

Da die Kenntnisse über das Asperger-Syndrom ihren Ursprung im Studium des Autismus haben, werden die ersten Selbsthilfegruppen wahrscheinlich Untergruppen der bereits bestehenden Netzwerke für Eltern mit autistischen Kindern sein. Diese könnten mit der Zeit autonom werden und spezifische Hilfsmaßnahmen und Einrichtungen vermitteln. Es ist ungeheuer wichtig, dass die Eltern betroffener Kinder die Gelegenheit haben, Familien zu begegnen, die dieselben Erfahrungen und Probleme haben wie sie selbst; denn dadurch fühlen sie sich weniger isoliert. Auch bietet eine solche Gruppe die Möglichkeit, Strategien für spezifische Probleme zu erörtern, Meinungen über Fördereinrichtungen auszutauschen und Spezialisten einzuladen. Solche Gruppen können ein Forum werden, das Konferenzen und Workshops organisiert, und wo Fachleute und Behörden über das Asperger-Syndrom informiert werden. Sie fungieren zudem als »Pressure-Groups«, die die Medien, die Politiker und die Allgemeinheit über die Notwendigkeit geeigneter Hilfsmittel in Kenntnis setzen.

den Zugang zu einer multidisziplinären Reihe von Spezialisten und Behörden – von Sprachtherapeuten bis hin zu spezialisierten Arbeitsvermittlungsstellen. Zum gegenwärtigen Zeitpunkt haben Fachleute und allgemeine Öffentlichkeit nur sehr begrenzte Kenntnisse über dieses Syndrom, aber von den örtlichen Selbsthilfegruppen, die von den Eltern Betroffener ins Leben gerufen werden sollten, könnte die Verbreitung von Wissen, Verständnis und Kenntnissen über zweckdienliche Einrichtungen ausgehen.

Eine der wesentlichen Voraussetzungen ist der Zugang zu Unterstützung und spezieller Unterweisung der Kinder im Unterricht, insbesondere in der Grundschule. Ich habe festgestellt, dass, sobald eine bestimmte Schule Erfahrung und den Ruf hat, erfolgreich Förderprogramme durchzuführen, auch weitere ähnliche Kinder dort eingeschrieben werden. Eltern und Fachleute besitzen damit eine Art Führer für geeignete Schulen. Viele der in diesem Buch aufgelisteten Förderprogramme verlangen die Möglichkeit einer individuellen Unterweisung in kleinen Gruppen (bzw. Einzelunterricht). Sie bedarf der Dienste eines pädagogischen Betreuers. Auch wenn es an manchen Stellen mühsam ist, fordern Sie die Unterstützung, die Sie brauchen, ein. Auch hier können Selbsthilfegruppen und der Kontakt mit anderen Betroffenen eine gute Hilfe sein.

Aufgaben eines pädagogischen Betreuers

Seine Rolle ist schwierig und komplex, aber seine Hauptaufgaben bestehen darin,

- das Kind zu ermuntern, beim Spielen und Arbeiten mit anderen Kindern freundlich, flexibel und kooperativ zu sein;
- dem Kind zu helfen, die angemessenen Verhaltensregeln zu erkennen;
- es in Bezug auf Gefühle und Freundschaften zu unterweisen;
- die Fähigkeiten, die für das Führen von Gesprächen notwendig sind, zu fördern;
- dem Kind zu helfen, spezielle Interessen zu entwickeln, um durch sie seine Motivation, seine Begabungen und Kenntnisse zu verbessern;
- mithilfe eines Förderprogramms einfache und feine motorische Fertigkeiten zu verbessern;
- das Verständnis für die Perspektiven und Gedanken anderer Menschen zu fördern;
- heilpädagogische Hilfe bei spezifischen Lernproblemen zu geben;
- das Kind zu befähigen, mit seiner Höroder Berührungsempfindlichkeit zurechtzukommen.

Dementsprechend arbeitet der pädagogische Berater mit einem Programm, das vom Lehrer und von sachkundigen Therapeuten und Spezialisten entworfen wurde und das die verhaltensmäßigen, sozialen, sprachlichen, motorischen und sensorischen Fähigkeiten der Betroffenen fördern soll.

Probleme und Hilfsmaßnahmen im Erwachsenenalter

Wenn man sich klar macht, wie viele Hilfsmaßnahmen Erwachsene mit einer schweren Ausprägung des Syndroms benötigen, so überrascht es, dass wir gegenwärtig nur über so wenige Informationen verfügen. Die National Autistic Society in London hat einige Probleme aufgelistet, die bei erwachsenen Betroffenen eine wesentliche Rolle spielen.[48]

Diese Liste umfasst:

- das Bedürfnis zu wissen, dass auch andere Menschen so sind wie sie;
- die Sorge, dass andere Berufsmitglieder, mit denen sie in Berührung kommen, das Asperger-Syndrom entweder nicht erkennen oder das Wesen des Leidens nicht in seiner Gesamtheit verstehen;
- Gefühle der Isolation;
- Schwierigkeiten, Arbeitsstellen zu bekommen und zu halten;
- falls sie Arbeit haben, das Problem, Aufgaben zu erhalten, die ihren Fähigkeiten entsprechen;
- Hänseleien und Mobbing durch Arbeitskollegen;
- Schwierigkeiten, mit einem geringen Einkommen zurechtzukommen.

Durch Kontakte zu örtlichen Selbsthilfegruppen und Korrespondenzen über

Websites, E-Mails und Internetforen lassen sich Gefühle der Isolation verringern. (Einige Websites finden Sie im Serviceteil, Seite 209.) Was die Probleme des Berufslebens und die Unterstützung bei Wohnung und Einkommen angeht, so hat die West-Midlands-Geschäftsstelle der National Autistic Society die Berufung eines örtlichen Sozialhelfers vorgeschlagen.[49] Seine Rolle bestünde darin, beim finanziellen Management, bei alltäglichen Anforderungen und im Falle der Arbeitsunfähigkeit als Fürsprecher für die am Ort lebenden Erwachsenen mit Asperger-Syndrom zu fungieren, die Hilfe benötigen.

Was können wir von Schulen und Lehrern erwarten?

Die meisten Kinder mit Asperger-Syndrom werden in gewöhnlichen, nicht in speziellen Förderschulen angemeldet. Wie sollte eine geeignete Schule aussehen? Ich hatte in meiner langjährigen Praxis ausreichend Gelegenheit, Kinder mit Asperger-Syndrom, die auf viele unterschiedliche Schulen gingen, zu beobachten und zu unterstützen. Die allgemeine Schlussfolgerung ist, dass gewisse Charakteristika unerlässlich, andere hingegen nur bedingt wichtig sind.

Am allerwichtigsten sind Persönlichkeit und Geschick des Klassenlehrers sowie die Frage, inwieweit er Zugang zu Unterstützung und Hilfsmitteln hat. Ein Kind mit Asperger-Syndrom stellt eine rich-

tige Herausforderung für Pädagogen dar. Lehrer müssen daher ein ruhiges Wesen haben, in ihren emotionalen Reaktionen vorhersehbar sein, flexibel mit dem Lehrplan umgehen und imstande sein, die positiven Seiten des Kindes herauszustellen. Auch ein ausgeprägter Sinn für Humor ist hilfreich. Manchmal wird der Lehrer über das Kind entzückt sein, und kurze Zeit später wird es ihn durch sein Verhalten verwirren.

Aufmerksamkeit gegenüber den Symptomen

Ein bemerkenswerter Zug des Asperger-Syndroms ist die Unbeständigkeit im Ausdruck seiner Symptome. An einem guten Tag arbeitet das Kind konzentriert, passt sich an, ist umgänglich und lernt zufrieden stellend, wohingegen es an anderen Tagen in die eigenen Gedanken vertieft zu sein scheint, kein Selbstvertrauen hat und sich ungeschickt anstellt. Es ist so, als kämen die Symptome in Schüben. An solchen Tagen sollte sich der Lehrer möglichst auf die Überprüfung dessen konzentrieren, was das Kind am besten kann.

Es ist nicht unbedingt erforderlich, dass der Lehrer bereits Erfahrungen mit ähnlichen Kindern hat; jedes Kind mit Asperger-Syndrom ist ein Individuum, und ein Lehrer wendet bei jedem Schüler unterschiedliche Strategien an. Es kann mehrere Monate dauern, bis Kind und Lehrer sich gegenseitig verständigen und eine

Beziehung zueinander aufbauen. Die Art und Weise, wie das Kind in den ersten Wochen reagiert und lernt, muss nicht unbedingt voraussagen, wie es im Verlauf des gesamten Jahres arbeiten wird. Auch wird das Kind nach einer Fehlzeit oder nach den Ferien immer einige Zeit brauchen, um sich wieder an den Schulalltag zu gewöhnen.

Förderliche und ungünstige Rahmenbedingungen

Es spielt keine Rolle, wie alt der Lehrer und wie groß die Schule ist, und ob es sich dabei um eine staatliche oder private Schule handelt. Wichtig ist hingegen die Größe des Klassenzimmers. Unterrichtssäle, in denen mehrere Klassen gleichzeitig unterrichtet werden, sowie laute Klassenzimmer sollten besser vermieden werden. Kinder mit diesem Syndrom fühlen sich am wohlsten in einer ruhigen, wohl geordneten Klasse, in der ein Klima der Ermutigung – nicht der Kritik – herrscht.

Gewöhnlich entdecken Eltern, dass ihr Kind mit manchen Lehrern gute Fortschritte macht, wohingegen mit anderen ein ganzes Schuljahr zum Desaster werden kann. Wenn der Lehrer und das Kind sich gut verstehen, dann wird sich dies auch in der Haltung der übrigen Klassenkameraden ihm gegenüber niederschlagen. Wenn der Lehrer sich unterstützend und hilfreich verhält, dann werden die anderen Kinder ihn imitieren. Kritiziert

er das Kind aber häufig und würde er es am liebsten vom Unterricht ausschließen, dann werden auch die anderen Kinder diese Einstellung zum Ausdruck bringen.

Ein weiterer wichtiger Faktor, der die erfolgreiche Eingliederung in die Klasse fördert, ist, dass der Lehrer Zugang zu praktischer Unterstützung durch pädagogische Berater und Spezialisten im Bereich des Syndroms hat. Von Bedeutung ist auch, dass der Lehrer emotionale und praktische Unterstützung vonseiten der Kollegen und der Schulverwaltung erhält.

Lehrer und Schule werden dem Kind gegenüber zuweilen auch Zugeständnisse machen müssen. Empfindet das Kind beispielsweise eine Schulversammlung als übergroße Anforderung wegen des damit verbundenen Lärms und des Wartens, dann kann es klug sein, dem Kind vorzuschlagen, es möge während der Versammlung ruhig im Klassenzimmer bleiben. Auch bei Tests und Prüfungen, in denen die Leistung des Kindes durch Angst und Depression beeinträchtigt ist, sollte man ihm Sonderrechte zugestehen.

Vermeiden Sie Schulwechsel

Sobald Eltern eine Schule gefunden haben, die die nötigen Hilfsmittel zur Verfügung stellt, sollten sie auch dabei bleiben. Ein Schulwechsel bedeutet, dass das Kind neue Freunde finden muss; auch ist die neue Schule weder mit den Eigenheiten des Kindes vertraut noch mit den be-

Internat für betroffene Kinder

Natürlich ist es möglich, dass Eltern sich fragen, ob eine gewöhnliche Schule ein Kind mit Asperger-Syndrom wirklich günstig beeinflussen kann, und sich überlegen, ob ihr Kind nicht besser in einer Klasse, Förderklasse oder Schule untergebracht wäre, die ausschließlich solchen Kindern vorbehalten ist. Vor kurzer Zeit wurde in England eine Internatsschule für Kinder und Jugendliche mit Asperger-Syndrom eröffnet.[50] In den einzelnen Klassen werden jeweils sechs Schüler von zwei Pädagogen betreut; der Lehrplan ist auf die Probleme der Kinder zugeschnitten. Vielleicht sollten sich Eltern mehr für diese alternative Möglichkeit stark machen, damit Kinder, die in gewöhnlichen Schulen große Schwierigkeiten haben, dennoch ihren Schulplatz finden. Nichtsdestotrotz kann es auch in einer normalen Schule funktionieren.

reits erprobten erfolgreichen (und erfolglosen) Strategien. Unter Umständen wird das Kind eines Tages in eine höhere Schule wechseln, aber es ist gut möglich, dass ihm dies leichter fällt, wenn es dies zusammen mit Schulfreunden tut, die es schon seit Jahren kennt, und wenn Lehrer aus beiden Schulen sich gegebenenfalls darüber austauschen können, wie der Übergang zu erleichtern ist.

Es hat sich herausgestellt, dass einige Elemente des Übergangs sehr wichtig sind, beispielsweise, dass dem Kind erlaubt wird, die neue Schule mehrmals zu besuchen, ehe das neue Schuljahr beginnt, damit es die Schulanlage kennt und weiß, wo die Klassenzimmer liegen. Auch wäre es gut, wenn ein Lehrer (z.B. eine Art Vertrauenslehrer) hin und wieder überprüft, wie sich das Kind in die neue Schule einfügt.

Besuch der höheren Schule

Der Besuch einer höheren Schule kann neue Probleme bringen. In der Grundschule sind Lehrer und Kind ein ganzes Jahr zusammen und haben Zeit, sich aneinander zu gewöhnen. Auch herrscht in der Grundschule noch eine hilfsbereite Atmosphäre, in der ein Kind mit Asperger-Syndrom leichter aufgenommen und toleriert wird. In der Oberschule dagegen haben die Lehrer nicht genug Zeit, um sich einem einzigen Schüler wirklich zu widmen, und auch die Lehrpläne sind strenger. Zudem kann es vorkommen, dass die Klassenkameraden hier weit weniger tolerant sind. Es kann auch sein, dass die diagnostischen Anzeichen in diesem Alter nur noch sehr geringfügig sind und dass manche Lehrer nichts über das Asperger-Syndrom wissen. Das Kind wird einfach als aufsässig, mutwillig, ungehorsam und emotional gestört angesehen, und man ist der Ansicht, dass herkömmliche disziplinarische Maßnahmen hier angemessen sind.

Um potenziellen Konfrontationen und Verzweiflung auf allen Seiten vorzubeugen, wäre es hilfreich, an der höheren Schule eine kurze Einführung über das Asperger-Syndrom zu geben, in der die Probleme zur Sprache kommen, vor die das Kind gestellt ist; ferner seine Art und Weise, mit Frustration, Veränderung und Kritik umzugehen, und auch die Fertigkeiten, die es in speziellen Bereichen vorweisen kann. Haben die Lehrer dies einmal aufgenommen und die Sichtweise des betroffenen Schülers verstanden, können sie sich auf dessen ungewöhnliches Verhalten im Unterricht einstellen.

Hilft der Begriff »Asperger-Syndrom«?

Sobald Eltern wissen, welche Diagnose auf ihr Kind zutrifft, ist ihre Odyssee, auf der sie ständig nach Erklärungen für dessen Verhalten suchten, zu Ende. Sie wissen nun, wo sie sich Rat und Hilfe holen können. Zudem sind sie vermutlich zutiefst erleichtert über die Erkenntnis, dass das Leiden eine neurobiologische Ursache hat und nicht durch eine Unzulänglichkeit, falsche Behandlung oder ein Versäumnis ihrerseits begründet ist. Dennoch herrscht Unklarheit, ob auch der Ausdruck »high-functioning autism« dafür angebracht ist. Obwohl das Asper-

ger-Syndrom genau genommen zum autistischen Kontinuum oder Spektrum gehört, verhält sich das Kind nicht dem Bild entsprechend, das die Öffentlichkeit von einem autistischen Kind hat; auch verfügt es nicht nur über die damit assoziierte begrenzte Fähigkeitenskala.

Der Ausdruck Autismus kann verwirrend sein, vor allem, weil autistische Kinder oft nur sehr geringe Zukunftschancen haben und häufig eine sehr intensive Betreuung benötigen. Auch muss man erkennen, dass ein Kind mit Asperger-Syndrom nicht einfach eine abgeschwächte Form des Autismus hat, sondern sein Leiden sich einfach anders äußert.

Leider wird der Ausdruck Autismus mit gestörten Verhaltensweisen assoziiert, und die Lehrer sind nicht selten erschreckt, wenn man sie darüber in Kenntnis setzt, dass in ihre Klasse ein Kind mit »high-functioning autism« kommt. Der Begriff Asperger-Syndrom hingegen ist neu und weckt bei der Öffentlichkeit und bei den Pädagogen keine negativen Assoziationen. Wenn man jemandem verkündet, ein Kind habe das Asperger-Syndrom, so lautet die gewöhnliche Antwort: »Davon habe ich noch nie gehört. Was ist das?«

Wie man das Syndrom erläutern sollte

Darauf erklärt man am besten, dass das Kind ein neurologisches Leiden hat, womit verbunden sei, dass es noch lernen muss, wie man mit anderen Menschen umgeht und wie man die Gedanken und Gefühle anderer versteht; ferner falle es ihm schwer, ein normales Gespräch zu führen. Auch sollte man erwähnen, dass es eine starke Faszination für ganz bestimmte Interessengebiete entwickeln kann und ein wenig unbeholfen ist. Diese Probleme werden am besten als eine Kombination aus Entwicklungsverzögerung und einem ungewöhnlichen Fähigkeitsprofil dargestellt. Man sollte nicht vergessen zu erwähnen, dass sich der Zustand des Kindes mit der Zeit verbessern wird.

Die Verwendung dieses Begriffs ist auch für Fachleute von Vorteil. Solche Kinder und Erwachsene sind ein diagnostisches Rätsel, und Fachleute wissen oft nicht, wo sie sich Informationen und Rat holen können. Das ist besonders wichtig für psychiatrische Einrichtungen, in die ein Teenager oder Erwachsener aufgenommen wird, der Anzeichen von Depression, Angst oder Wut zeigt. Ein diagnostischer Bereich, der wahrscheinlich noch nie in Betracht gezogen wurde, ist das autistische Kontinuum, da der Betroffene deutlich zu sprechen vermag, gesellig sein kann und Freunde haben möchte und er zudem über eine normale Intelligenz verfügt. Sein Gesamtbild entspricht nicht dem, das die Ärzte während ihrer beruflichen Ausbildung von einem autistischen Kind gelernt haben. Sobald Fachleute und Behörden über das Wesen des Asperger-Syndroms Bescheid wissen, verstehen sie auch, wie ihre Sachkenntnis auf das Syndrom angewendet werden kann und bei welchen Organisationen, Kollegen und Zeitschriften sie um Hilfe bitten können.

Wie teilt man die Diagnose mit?

Eltern fragen oft, wen sie von der Diagnose in Kenntnis setzen sollen, und wie und wann das am besten geschieht. Lehrer und Schulbehörde sollten unbedingt darüber informiert sein. Sollten aber auch die anderen Kinder in der Klasse Bescheid wissen? Das wird je nach Kind und seinen Lebensumständen zu entscheiden sein. Manchen Kindern wird es helfen, wenn die Diagnose öffentlich bekannt ist, wohingegen es andere vielleicht vorziehen, sich nicht von anderen Kindern zu unterscheiden. Es gab Fälle, wo Kinder darunter leiden mussten, dass ihre Kameraden sie hänselten, indem sie den Begriff abfällig in »Asparagus«-Syndrom (Spargel-Syndrom) u. Ä. umwandelten. Nicht nur das Verspotten, auch das Reduzieren auf diesen einen Aspekt können für den Betroffenen sehr unangenehm und verletzend sein.

Ich selbst halte mich an den Grundsatz: Nur wer die Diagnose unbedingt kennen muss, sollte von ihr wissen. Es ist wichtig, dass bei einer solch vertraulichen Information Diskretion gewahrt wird.

Andere Kinder und Eltern aufklären

Wie erklärt man dieses Syndrom nun am besten anderen Kindern? Carol Gray[51] hat ein Förderprogramm für Schulkinder mit dem Namen »Sechster Sinn« (d. h. sozialer Sinn) erstellt. Eine Reihe von Aktivitäten verdeutlicht jeden einzelnen Sinn und zeigt, wie der sechste Sinn funktioniert. Man fordert die Kinder auf sich vorzustellen, wie es sein muss, wenn bei einem Menschen der soziale Sinn beeinträchtigt ist und er die perzeptorische, kognitive und emotionale Perspektive der anderen nicht gänzlich versteht.

Man kann folgende Fragen stellen:
- Würde es euch leicht- oder schwerfallen, euch bei einer Aktivität abzuwechseln, wenn ihr nicht wüsstet, was die anderen denken oder wie sie sich fühlen?
- Würde es euch leicht- oder schwerfallen, mit anderen Menschen über etwas zu sprechen, was sie getan haben?
- Würde es euch leicht- oder schwerfallen, Freundschaften zu schließen?

Am Ende bittet man die Kinder zu sagen, wie sie einem Klassenkameraden, der das Asperger-Syndrom hat, helfen können.

Manchmal ist es erforderlich, den Eltern der Klassenkameraden das Asperger-Syndrom zu erklären, denn sonst könnten sie glauben, das Kind sei aufgrund elterlicher Fehlerziehung ungewöhnlich, oder auch, das Kind stelle eine potenzielle Gefahr für ihre eigenen Kinder dar.

Gespräch mit Geschwistern

Wie teilt man es den Geschwistern mit? Es ist durchaus wahrscheinlich, dass sie zufällig Gespräche zwischen ihren Eltern mit angehört und dadurch die Diagnose erfahren haben. Wenn sie schon reif genug sind, um das Syndrom zu verstehen, dann sollten sie informiert werden. Zum Glück gibt es heute Fachliteratur, die Anleitungen darüber gibt, wie man es den Geschwistern mitteilt[52]; auch haben Elternselbsthilfegruppen eigens für Geschwister diesbezügliche Aktivitäten organisiert. Die Veranstaltungen geben Geschwistern die Möglichkeit, ihre Gefühle mitzuteilen, mit anderen darüber zu diskutieren und zu lernen, wie sie mit spezifischen Situationen fertig werden – beispielsweise der Reaktion ihrer Freunde, wenn sie zu Besuch kommen; ferner zu verstehen, dass diese Gefühle der Verlegenheit oder Rivalität ganz natürlich sind. Häufig empfinden sie die familiäre Situation als belastend, sind verwirrt, weil ihre Eltern sich so viel Sorgen machen, und fragen sich, ob es ihrem Bruder (bzw. ihrer Schwester) bald besser geht, bzw. wie sie ihm/ihr helfen können.

Aufklärung des betroffenen Kindes

Wann sollten Sie einem Kind sagen, dass es das Asperger-Syndrom hat? Darauf gibt es keine eindeutige Antwort. Sehr kleine Kinder werden noch nicht reif genug sein, die Implikationen zu verstehen. Ältere Kinder können sehr empfindlich reagieren, wenn man ihnen sagt, sie seien anders als die anderen. Ihr heftiges Leugnen jeder Unzulänglichkeit in sozialen Belangen ist mehr ein Versuch, sich selbst – als die anderen – zu überzeugen. Die Antwort auf die Frage nach dem richtigen Zeitpunkt ist wohl: Sagen Sie es dem Kind, sobald es emotional in der Lage ist, mit der Ankündigung fertigzuwerden, und wissen will, warum es Schwierigkeiten in Situationen hat, die anderen Kindern keinerlei Probleme bereiten.

Carol Gray[53] hat ein Arbeitsheft entworfen, dem sie den Titel »Bilder von mir« gab und mit dem man dem Kind seine Diagnose erklären kann. Das Arbeitsheft wird von dem Kind, seinen Eltern und einem Spezialisten ausgefüllt und vermittelt eine sehr positive Einstellung dem Syndrom gegenüber. Die Aktivitäten konzentrieren sich auf die Begabungen und Fähigkeiten des Betroffenen. Dadurch gelingt es, ihn zu ermächtigen.

David

So schätze ich meine Fertigkeiten ein

>> *1. Ich lese gut.*
2. Ich kann gut mit einem Computer umgehen – Windows.
3. Ich kann gut kegeln.
4. Ich habe eine Arbeitsstelle.
5. Ich bin gut beim Canasta und beim Rommé.
6. Ich bin gut beim Blackjack auf dem Computer.
7. Ich kann gut mein eigenes Frühstück zubereiten.
8. Ich kann gut den Kessel auf den Herd stellen.
9. Ich bin gut in Mathematik.
10. Ich bin manchmal gut im Buchstabieren. <<

Positive Eigenschaften von Betroffenen

Ich habe festgestellt, dass die Eigenschaften der Persönlichkeit mit Asperger-Syndrom unter anderem Aufrichtigkeit, Loyalität, Zuverlässigkeit und Gradlinigkeit sind. Zudem haben diese Menschen strenge Moralvorstellungen und einen ausgeprägten Gerechtigkeitssinn. Ihre kognitiven Eigenschaften sind unter anderem: ein außergewöhnlich gutes Gedächtnis, Begeisterungsfähigkeit und Sachkenntnis in Bezug auf ein Spezialinteresse, eine originelle Denkweise, ein gutes Vorstellungsvermögen und die bemerkenswerte Fähigkeit, in Bildern zu denken. Diese Eigenschaften kommen nicht nur beim Asperger-Syndrom vor, werden aber durch dieses verstärkt. Es ist gut, sich dies vor Augen zu halten.

Menschen mit Asperger-Syndrom haben viele positive Eigenschaften in ihren Fähigkeiten und in ihrer Persönlichkeit. Es gibt Wissenschaftler und Künstler, die das Asperger-Syndrom haben und die dank dieser Eigenschaften Herausragendes leisteten. Es ist kein Leiden, dessen man sich schämen müsste, sondern eines, zu dem man stolz stehen sollte.

Auch sollte man nicht versäumen zu erklären, dass das betroffene Kind seine sozialen Fähigkeiten noch steigern wird und dass es die von ihm gesteckten Ziele im Leben erreichen kann. Das kann einige Zeit dauern, und Tom Allen bezeichnete sich selbst als Schildkröte, die nur mit kleinen Schritten vorwärts kommt, mit denen sie aber schlussendlich doch das Rennen gewinnt. Andere haben den Vergleich vom langsamen Erklimmen eines Berges angeführt, mit dem man – mit einigen Mühen zwar – letztlich doch die Spitze erreicht. Besser spät als nie!

Sobald ein Mensch erfahren hat, dass er dieses Syndrom hat, fühlt er sich oft erleichtert und versteht sich auch selbst besser. Das Wissen darum muss er aber nicht unbedingt in einer Diskussion mit einem Elternteil oder Spezialisten erworben haben; er kann auch etwas darüber gelesen haben.

Christopher Gillberg[54] berichtet, dass ein Zwölfjähriger in sein Büro kam und durch Zufall eine Broschüre über das Syndrom entdeckte, die für die Eltern Betroffener verfasst worden war. Daraufhin sagte der Junge: »Das ist etwas, von dem ich noch nie jemanden habe sprechen hören. Ich glaube, ich werde es einfach A. S. nennen.« Während er den Text laut las, bemerkte er wie beiläufig: »Mir scheint, ich habe das A. S.! Mann – ich habe wirklich das A. S. Bin mal gespannt, was mein Vater sagt, wenn er davon hört. Meine Eltern könnten das A. S. auch haben, vor allem mein Vater; auch er hat Interessen, die ihn vollkommen beherrschen. Jetzt kann ich meinen Klassenkameraden erklären, dass ich das ganze Jahr lang deshalb in jeder Pause zehnmal den Hof im Eilschritt auf und ab marschiere, weil ich das A. S. habe. Und mein Lehrer wird mich in Zukunft in Ruhe lassen müssen. Wenn man ein Handicap hat, haben sie einen so zu nehmen, wie man ist.«[55]

Welche Berufe sind geeignet?

In den letzten Schuljahren stellt sich die Frage, welchen Beruf das betroffene Kind ergreifen soll. Dabei sollte man die Stärken des Kindes berücksichtigen, beispielsweise seine Arbeitsdisziplin, sein möglicherweise ausgeprägtes Wissen auf einem Gebiet und seine Zuverlässigkeit. Vielleicht weist sein Spezialinteresse auf einen künftigen Beruf hin.

Bei einem großen Interesse an Naturwissenschaften empfiehlt sich vermutlich

Unterstützung bei Bewerbungen

Gewisse Fertigkeiten sollten bei solchen Menschen gefördert werden; vor allem die Art und Weise, wie sie sich bei Vorstellungsgesprächen verhalten. Die Betroffenen können ihre natürlichen Begabungen vermutlich nicht sehr gut verkaufen, haben wenig Geschick in Bezug auf die Körpersprache und wissen nicht recht, was sie bei diesen Gelegenheiten sagen sollen. Arbeitsvermittlungsstellen sind sich der Schwierigkeiten von Menschen mit Asperger-Syndrom zunehmend bewusst und geben ihren Kandidaten Anweisungen für das erforderliche Verhalten. Es ist wichtig, dass die Betroffenen schon von einem sehr frühen Alter an Arbeitserfahrungen machen, beispielsweise, indem sie Zeitungen austragen oder als freiwillige Helfer tätig sind.

ein Universitätsstudium. Universitäten sind bekannt für ihre Toleranz gegenüber ungewöhnlichen Charakteren, insbesondere dann, wenn diese Originalität und Hingabe an die Forschung beweisen. Ja, man hat sogar behauptet, Universitäten seien geschützte Wirkungsstätten für sozial Auffällige! Zumindest sind sie ein Mikrokosmos, in dem viele Gleichgesinnte leben. Viele bedeutende Fortschritte in der Wissenschaft und in der Kunst gehen auf das Konto von Menschen mit Asperger-Syndrom. Ich bin der Meinung, dass unsere Gesellschaft von einer größeren Anerkennung und Entwicklung ihrer Eigenschaften profitieren würde.

Häufig wird der Beruf des Ingenieurs gewählt[56]; doch darf man daraus nicht schließen, die einzigen Berufsmöglichkeiten befänden sich in der Wissenschaft, dem Ingenieurwesen oder in der Informatik.

Ich habe festgestellt, dass Menschen oftmals dann außerordentlich viel Erfolg hatten, wenn sie sogenannte Helferberufe wählten, insbesondere wenn sie als Lehrer, mit alten Menschen oder mit Tieren sowie bei der Polizei arbeiteten. Sie haben sehr strenge Moralvorstellungen und kämpfen leidenschaftlich gegen jede Form der sozialen Ungerechtigkeit.

Herausforderungen im Arbeitsleben

Im Arbeitsleben können sich ganz andere Schwierigkeiten zeigen. Wie kommt der Betroffene mit den sozialen Aspekten des Berufs, mit Veränderungen in Routinen und Erwartungen zurecht? Manche Jobs erfordern gute soziale Fähigkeiten. Nach Möglichkeit sollten die Betroffenen nicht in Berufen arbeiten, wo eine ausgeprägte soziale Dynamik herrscht, wo viel geklatscht wird und der ganze Arbeitsablauf nach bestimmten Riten vor sich geht.

Eine Frau mit Asperger-Syndrom konnte als Pflegekraft in einem Krankenhaus ausgezeichnet mit geriatrischen Patienten umgehen, war jedoch nicht imstande, in den Pausenzeiten mit den Anforderungen fertig zu werden, die das Zusammensein mit den Kollegen an sie stellte. Sie wurde oft verspottet oder geneckt. Doch als sie begann, in eigenständiger Tätigkeit alte Menschen zu Hause zu besuchen, konnte sie ihre Arbeit fortsetzen, ohne sich mit dem sozialen Druck durch ihre Kollegen herumquälen zu müssen.

Eine andere Möglichkeit ist, bei dem Betroffenen Fertigkeiten zu fördern, die zu einer Selbstständigkeit führen. Der Betroffene kann dann von zu Hause aus arbeiten oder Fachkenntnis in einem Bereich erwerben, der nicht die Zusammenarbeit in einem Team oder einer Hierarchie erfordert. So kann er sich beispielsweise in einem Handwerk oder Kunsthandwerk ausbilden lassen oder elektronische Geräte entwerfen oder reparieren und sich nach der Lehrzeit selbstständig machen.

Umgang mit dem Arbeitgeber

Es fällt dem Betroffenen vielleicht schwer, mit Veränderungen im emotionalen Bereich umzugehen. Ein junger Mann arbeitete recht gern in einer Fabrik, bis dort ein Streik ausbrach. Daraufhin musste er kündigen, da er nicht mit den damit verbundenen Antagonismen und der Ungewissheit zurechtkam. Arbeitgeber sollten zudem die Schwierigkeiten verstehen lernen, vor die Menschen mit Asperger-Syndrom gestellt sind, damit sie in puncto Arbeitsbelastung und Arbeitsplatz auf deren Probleme Rücksicht nehmen können. Vermutlich ist ein Arbeitnehmer, der das Syndrom hat, sehr fleißig und gewissenhaft und legt mehr Wert auf Qualität als auf Quantität. Er arbeitet zuweilen sogar die Pause hindurch oder bis in den späten Abend hinein, um sicherzustellen, dass die Arbeit seinen hohen Maßstäben gemäß fertiggestellt wird.

Natürlich besteht die Gefahr, dass dies von den Arbeitskollegen oder sogar vom Arbeitgeber nicht als löbliche Eigenschaft betrachtet wird. Ich weiß von Fällen, wo Arbeitnehmer bewusst sabotiert wurden, damit man einen Grund hatte, ihnen zu kündigen. In einem anderen Beispiel machte ein junger Mann eine Ausbildung als Automechaniker in einer großen Firma. Er war in seiner Arbeit äußerst gründlich. Wenn er vor die Wahl gestellt wurde, etwas schnell zu reparieren, das nur für die Garantiezeit halten würde, oder länger zu arbeiten, um Zuverlässigkeit zu gewährleisten, wählte er immer Letzteres. Sein Chef hingegen war an einem schnellen Umsatz interessiert und wollte, dass der Kunde so bald wie möglich wegen einer erneuten Reparatur in die Werkstatt zurückkommen musste.

Dieser Konflikt hatte die Entlassung des jungen Mannes zur Folge. Doch wenn er einmal seine eigene Werkstatt hat, wird er bald den Ruf eines zuverlässigen und rechtschaffenen Mechanikers genießen. Kurz gesagt: ein sowohl emotional wie finanziell erfüllender Job trägt dazu bei, dass das Leben ein Erfolg werden kann.

Temple Grandin[57] wurde mithilfe ihres Spezialinteresses zu einer sehr erfolgreichen Konstrukteurin von Viehhalteanlagen; zudem betätigt sie sich als Universitätslehrkraft und Autorin. Sie schreibt dazu: »Mein Leben ist meine Arbeit. Wenn ein Mensch mit »high-functioning autism« einen interessanten Job bekommt, wird er oder sie ein erfülltes Leben haben. Ich verbringe die meisten Freitag- und Samstagabende damit, Aufsätze zu schreiben und Zeichnungen anzufertigen. Fast all meine sozialen Kontakte habe ich entweder zu Menschen aus dem Viehgewerbe oder zu Menschen, die sich für Autismus interessieren.«[58]

Ihre Arbeit hat ihr also Zugang zu einem erfüllten Leben, zu sozialen Kontakten und zu Freundschaften verschafft, die auf gemeinsamen Interessen basieren.

Wie sehen die langfristigen Zukunftsprognosen aus?

In einem früheren Abschnitt wurden bereits einige Probleme aufgezeigt, vor die Menschen mit diesem Syndrom während ihrer Adoleszenz gestellt sind. Dazu gehören der oft schwierige Umgang mit Teenagern, die sehr intolerant sein können, die Tatsache, dass die Betroffenen oft andere Interessen und Ziele als ihre Altersgenossen haben, der Umgang mit fluktuierenden Emotionen und die zunehmende Einsicht, anders als die anderen zu sein.

Allein wohnen

Der junge Erwachsene kann, sobald seine persönliche und finanzielle Unabhängigkeit zunimmt, zum Beispiel in eine Einliegerwohnung ziehen, die zum Haus seiner Eltern gehört. Wenn er dann das Haus ganz verlässt, sollte er in eine Wohnung ziehen, die gegebenenfalls in der Nähe seines Elternhauses liegt, um weiterhin emotionale und praktische Unterstützung erhalten zu können. Eine Wohngemeinschaft ist nicht zu empfehlen, da er wegen seines Charakters von den anderen Wohnungsmitgliedern vermutlich nicht gut ertragen würde und es an vielen Stellen Potenzial für Konflikte gäbe. Zudem ist sehr gut möglich, dass er am Ende des Tages alleine sein möchte.

Doch schließlich gehen diese harten Zeiten zu Ende; der Betroffene verlässt die Schule und hat eine größere Kontrolle über seine Alltagsroutine, seine sozialen Kontakte und seine Beschäftigungen. Manche Eltern berichten, ihr Sohn oder ihre Tochter habe niemals wie ein Kind gewirkt, sondern immer wie ein kleiner Erwachsener. Zu guter Letzt werden aus den Jugendlichen Erwachsene, sie müssen nicht mehr mit Teenagern verkehren. Das Leben ist nun viel leichter.

Nützliche Faktoren

Für jene Menschen, denen es gelungen ist, auf eigenen Füßen zu stehen, haben sich folgende Faktoren als nutzbringend erwiesen:

- ein Mentor, das heißt, ein Lehrer, Verwandter oder Fachmann (bzw. eine Fachfrau), die den Betroffenen versteht und Anleitung und Anregung gibt;
- ein Partner, der Unterstützung und Zuneigung gibt und sich an den Betroffenen gebunden fühlt. Er macht seine Eigentümlichkeiten wett und kaschiert seine Schwierigkeiten;
- Erfolg in der Arbeit oder in dem Spezialinteresse, wodurch die Probleme im Sozialleben des Betroffenen ausgeglichen werden. Der Erfolg im sozialen Bereich wird dadurch letztlich weniger wichtig. Erfolg wird nicht durch die Partnerschaft, sondern durch Leistung gemessen;
- sich schließlich mit seinen Stärken und Defiziten abzufinden und nicht länger darauf zu hoffen, ein Mensch zu werden, der man einfach nicht sein kann, und zu begreifen, dass man Qualitäten hat, die andere bewundern;
- eine »Spätentwicklung«: So wie es auch Menschen gibt, die erst spät laufen oder sprechen lernen, so kann es auch Menschen geben, die erst spät gesellig werden, obwohl »spät« hier mehrere Jahrzehnte bedeuten kann.

··

Temple[59]

Meine sozialen Kontakte ergeben sich durch meine Arbeit

>> *Ich weiß, dass es Dinge gibt, die in meinem Leben fehlen, aber ich habe einen aufregenden Beruf, der mich jede wache Stunde auf Trab hält. Indem ich mich ständig beschäftige, komme ich gar nicht dazu, über das nachzudenken, was mir fehlen könnte. Manchmal machen sich Eltern oder Fachleute allzu große Sorgen um das soziale Leben eines autistischen Erwachsenen. Meine sozialen Kontakte ergeben sich durch meine Arbeit. Wenn ein Mensch seine Begabungen entwickelt, wird er zwangsläufig mit anderen Menschen Kontakt haben, die seine Interessen teilen.*[60] «

··

Die Prognose ist oft zu pessimistisch

Es wäre nötig, eine Studie über die langfristigen Zukunftsprognosen für Kinder mit diesem Syndrom zu erstellen. Fachleute und Dienststellen sehen in ihnen meist Menschen, die sich zu Erwachsenen entwickeln werden, die auffällige Probleme haben; das führt häufig zu einer übermäßig pessimistischen Einschätzung der langfristigen Zukunftsprognosen. Das Asperger-Syndrom ist eine Entwicklungsstörung, und zu guter Letzt lernt der Betroffene oft, geselliger zu werden, Unterhaltungen zu führen, die Gedanken und Gefühle anderer Menschen zu verstehen und seine eigenen Gedanken und Gefühle genauer und subtiler zum Ausdruck zu bringen.

Ich vergleiche diesen Prozess gern mit der Erstellung eines Puzzlespiels, bestehend aus tausend Stücken, zu dem es kein Bild auf der Schachtel gibt. Nach und nach werden kleine, einzelne Teile des Puzzles zusammengesetzt, aber das gesamte Bild wird nicht ersichtlich. Am Ende gibt es genügend Teilstückchen der Puzzleteile, aufgrund derer man das ganze Bild erkennen kann, und alle Teile haben plötzlich ihren Platz. Das Puzzle (Rätsel) des Sozialverhaltens ist gelöst. Ich habe schon viele Erwachsene mit Asperger-Syndrom getroffen, die berichtet haben, dass es ihnen in ihren späten Zwanzigern oder in den Dreißigern endlich gelang, die zuvor so unverständlichen Mechanismen der sozialen Fertigkeiten intellektuell zu erfassen. Von da an wussten nur ihre Familie und enge Vertraute von ihrem Leiden.

Wir erkennen das Kontinuum des autistischen Ausdrucks vom schweigsamen und unnahbaren Kind bis zu dem Menschen mit Asperger-Syndrom. Können betroffene Kinder gemäß des Kontinuums weitere Fortschritte machen? Wir haben erst angefangen, den Bereich des autistischen Kontinuums zwischen Asperger-Syndrom und der normalen Fähigkeitenpalette zu erforschen. Dennoch können Kinder mit diesem Syndrom sich bis zu einem Punkt entwickeln, wo die üblichen Diagnosekriterien für das Asperger-Syndrom die subtileren Eigenschaften, die davon übrig geblieben sind, nicht adäquat beschreiben.

»Einzelgänger« und »Exzentriker«

Sula Wolff[61] hat ein Buch geschrieben, das auf umfangreichen Beobachtungen in der Klinik und ihren Forschungsstudien basiert, und das die »Brücke« erklärt, die zwischen dem Asperger-Syndrom und der normalen Skala der Fähigkeiten existiert. Sie verwendet den umgangssprachlichen Begriff »Einzelgänger« sowie den diagnostischen Begriff »schizoide Persönlichkeitsstörung«, um Menschen zu beschreiben, die ein ganz spezifisches Muster von Merkmalen aufweisen. Sie sind gewöhnlich einsam und emotional distanziert, reagieren jedoch empfindlich auf Kritik. Sie passen sich keinen konventionellen sozialen Regeln an und haben eine ungewöhnliche, metaphorische Redeweise. Außerdem verfolgen sie strikt ihre eigenen Interessen und können eine ungewöhnliche Fantasie besitzen. Sula Wolff geht verständlicherweise vorsichtig mit dem diagnostischen Begriff »schizoid« um, wegen seines ominösen Untertons, der einen Bezug zur Schizophrenie impliziert – insbesondere da sie herausfand, dass einige Menschen tatsächlich Schizophrenie entwickelten. Vielleicht ist der Begriff Einzelgänger besser angebracht und kann nicht so leicht fehlgedeutet werden. Ich persönlich glaube, dass dieser Bereich des Kontinuums eher eine Beschreibung der Persönlichkeit eines Menschen ist als eine eindeutige Entwicklungsstörung. Somit hat Sula Wolff die potenzielle Folgeentwicklung mancher Menschen mit Asperger-Syndrom und (für manche Fälle) die Merkmale ihrer Verwandten aufgezeigt, die niemals den Grad des Krankheitsausdrucks aufwiesen, den wir als Asperger-Syndrom diagnostizieren.

Obwohl umstritten ist, ob solche Menschen diagnostisch überhaupt »etikettiert« werden sollen oder man sie als Menschen mit einer Persönlichkeitsstörung bezeichnen sollte, können sie sehr gewöhnliche Charaktere besitzen. Der britische Psychiater und Professor Digby Tantam hat den Ausdruck »lebenslange Exzentrizität« geprägt, um die langfristigen Zukunftsprognosen von Menschen mit Asperger-Syndrom zu bezeichnen.[62] Der Begriff Exzentrizität ist hier nicht im abfälligen Sinne gemeint, sondern er verweist darauf, dass jemand besonders ist und aus der Masse heraussticht. Für mich stellen diese Menschen eine Bereicherung der Gesellschaft dar. Sie wäre äußerst öde und steril, wenn wir nicht Menschen mit diesem Syndrom hätten und zu schätzen wüssten.

Anschriften und Internetadressen

autismus Deutschland e. V.
Bundesverband zur Förderung
von Menschen mit
Autismus
Rothenbaumchaussee 15
20148 Hamburg
Tel. 040/511 56 04
info@autismus.de
www.autismus.de

Deutsche Gesellschaft für Kin-
der- und Jugendpsychiatrie,
Psychosomatik und Psychotherapie e. V.
Geschäftsstelle DGKJP
Reinhardtstr. 27 B
10117 Berlin
geschaeftsstelle@dgkjp.de
www.dgkjp.de

FIAM e. V. – Verein zur Förderung und Integration autistischer Menschen e. V.
Vahrenwalder Str. 195 a
30165 Hannover
Telefon: 0511/600 82 84
verein.fiam@t-online.de
www.fiam-ev.de

Integrationszentrum MAut –
Menschen mit Autismus
Schwanthaler Str. 18
80336 München
Tel.: 089/5485 10
info@m-aut.de
www.m-aut.de

Klinik und Poliklinik für Kinder-
und Jugendpsychiatrie
Füchsleinstraße 15
97080 Würzburg
Tel. 0931/201 76 050
info@kjp.uni-wuerzburg.de
www.kjp.ukw.de

Universitätsklinikum Gießen
und Marburg, Standort Marburg
Klinik für Kinder- und Jugendpsychiatrie und -psychotherapie
Hans-Sachs-Str. 6
35033 Marburg
Tel. 06421/586 64 71
kjp@med.uni-marburg.de
www.ukgm.de/ugm_2/deu/
umr_kjp

Selbsthilfeverein von Menschen
mit dem Asperger-Syndrom
Aspies e.V. – Menschen im Au-
tismusspektrum
Greifswalder Str. 4
10405 Berlin
verein@aspies.de
www.aspies.de

Weitere hilfreiche Webseiten

Autismus-Therapieinstitut
Langen:
www.autismus-langen.de

Autistenhilfe Österreich:
www.autistenhilfe.at

Autismus deutsche Schweiz:
www.autismus.ch

Eine Eltern-Initiative in Nieder-
sachsen, einzigartig-eigenartig:
www.einzigartig-eigenartig.de

Hilfreiche englischsprachige
Internetseiten:
www.autism.org
www.wrongplanet.net

Bücher zum Weiterlesen

Attwood T. **Ein Leben mit dem Asperger-Syndrom: Von Kindheit bis Erwachsensein – alles was weiterhilft.** Stuttgart, TRIAS; 2012

Blickenstorfer D. **Meine Welt – deine Welt.** Meine Lebensge-
schichte mit Asperger-Syndrom und Hochbegabung. Berlin, Weidler; 2004

Freihow H. **Lieber Gabriel.** Die Geschichte meines autistischen Jungen. Hannover, Verlag Rad und Soziales; 2013

Grandin T. **Ich sehe die Welt wie ein frohes Tier: Eine Autistin entdeckt die Sprache der Tiere.**

Hannover, Verlag Rad und Soziales; 2015

Moore C. **Sam, George und ein ganz gewöhnlicher Montag.** Mein Leben mit zwei autistischen Kindern. München, Gold-
mann; 2004

Newport M, Newport J. **Crazy in Love. Ein autistisches Paar erzählt seine Geschichte.** Mün-
chen, Droemer Knaur; 2005

Preißmann C. **Und dass jeden Tag Weihnachten wär'.** Wünsche und Gedanken einer jungen Frau mit Asperger-Syndrom. Berlin, Weidler; 2005

Schäfer S. **Sterne, Äpfel und rundes Glas.** Mein Leben mit Autismus. Stuttgart, Freies Geistes-
leben; 2012

Schirmer B. **Elternleitfaden Autismus.** Wie Ihr Kind die Welt er-
lebt. Mit gezielten Therapien wirksam fördern. Schwierige All-
tagssituationen meistern. Stutt-
gart, TRIAS; 2006

Schuster N. **Ein guter Tag ist ein Tag mit Wirsing.** Das Asperger-Syndrom aus der Sicht ei-
ner Betroffenen. Berlin, Weidler; 2007

Fragebögen

Wie fühlst du dich heute?

Die folgenden Zeichnungen können verwendet werden, um das Erkennen von Gefühlen zu erleichtern (Die Zeichnungen stammen aus: 100 Training Games, Gary Kroehnert, McGraw-Hill Book Company, Australia, Syndney, 1991). Für jüngere Kinder sollten weniger Abbildungen verwendet werden, um das Verfahren zu vereinfachen. Für ältere Kinder könnte man noch weitere Gesichter ergänzen, um andere Gefühle zu illustrieren.

aggressiv	ängstlich	reumütig	anmaßend	schüchtern
selig	gelangweilt	vorsichtig	frostig	selbstsicher
neugierig	entschlossen	enttäuscht	ungläubig	wütend
neidisch	erschöpft	angsterfüllt	frustriert	schuldig
glücklich	entsetzt	hitzig	verkatert	verletzt
hysterisch	gleichgültig	interessiert	eifersüchtig	einsam
verliebt	erfolglos	kummervoll	erleichtert	traurig
zufrieden	überrascht	misstrauisch	unschlüssig	anders …

Diagnosekriterien

Diagnosekriterien für das Asperger-Syndrom von Gillberg und Gillberg (1989)	
1.	Soziale Beeinträchtigung (extreme Ichbezogenheit) (mindestens zwei der folgenden Merkmale):
	a) Unfähigkeit, mit Gleichaltrigen zu interagieren. ☐
	b) mangelnder Wunsch, mit Gleichaltrigen zu interagieren ☐
	c) mangelndes Verständnis für soziale Signale ☐
	d) sozial und emotional unangemessenes Verhalten ☐
2.	Eingegrenzte Interessen (mindestens eines der folgenden Merkmale):
	a) Ausschluss anderer Aktivitäten ☐
	b) repetitives Befolgen der Aktivität ☐
	c) mehr Routine als Bedeutung ☐
3.	Repetitive Routinen (mindestens eines der folgenden Merkmale):
	a) für sich selbst, in Bezug auf bestimmte Lebensaspekte ☐
	b) für andere ☐
4.	Rede- und Sprachbesonderheiten (mindestens drei der folgenden Merkmale):
	a) verzögerte Entwicklung ☐
	b) (oberflächlich gesehen) perfekter sprachlicher Ausdruck ☐
	c) formelle, pedantische Sprache ☐
	d) seltsame Prosodie, eigenartige Stimmmerkmale ☐
	e) beeinträchtigtes Verständnis einschließlich Fehlinterpretationen von wörtlichen/ implizierten Bedeutungen ☐
5.	Nonverbale Kommunikationsprobleme (mindestens eines der folgenden Merkmale):
	a) begrenzte Gestik ☐

Diagnosekriterien für das Asperger-Syndrom von Gillberg und Gillberg (1989)

	b) unbeholfene/linkische Körpersprache	☐
	c) begrenzte Mimik	☐
	d) unangemessener Ausdruck	☐
	e) eigenartig starrer Blick	☐
	f) motorische Unbeholfenheit	☐
6.	Mangelnde Leistung bei Untersuchung der neurologischen Entwicklung	☐

Diagnosekriterien für das Asperger-Syndrom von Szatmari, Bremner und Nagy (1989)

1.	Einsam (mindestens zwei der folgenden Merkmale):	
	hat keine engen Freunde	☐
	meidet andere Menschen	☐
	hat keine Interessen am Schließen von Freundschaften	☐
	ist ein Einzelgänger	☐
2.	Beeinträchtigte soziale Interaktion (mindestens eines der folgenden Merkmale):	
	nähert sich anderen Menschen nur an, wenn es um die eigenen Bedürfnisse geht	☐
	hat eine ungeschickte Art der Annäherung	☐
	zeigt einseitige Reaktionen auf Gleichaltrige	☐
	hat Schwierigkeiten, die Gefühle anderer zu spüren	☐
	steht den Gefühlen anderer gleichgültig gegenüber	☐
3.	Beeinträchtigte nonverbale Kommunikation (mindestens eines der folgenden Merkmale):	
	begrenzte Mimik	☐
	ist unfähig, aus der Mimik eines Kindes eine Emotion herauszulesen	☐
	ist unfähig, Botschaften mit den Augen zu geben	☐

Diagnosekriterien für das Asperger-Syndrom von Szatmari, Bremner und Nagy (1989)	
	schaut andere Menschen nicht an	☐
	nimmt nicht die Hände zu Hilfe, um sich Ausdruck zu verleihen	☐
	hat eine ausufernde und unbeholfene Gestik	☐
	kommt anderen Menschen zu nahe	☐
4.	Sonderbare Redeweise (mindestens zwei der folgenden Merkmale)	
	anormale Modulation	☐
	spricht zu viel	☐
	spricht zu wenig	☐
	mangelnde Kohäsion im Gespräch	☐
	idiosynkratischer Wortgebrauch	☐
	repetitive Sprachmuster	☐
5.	Entspricht nicht den DSM-IV-Kriterien für eine autistische Störung	☐

Diagnosekriterien für die Asperger-Störung von DSM IV (1994)	
A	Qualitative Beeinträchtigung der sozialen Interaktion, die sich in mindestens zwei der folgenden Bereiche manifestiert:	
	1. deutliche Beeinträchtigung bei vielfältigen nonverbalen Verhaltensweisen, wie dem In-die-Augen-Schauen, der Mimik, der Körpergesten sowie der Gesten zum Regulieren der sozialen Interaktionen	☐
	2. Unvermögen, dem Entwicklungsniveau entsprechend Beziehungen zu Gleichaltrigen zu entwickeln	☐
	3. mangelnder spontaner Wunsch, mit anderen Vergnügen, Interessen oder Errungenschaften zu teilen (z. B. macht der Betroffene keine Anstalten, Gegenstände seines Interesses anderen Menschen zu zeigen, ihnen zu bringen oder darauf hinzuweisen)	☐
	4. fehlende soziale oder emotionale Gegenseitigkeit	☐
	5. Begrenzte repetitive und stereotype Verhaltensmuster, Interessen und Aktivitäten, die sich in mindestens einem der folgenden Merkmale zeigen	☐

Diagnosekriterien für die Asperger-Störung von DSM IV (1994)	

B	Begrenzte repetitive und stereotype Verhaltensmuster, Interessen und Aktivitäten, die sich in mindestens einem der folgenden Merkmale zeigen:	
	1. konzentrierte Beschäftigung mit einem oder mehreren stereotypen und begrenzten Interessenmustern, die entweder in ihrer Intensität oder durch ihr Gebiet abnorm sind	☐
	2. offenbar sture Befolgung spezifischer, nonfunktionaler Routinen und Rituale	☐
	3. stereotype und repetitive motorische Manierismen (z. B. das Schnippen oder Drehen der Finger oder komplexe Bewegungen mit dem ganzen Körper)	☐
	4. anhaltende Beschäftigung mit einzelnen Teilstücken oder Gegenständen	☐
C	Die Störung verursacht bedeutsame Beeinträchtigungen auf sozialem, beruflichem oder auf einem anderen wichtigen Gebiet.	☐
D	Es existiert keine klinisch bedeutsame allgemeine Sprachverzögerung (z. B. spricht der Betroffene im Alter von zwei Jahren einzelne Worte und benutzt im Alter von drei Jahren kommunikative Redewendungen).	☐
E	Es existiert keine klinisch bedeutsame Verzögerung in der kognitiven Entwicklung oder in der Entwicklung der altersgemäßen Fähigkeiten zur Selbsthilfe, im anpassungsfähigen Verhalten (anders als in der sozialen Interaktion) und bei der Wissensbegierde in Bezug auf das Umfeld in der Kindheit.	☐
F	Die Kriterien stimmen nicht mit denen einer weiteren spezifischen tief greifenden Entwicklungsstörung oder der Schizophrenie überein.	☐

Diagnosekriterien des Asperger-Syndroms von ICD-10 (Weltgesundheitsorganisation) 1993	

A	Es existiert keine klinisch bedeutsame allgemeine Verzögerung in der gesprochenen oder rezeptiven Sprache oder in der kognitiven Entwicklung. Die Diagnose verlangt, dass bis zum Alter von zwei Jahren oder früher einzelne Worte gesprochen werden können und dass bis zum Alter von drei Jahren oder früher kommunikative Redewendungen benutzt werden. Fähigkeiten zur Selbsthilfe, anpassungsfähiges Verhalten und Wissensbegierde in Bezug auf das Umfeld sollten um das dritte Lebensjahr herum auf einem mit der normalen intellektuellen Entwicklung übereinstimmenden Niveau liegen. Dennoch können die motorischen Wegmarken etwas verzögert sein, und die motorische Unbeholfenheit ist die Regel (obwohl kein notwendiges diagnostisches Merkmal). Es bestehen häufig einzelne spezielle Fertigkeiten, die sich meist auf abnorme Beschäftigungen beziehen, aber sie sind für die Diagnose nicht relevant.	☐
B	Qualitative Abnormitäten in der wechselseitigen sozialen Interaktion zeigen sich in mindestens zwei der folgenden Merkmale:	

Diagnosekriterien des Asperger-Syndroms von ICD-10 (Weltgesundheitsorganisation) 1993	
a) Unvermögen, einen angemessenen Augenkontakt herzustellen und aufrechtzuerhalten, Mängel in Mimik und Körperhaltungen, Mängel in der Gestik zur Regulierung der sozialen Interaktion;	☐
b) Unvermögen (in einer dem geistigen Alter entsprechenden oder trotz ausreichender Gelegenheiten), Beziehungen zu Gleichaltrigen zu entwickeln, die das Teilen von Interessen, Aktivitäten und Emotionen betreffen;	☐
c) Mangel an sozio-emotionaler Gegenseitigkeit, die sich in einer unzulänglichen oder von der Norm abweichenden Reaktion auf die Emotionen anderer Menschen zeigt; oder der Mangel an Verhaltensmodulation gemäß dem sozialen Kontext; oder eine geringe Integration der sozialen, emotionalen und kommunikativen Verhaltensweisen;	☐
d) fehlender spontaner Wunsch, mit anderen Menschen Vergnügen, Interessen und Errungenschaften zu teilen (z. B. mangelndes Interesse, anderen Menschen Gegenstände, die dem Betroffenen wichtig sind, zu zeigen, herzubringen oder darauf hinzuweisen).	☐
C	Der Betroffene legt ein ungewöhnlich starkes, sehr spezielles Interesse oder begrenzte, repetitive und stereotype Verhaltensmuster, Interessen und Aktivitäten an den Tag, die sich in mindestens einem der folgenden Bereiche manifestieren:	
a) einer konzentrierten Beschäftigung mit stereotypen und begrenzten Interessensmustern, die in Inhalt oder Gebiet abnorm sind; oder eine oder mehrere Interessen, die in ihrer Intensität und ihrer speziellen Natur, aber nicht in Inhalt oder Gebiet begrenzt sind;	☐
b) offenkundige zwanghafte Befolgung spezifischer, nonfunktionaler Routinen oder Rituale;	☐
c) stereotype und repetitive motorische Manierismen, die entweder das Schnippen/ Schlagen oder Drehen mit Händen oder Fingern oder komplexe Bewegungen mit dem ganzen Körper mit einschließen;	☐
d) Beschäftigungen mit Teil-Objekten oder nonfunktionalen Elementen oder Spielmaterialien (wie den dazugehörigen Farben, dem Gefühl, das ihre Oberfläche vermittelt, oder dem Geräusch/der Vibration, das sie hervorrufen).	☐
e) Doch kommt es seltener vor, dass diese Merkmale motorische Manierismen oder Beschäftigungen mit Teil-Objekten oder nonfunktionalen Elementen der Spielmaterialien mit einschließen.	☐
D	Die Störung ist den anderen Varianten der tief greifenden Entwicklungsstörung nicht zuzuschreiben, wie: einfache Schizophrenie, schizo-typische Störung, Zwangsstörung, anankastische Persönlichkeitsstörung, reaktive und enthemmte Bindungsstörungen der Kindheit.	☐

Literaturverzeichnis

Deutschsprachige Titel

Publikationen der Tagungen des Autismus-Verbandes können Sie über den Bundesverband Hilfe für das autistische Kind, **Verein zur Förderung autistischer Menschen e. V.** (siehe »Anschriften und Internetadressen«, Seite 209) beziehen.

Die Leitlinien der **Deutschen Gesellschaft für Kinder- und Jugendpsychiatrie und Psychotherapie** erhalten Sie bei der Geschäftsstelle der DGKJP (siehe »Anschriften und Internetadressen«, Seite 209).

Joergensen, O. S.: **Autismus oder Asperger,** Weinheim 1998.

Klicpera, C.; Innerhofer, P.: **Die Welt des frühkindlichen Autismus.** Unter Mitarbeit von Barbara Gasteiger-Klicpera, München 1992.

Lempp, R. G. E.: **Therapie der Psychosen im Kindes- und Jugendalter,** Bern 1990.

Remschmidt, H.: **Das Asperger-Syndrom. Eine zu wenig bekannte Störung?,** in: Deutsches Ärzteblatt 97, Heft 19, S. 296–300, 2000.

Sacks, O.: **Eine Anthropologin auf dem Mars,** Reinbek 1995.

Schäfer, S.: **Sterne, Äpfel und rundes Glas. Mein Leben mit Autismus,** 1997.

Williams, D.: **Wenn du mich liebst, bleibst du mir fern.** Eine Autistin überwindet die Angst vor anderen Menschen, München 1996.

Internationale Titel

American Psychiatric Association: **Diagnostisches und statistisches Manual psychischer Störungen,** Göttingen 1996.

Anneren, G., Dahl, N., Uddenfeldt, U., Janols, L. O.: **Asperger's Syndrome in a boy with a balanced de novo translocation,** in: American Journal of Medical Genetics 56, S. 330–331, 1995.

Asendorpf, J. B.: **Abnormal shyness in children,** in: Journal of Child Psychology and Psychiatry 34, S. 1069–1081, 1993.

Asperger, H.: **Die Autistischen Psychopathen,** in: Kindesalter, Archiv für Psychiatrie und Nervenkrankheiten 117, S. 76–136, 1944.

Asperger, H.: **Problems of infantile autism,** in: Communication, Journal of the National Autistic Society, 1979.

Asperger, H.: **Autistic psychopathy in childhood,** in: U. Frith (Hrsg.): Autism and Asperger's Syndrome, Cambridge 1991.

Attwood, A. J., Frith, V., Hermelin, B.: **The understanding and use of interpersonal gestures by autistic and Down's Syndrome children,** In: Journal of Autism and Developmental Disorders 18, 2, S. 241–257, 1988.

Baltaxe, C. A. M., Russell, A., D'Angiola, N., Simmons, J.Q.: **Discourse cohesion in the verbal interactions of individuals diagnosed with autistic disorder or schizotypal personality disorder,** in: Australian and New Zealand Journal of Developmental Disabilities 20, S. 79–96, 1995.

Barber, C.: **The integration of a very able pupil with Asperger's Syndrome into a mainstream school,** in: British Journal of Special Education 23, S. 19–24, 1996.

Baron-Cohen, S.: **An assessment of violence in a young man with Asperger's Syndrome,** in: Journal of Child Psychology and Psychiatry 29, S. 351–360, 1988.

Baron-Cohen, S.: **Social and pragmatic deficits in autism: Cognitive or affective?,** in: Journal of Autism and Developmental Disorders 18, S. 379–402, 1988.

Baron-Cohen, S., Campbell, R., Karmiloff-Smith, A., Grant, J., Walker J. : **Are children with autism blind to the mentalistic significance of the eyes?,** in: British Journal of Developmental Psychology 13, S. 379–398, 1995.

Baron-Cohen, S., Staunton, R.: **Do children with autism acquire the phonology of their peers?** An examination of group identification through the window of bilingualism, in: First Language 14, S. 241–248, 1994.

Baron-Cohen, S., Wheelwright, S., Stott, C., Bolton, P., Goodyer, I.: **Is there a link between engineering and autism?,** in: Autism, 1, S. 101–109, 1997.

Barron, J., Barron, S.: **There's a Boy in Here,** New York 1992. Dt. Übersetzung: **Hört mich denn niemand?,** München 1992.

Bebbington, M., Sellers, T.: **The needs and support of people with Asperger's Syndrome,** in: P. Shattock und G. Linfoot (Hrsg.): Autism on the Agenda, London 1996.

Berard, G.: **Hearing Equals Behaviour,** New Canaan, Connecticut 1993.

Berthier, M.L.: **Hypomania following bereavement in Asperger's Syndrome: A case study,** in: Neuropsychiatry, Neuropsychology and Behavioural Neurology, 8, S. 222–228, 1995.

Bettison, S.: **The long term effects of auditory training on children with autism,** in: Journal of Autism and Developmental Disorders 26, S. 361–374, 1996.

Bishop, D. V. M.: **Autism, Asperger's Syndrome and semantic-pragmatic disorder: Where are the boundaries?,** in: British Journal of Disorders of Communication 24, S. 107–121, 1989.

Bolton, P., Macdonald, H., Pickles, A., Rios, P., Goode, S., Crowson, M., Bailey, A., Rutter, M.: **A case-control study of autism,** in: Journal of Child Psychology and Psychiatry 35, S. 877–900, 1994.

Bosch, G.: **Infantile Autism,** New York, 1970.

Botroff, V., Bantak, L., Langford, P., Page, M., Tong, B.: **Social cognitive skills and implications for social skills training in adolescents with autism,** Adelaide, Australia, 1995.

Bowler, D. M.: **»Theory of Mind« in Asperger's Syndrome,** in: Journal of Child Psychology and Psychiatry 33, S. 877–893, 1992.

Brook, S. L., Bowler, D. M.: **Autism by another name? Semantic and pragmatic impairments in children,** in: Journal of Autism and Developmental Disorders 22, S. 61–81, 1992.

Bryson, B.: **Notes from a Small Island,** London 1995. Dt. Übersetzung: **Reif für die Insel,** England für Anfänger und Fortgeschrittene, München 1997.

Burgoine, E., Wing, L.: **Identical triplets with Asperger's Syndrome,** in: British Journal of Psychiatry 143, S. 261–265, 1983.

Capps, L., Yirmiya, N., Sigman, M.: **Understanding of simple** and complex emotions in non-retarded children with autism, in: Journal of Child Psychology and Psychiatry 33, 7, S. 1169–1182, 1992.

Carpentieri, S. C., Morgan S.: **A comparison of patterns of cognitive functioning of autistic and non-autistic retarded children on the Stanford-Binet,** 4. Ausgabe, in: Journal of Autism and Developmental Disorders 24, S. 215–223, 1994.

Cesaroni, L., Garber, M.: **Exploring the experience of autism through first and hand accounts,** in: Journal of Autism and Developmental Disorders 21, S. 303–313, 1991.

Cooper, S. A., Mohamed. W. N., Collacott, R. A.: **Possible Asperger's Syndrome in a mentally handicapped transvestite offender,** in: Journal of Intellectual Disability Research 37, S. 189–194, 1993.

Courchesne, E.: **New evidence of cerebellar and brainstem hypoplasia in autistic infants, children and adolescents,** in: Journal of Autism and Developmental Disorders 25, S. 19–22, 1995.

Davies, J.: **Able Autistic Children – Children with Asperger's Syndrome: A Booklet for Brothers and Sisters,** Nottingham: Child Development Research Unit, University of Nottingham, 1994.

DeLong, G. R., Dwyer, J. T.: **Correlation of family history with specific autistic subgroups: Asperger's Syndrome and Bipolar Affective Disease,** in: Journal of Autism and Developmental Disorders 18, S. 593–600, 1988.

Dewey, M.: **Living with Asperger's Syndrome,** in: U. Frith (Hrsg.): Autism and Asperger's Syndrome, Cambridge 1991.

Eales, M.: **Pragmatic impairments in adults with childhood diagnosis of autism, a developmental receptive language disorder,** in: Journal of Autism and Developmental Disorders 23, S. 593–617, 1993.

Ehlers, S., Gillberg, C.: **The epidemiology of Asperger's Syndrome – A total population study,** in: Journal of Child Psychology and Psychiatry 34, S. 1327–1350, 1993.

Eisenmajer, R., Proir, M., Leekman, S., Wing, L., Gould, J., Welham, M., Ong, B.: **Comparison of clinical symptoms in autism and Asperger's Syndrome,** in: Journal of the American Academy of Child and Adolescent Psychiatry 35, S. 1523–1531, 1996.

El-Badri, S. M., Lewis, M.: **Left hemisphere and cerebellar damage in Asperger's syndrome,** in: Irish Journal of Psychological Medicine 10, S. 22–23, 1993.

Ellis, H. D., Ellis, D. M., Fraser, W., Deb, S.: **A preliminary study of right hemisphere cognitive deficits and impaired social judgements among young people with Asperger's Syndrome,** in: European Child and Adolescent Psychiatry 3, S. 255–266, 1994.

Everall, I. P., Lecouteur, A.: **Firesetting in an adolescent boy with Asperger's Syndrome,** in: British Journal of Psychiatry 157, S. 284–287, 1990.

Fine, J., Bartolucci, G. Ginsberg, G., Szatmari, P.: **The use of intonation to communicate in Pervasive Developmental Disorders,** in: Journal of Child Psychology and Psychiatry 32, S. 777–782, 1991.

Fisman, S., Steele, M., Short, J., Byrne, T., Lavallee, C.: **Case** study: Anorexia nervosa and autistic disorder in an adolescent girl, in: Journal of American Academy of Child and Adolescent Psychiatry 35, S. 937–940, 1996.

Fletcher, P. C., Happé, F., Frith, U., Baker, S. C., Dolan, R. J., Frackowiak, R. S. J., Frith, C. D.: Other minds in the brain: A functional imaging study of »theory of mind« in story comprehension, in: Cognition 57, S. 109–128, 1995.

Frith, U.: Autism: Explaining the Enigma, Oxford 1989.

Frith, U.: Asperger and his syndrome, in: U. Frith (Hrsg.): Autism and Asperger Syndrome, Cambridge 1991.

Frith, U., Happé, F.: Autism: Beyond »Theory of Mind«, in: Cognition 50, S. 115–132, 1994.

Garnett, M. S., Attwood, A. J.: The Australian Scale for Asperger's Syndrome, Brisbane, Australia, 1995.

Gething, S., Rigg, M.: Transition to adult life: A curriculum for students with Asperger's Syndrome, 1996.

Ghaziuddin, M., Butler, E., Tsai, L., Ghaziuddin, N.: Is clumsiness a marker for Asperger's Syndrome?, in: Journal of Intellectual Disability Research 38, S. 519–527, 1994.

Ghaziuddin, M., Gerstein, L.:-Pedantic speaking style differentiates Asperger's Syndrome from High-Functioning Autism, in: Journal of Autism and Developmental Disorders 26, S. 585–595, 1996.

Ghaziuddin, M., Leininger, L., Tsai, L.: Thought Disorder in Asperger Syndrome: Comparison with High Functioning Autism, in: Journal of Autism and De-velopmental Disorder 25, S. 311–317, 1995.

Ghaziuddin, M., Shakal, J., Tsai, L.: Obstetric factors in Asperger Syndrome: Comparison with high-functioning autism, in: Journal of Intellectual Disability Research 39, S. 538–543, 1995.

Ghaziuddin, M., Tsai, L., Ghaziuddin, N.: Brief report: Violence in Asperger Syndrome – A critique, in: Journal of Autism and Developmental Disorders 21, S. 349–354, 1991.

Gillberg, C.: Perceptual, motor and attentional deficits in Swedish primary school children: Some child psychiatric aspects, in: Journal of Child Psychology and Psychiatry 24, S. 377–403, 1983.

Gillberg, C.: Asperger's Syndrome in 23 Swedish children, in: Developmental Medicine and Child Neurology 31, S. 520–531, 1989.

Gillberg, C.: Clinical and neurobiological aspects of Asperger Syndrome in six family studies, in: U. Frith (Hrsg.): Autism and Asperger Syndrome, Cambridge 1991.

Gillberg, C.: Savant-syndromet, in: R. Vejlsgaard (Hrsg.): Medicinsk arsbok, Kopenhagen 1992.

Gillberg, C., Gillberg, I. C.: Asperger syndrome – Some epidemiological considerations: A research note, in: Journal of Child Psychology and Psychiatry 30, S. 631–638, 1989.

Gillberg, C., Gillberg, I. C., Stafenburg, S.: Siblings and parents of children with autism: A controlled population based study, in: Developmental Medicine and Child Neurology 34, S. 389–398, 1992.

Gillberg, C., Rastam, M.: Do some cases of anorexia nervosa reflect underlying autistic-like conditions?, in: Behavioural Neurology 5, S. 27–32, 1992.

Gillberg, I. C., Gillberg C.: Autism in immigrants: A population-based study from Swedish rural and urban areas, in: Journal of Intellectual Disability Research 40, S. 24–31, 1996.

Goldstein, G., Minshew, N. J., Siegel, D.J.: Age differences in academic achievement in high-functioning autistic individuals, in: Journal of Clinical and Experimental Neuropsychology 16, S. 671–680, 1994.

Gordon, C. T., State, R. C., Nelson, J. E., Hamburger, S. D., Rapoport, J. L.: A double-blind comparison of clomipramine, desipramine and placebo in the treatment of autistic disorder, in: Archives of General Psychiatry 50, S. 441–447, 1993.

Grandin, T.: My experiences as an autistic child and review of related literature, in: Journal of Orthomolecular Psychiatry, 13, S. 144–174, 1984.

Grandin, T.: Teaching tips from a recovered autistic, in: Focus on Autistic Behaviour 3, S. 1–8, 1988.

Grandin, T.: Needs of High-Functioning teenagers and adults with autism (tips from a recovered autistic), in: Focus on Autistic Behaviour 5, S. 1–15, 1990.

Grandin, T.: Sensory problems in autism, 1990.

Grandin, T.: An inside view of autism, in: Schopler E., Mesibov G. B. (Hrsg.): High-Functioning Individuals with Autism, New York 1992.

Grandin, T.: **Thinking in Pictures. And other reports from my life with autism,** New York 1995.

Gray, C.: **Comic Strip Conversations,** Arlington 1994.

Gray, C.: **The Sixth Sense,** unveröffentlichtes Manuskript, 1996.

Gray, C.: **Pictures of Me – Introducing students with Asperger's Syndrome to their talents, personality and diagnosis,** in: The Morning News, 1996.

Gray, C.: **My social stories book,** London 2002.

Gray, C. A.: **Social stories and comic strip conversations with students with Asperger Syndrome and high-functioning autism,** in: E. Schopler, G. B. Mesibov, L. Kunce (Hrsg.): Asperger's Syndrome and High-Functioning Autism, New York.

Hallett, M., Lebieclausko, M., Thomas, S., Stanhope, S., Dondela, M., Rumsey, J.: **Locomotion of autistic adults,** in: Archives of Neurology 50, S. 1304–1308, 1993.

Happé, F.: **The autobiographical writings of three Asperger's Syndrome adults: Problems of interpretations and implications for theory,** in: U. Frith (Hrsg.): Autism and Asperger's Syndrome, Cambridge 1991.

Happé, F.: **Autism: An Introduction of Psychological Theory,** London 1994.

Happé, F.: **An advanced test of theory of mind,** in: Journal of Autism and Developmental Disorders 24, S. 129–154, 1994.

Happé, F., Ehlers, S., Fletcher, P., Frith. U., Johansson, M., Gillberg, C., Dolan, R., Frackowiak, R., Frith, C.: **Theory of mind: In the brain, Evidence from a PET scan study of Aspergers's Syndrome,** in: Clinical Neuroscience and Neuropathology 8, S. 197–201, 1996.

Harrison, J., Baron-Cohen, S.: Synaesthesia: **Reconciling the subjective with the objective,** in: Endeavour 19, S. 157–160, 1995.

Hashimoto et al.: **Development of brainstem and cerebellum in autistic patients,** in: Journal of Autism and Developmental Disorders 25, S. 1–18, 1995.

Hurlburt, R. T., Happé, F., Frith, U.: **Sampling the form of inner experience in three adults with Asperger's Syndrome,** in: Psychological Medicine 24, S. 385–395, 1994.

Jolliffe, T., Landsdown, R., Robinson, C.: **Autism. A personal account,** in: Communication, Journal of the National Autistic Society 26, S. 12–19, 1992.

Kerbeshian, J., Burd, L.: **Asperger's syndrome and tourette syndrome: The case of the pinball wizard,** in: British Journal of Psychiatry 148, S. 731–736, 1986.

Kerbeshian, J., Burd, L., Fisher, W.: **Asperger's Syndrome: To be or not to be?,** in: British Journal of Psychiatry 156, S. 721–725, 1990.

Kerbeshian, J., Burd, M. S.: **Case Study: Comorbidity among Tourette's Syndrome, Autistic Disorder and Bipolar Disorder,** in: Journal of the American Academy of Child and Adolescent Psychiatry 35, S. 681–685, 1996.

Klin, A., Volkmar, F. R., Sparrow, S. S., Cicchetti, D. V., Rourke, B. P.: **Validity and neuropsychological characterization of Asperger Syndrome: Convergence with Nonverbal Learning Disabilities Syndrome,** in: Journal of Child Psychology and Psychiatry 36, S. 1127–1140, 1995.

Lanczak, R.: **Writing About Feelings,** Victoria, Australien 1987.

Le Couteur, A., Bailey, A., Goode, S., Pickles, A., Robertson, S.,Gottesman, I., Rutter, M.: **A broader phenotype of autism – The clinical spectrum in twins,** in: Journal of Child Psychology and Psychiatry 37, S. 785–801, 1996.

Loveland, K. A., Tunali, B.: **Social scripts for conversational interactions in autism and Downs Syndrome,** in: Journal of Autism and Developmental Disorders 21, S. 177–186, 1991.

Manjiviona, J., Prior, M.: **Comparison of Asperger's Syndrome and high-functioning autistic children on a test of motor impairment,** in: Journal of Autism and Developmental Disorders 25, S. 23–39, 1995.

Marriage, K. J., Gordon V., Brand, L.: **A social skills group for boys with Aspergers's Syndrome,** in: Australian and New Zealand Journal of Psychiatry 29, S. 58–62, 1995.

Marriage, K., Miles, T.: **Clinical research implications of the co-occurence of Asperger's and Tourette's Syndrome,** in: Australian and New Zealand Journal of Psychiatry 27, S. 666–672, 1993.

Marriage, K., Miles, T., Stokes, D., Davey, M.: **Comparison of Asperger's Syndrome and High-Functioning Autistic children on a test of motor impairment,** in: Journal of Autism and Developmental Disorders 25, S. 23–29, 1995.

Matthews, A.: **Making Friends: A Guide to Getting Along With People,** Singapur 1990.

Maurer, R. G., Damasio, A.: Childhood autism from the point of view of behavioural neurology, in: Journal of Autism and Developmental Disorders 12, S. 195–205, 1982.

Mawson, D., Grounds, A., Tantam, D.: Violence and Asperger's Syndrome: A case study, in: British Journal of Psychiatry 147, S. 566–569, 1985.

McDougle, C. J., Price, L. H., Goodman, W. K.: Fluvoxamine treatment of coincident autistic disorder and obsessive compulsive disorder: A case report, in: Journal of Autism and Developmental Disorders 20, S. 537–543, 1990.

McDougle, C. J., Price, L. H., Volkmar, F. R., Goodman, W. K., Ward-O'Brien, D., Nielsen, J., Bregman, J., Cohen, D. J.: Clomipramine in autism: Preliminary evidence of efficacy, in: Journal of the American Academy of Child and Adolescent Psychiatry 31, S. 746–750, 1992.

McKelvey, J. R., Lambert, R., Mottson, L., Shevell, M. I.: Right hemisphere dysfunction in Aspergers's Syndrome, in: Journal of Child Neurology 10, S. 310–314, 1995.

McLennan, J. D., Lord, C., Schopler, E.: Sex differences in high-functioning people with autism, in: Journal of Autism and Developmental Disorders 23, S. 217–227, 1993.

Mesibov, G. B.: Social skills training with verbal autistic adolescents and adults: A program model, in: Journal of Autism and Developmental Disorders 14, S. 395–404, 1984.

Miedzianik, D. C.: My Autobiography, Nottingham 1986.

Minshow, N. J., Goldstein, G., Muenz, L. R., Poyton, J.: Neuropsychological functioning in non-mentally retarded Autistic individuals, in: Journal of Clinical and Experimental Neuropsychology 14, S. 749–761, 1992.

Morgan, H.: Adults with Autism, Cambridge 1996.

Newsom, E.: Services for Able Autistic People, Nottingham 1985.

Newsom, E.: Evaluating interventions in autism: Problems and results, National Autism Conference, Brisbane, Australien 1995.

Ozonoff, S., Miller, J.: Teaching theory of mind: A new approach to social skills training for individuals with autism, in: Journal of Autism and Developmental Disorders 25, S. 415–433, 1995.

Ozonoff, S., Rogers, S. J., Pennington, B.F.: Asperger's syndrome: evidence of an empirical distinction from high functioning autism, in: Journal of Child Psychology and Psychiatry 32, S. 1107–1122, 1991.

Perkins, M., Wolkind, S. N.: Asperger's Syndrome: Who is being abused?, in: Archives of Disease in Childhood 66, S. 693–695, 1991.

Piven, J., Harper, J., Palmer, P., Arndt, S.: Course of behavioural change in autism: A retrospective study in high-IQ adolescents and adults, in: Journal of the American Academy of Child and Adolescent Psychiatry 35, S. 523–529, 1996.

Piven, J., Palmer, P., Jacobi, D., Childress, D., Arndt. S.: Broader autism phenotype: Evidence from a family history study of multiple incidence autism families, in: American Journal of Psychiatry 154, S. 185–190, 1997.

Prior, M., Hoffman, W.: Brief report: Neuropsychological testing of autistic children through an exploration with frontal lobe tests, in: Journal of Autism and Developmental Disorders 20, S. 581–590, 1990.

Ratey, J., Johnson, C.: Shadow Syndromes, New York 1997.

Realmuto, A., August, G. J.: Catatonia in autistic disorder: A sign of comorbidity or variable expression?, in: Journal of Autism and Developmental Disorders 21, S. 517–528, 1991.

Rickarby, G., Carruthers, A., Mitchell, M.: Brief Report: Biological factors associated with Asperger's Syndrome, in: Journal of Autism and Developmental Disorders 21, S. 341–348, 1991.

Rimland, B.: Sound sensitivity in autism, in: Autism Research Review International 4, 1 und 6, 1990.

Rimland, B., Edelson, S. M.: Brief report: A pilot study of Auditory Integration Training in autism, in: Journal of Autism and Developmental Disorders 25, S. 61–70, 1995.

Roffey, S., Tarrant, T., Majors, K.: Young Friends, London 1994.

Rumsey, J., Hamburger, S. D.: Neuropsychological findings in high-functioning men with infantile autism residual state, in: Journal of Clinical and Experimental Neuropsychology 10, S. 201–221, 1988.

Ryan, R. M.: Treatment-resistant chronic mental illness: Is it Asperger's Syndrome?, in: Hospital and Community Psychiatry 43, S. 807–811, 1992.

Saliba, J. R., Griffith, M.: **Brief report: Autism of the Asperger type associated with an autosomal fragile site,** in: Journal of Autism and Developmental 20, S. 569–575, 1990.

Schopler, E., Mesibov, G. P. (Hrsg.): **High-Functioning Individuals with Autism,** New York 1992.

Shah, A.: **Visuo-spatial islets of abilities and intellectual functioning in autism,** unveröffentlichte Doktorarbeit, University of London 1988.

Shields, J., Varley, R., Broks, P., Simpson, A.: **Social cognition in developmental language disorders and high level autism,** in: Developmental Medicine and Child Neurology 38, S. 487–495, 1996.

Simblett, G. J., Wilson, D. N.: **Asperger's Syndrome: Three cases and a discussion,** in: Journal of Intellectual Disability Research 37, S. 85–94, 1993.

Sinclair, J.: Personal Essays, in: E. Schopler, F. Mesibov (Hrsg.): **High-Functioning Individuals with Autism,** New York 1992.

Sverd, J.: **Tourette syndrome and autistic disorder: A significant relationship,** in: American Journal of Medicine Genetics 39, S. 173–179, 1991.

Szabo, C. P., Bracken, C.: **Imipramine and Asperger's letter to the editor,** in: Journal of the American Academy of Child and Adolescent Psychiatry 33, S. 431–432, 1994.

Szatmari, P., Archer, L., Fisman, S., Streiner, D. L., Wilson, F.: **Asperger's Syndrome and autism: Differences in behaviour, cognition and adaptive functioning,** in: Journal of the American Academy of Child and Adole-

scent Psychiatry 34, S. 1662–1671, 1995.

Szatmari, P., Bartolucci, G., Bremner, R.: **A follow-up of high functioning autistic children,** in: Journal of Autism and Developmental Disorders 19, S. 213–225, 1989.

Szatmari, P., Bartolucci, G., Bremner, R.: **Asperger's Syndrome und autism: Comparison of early history and outcome,** in: Developmental Medicine and Child Neurology 31, S. 709–720, 1989.

Szatmari, P., Bartolucci, G., Finlayson, M., Tuff, L.: **Asperger's Syndrome und Autism: Neurocognitive aspects,** in: Journal of the American Academy of Child and Adolescent Psychiatry 29, S. 130–136, 1990.

Szatmari, P., Bremner, R., Nagy, J.: **Asperger's syndrome: A review of clinical features,** in: Canadian Journal of Psychiatry 34, S. 554–560, 1989.

Tantam, D.: **Lifelong eccentricity and social isolation: Asperger's Syndrome or Schizoid Personality Disorder?,** in: British Journal of Psychiatry 153, S. 783–791, 1988.

Tantam, D., Evered, C., Hersov, L.: **Asperger's Syndrome and Ligamentous Laxity,** in: Journal of the American Academy for Child and Adolescent Psychiatry, S. 892–896, 1990.

Tantam, D.: **Asperger's Syndrome in adulthood,** in: U. Frith (Hrsg.): Autism and Asperger's Syndrome, Cambridge 1991.

Tantam, D., Holmes, D., Cordess, C.: **Non-verbal expression in autism of Asperger's type,** in: Journal of Autism and Developmental Disorders 23, S. 111–113, 1993.

Tirosh, E., Canby, J.: **Autism with Hyperlexia: A distinct syndrome?,** in: American Journal on Mental Retardation 98, S. 84–92, 1993.

Vilensky, J. A., Damasio, A. R., Maurer, R.G.: **Gait disturbances in patients with autistic behaviour: A preliminary study,** in: Archives of Neurology 38, S. 646–649, 1981.

Volden, J., Loud, C.: **Neologisms and idiosyncratic language in autistic speakers,** in: Journal of Autism and Developmental Disorders 21, S. 109–130, 1991.

Volkmar, F. R. et al.: **DSM IV Autism/P.D.D. field trial,** in: American Journal of Psychiatry 151, S. 1361–1376, 1994.

Volkmar, F. R., Klin, A., Schultz, R., Bronen, R., Marans, W. D., Sparrow, S., Cohen, D. J.: **Asperger's Syndrome,** in: Journal of the American Academy of Child and Adolescent Psychiatry 35, S. 118–123, 1996.

White, B. B., White, M.S.: **Autism from the inside,** in: Medical Hypotheses 24, S. 223–229, 1987.

Williams, D.: **Nobody Nowhere,** London 1992.

Williams, D.: **Somebody Somewhere,** London 1994. Dt. Übersetzung: Wenn du mich liebst, bleibst du mir fern. Eine Autistin überwindet die Angst vor anderen Menschen, München 1996.

Williams, T. A.: **Social skills group for autistic children,** in: Journal of Autism and Developmental Disorders 19, S. 143–155, 1989.

Wing, L.: **Asperger's Syndrome: A clinical account,** in: Psychological Medicine 11, S. 115–130, 1981.

Wing, L.: **Manifestations of social problems in high-functioning autistic people**, in: E. Schopler, G. Mesibov (Hrsg.): High-Functioning Individuals with Autism, New York 1992.

Wing, L., Attwood, A.: **Syndromes of autism and atypical development**, in: D. Cohen and A. Donnellan (Hrsg.) Handbook of Autism and Pervasive Developmental Disorders, New York, 1987

Wolff, S.: **Asperger's Syndrome,** in: Archives of Diseases in Childhood 66, S. 178–179, 1991.

Wolff, S.: Loners: **The Life Path of Unusual Children,** London 1995.

Wolff, S., Barlow, A.: **Schizoid personality in childhood: A comparative study of schizoid, autistic and normal children,** in: Journal of Child Psychology and Psychiatry 20, S. 29–46, 1979.

WHO: **Tenth Revision of the International Classification of Disease,** Genf, Weltgesundheitsorganisation 1989.

Yirmiya, N., Sigman, M., Freeman, B.J.: **Comparison between diagnostic instruments for identifying high functioning children with autism,** in: Journal of Autism and Developmental Disorders 24, S. 281–291, 1993.

Anmerkungen

Die Diagnose
1. Frith, 1991
2. Burgoine und Wing, 1983
3. Yirmiya, Sigman und Freeman, 1993
4. Ehlers und Gillberg, 1993
5. Garnett und Attwood 1995
6. Deutsche Version der »Australian Scale for Asperger's Syndrome« (ASAS), autorisierte deutsche Übersetzung von S. Melfsen und A. Warnke
7. Eisenmajer et al., 1996
8. Ozonoff, Rogers und Pennington, 1991
9. Shah, 1988
10. Ehlers und Gillberg, 1993

Das Sozialverhalten
1. Schopler und Mesibov, 1992
2. Szatmari, Bremner und Nagy, 1989
3. Asperger, 1991
4. Wolff, 1995
5. ebenda, S. 7
6. Williams, 1992
7. ebenda, S. 24
8. Marriage, Gordon und Brand, 1995; Mesibov, 1984; Ozonoff und Miller, 1995; Williams, 1989
9. Dewey, 1991
10. Ellis, 1994
11. Happé, 1991

12. Cesaroni und Garber, 1991, S. 311
13. Roffey, Tarrant und Majors, 1994
14. ebenda, S. 1
15. ebenda
16. ebenda
17. ebenda
18. Botroff et al., 1995
19. Lanczak, 1987
20. Matthews, 1990
21. Newsom, 1985
22. ebenda, S. 9
23. Williams, 1992 und 1994
24. Sinclair, 1992, S. 296
25. Baron-Cohen et al. 1995; Tantam, Holmes und Cordess, 1993
26. Wing, 1992
27. Jolliffe et al., 1992, S. 15. Die Person, von der diese Schilderung stammt, wurde als Kind auf Autismus diagnostiziert, und gemäß den Kriterien der DSM IV hat sie nicht das Asperger-Syndrom. Doch beide Leiden werden als spezifische Bereiche desselben Kontinuums betrachtet. Ihre Schilderungen von der persönlichen Erfahrung mit dem Autismus sind unschätzbar für unser Verständnis des Asperger-Syndroms. Dies wird illustriert

durch die Zitate aus ihrem persönlichen Bericht über den Autismus, die an verschiedenen Stellen in diesem Buch angeführt werden.
28. Attwood et al., 1988; Capps et al., 1992
29. Capps et al., 1992
30. Jolliffe et al., 1992, S. 15
31. Lanczak, 1987
32. Grandin, 1995, S. 14

Die Sprache
1. Eisenmajer et al., 1996
2. Gillberg und Gillberg, 1989
3. Szatmari, 1989
4. Baltaxe et al., 1995; Baron-Cohen, 1988; Eales, 1993; Tantam et al., 1993
5. Barron und Barron, 1992, S. 107–108
6. Grandin, 1995
7. ebenda S. 91–92
8. Loveland und Tunali, 1991
9. Gray, 1994
10. Bryson, 1995
11. ebenda S. 238–241
12. Williams, 1992, S. 103
13. Fine et al., 1991
14. Williams, 1992, S. 122
15. Baron-Cohen und Staunten, 1994
16. Matthews, 1990, S. 129
17. Kerbeshian, Burd und Fisher, 1990; Ghaziuddin und Gerstein, 1996

18. Jolliffe et al., 1992, S. 16
19. Tantam, 1991; Volden und Loud, 1991
20. Dewey, 1991, S. 204
21. Williams, 1992
22. ebenda S. 103
23. Grandin, 1991
24. ebenda S. 61
25. Jolliffe et al., 1992
26. ebenda, S. 14
27. Jolliffe et al., 1992
28. ebenda, S. 14

Interessen und Routinen

1. Piven et al., 1996
2. Jolliffe et al., 1992
3. ebenda S. 13
4. Gillberg, 1989
5. Szatmari, 1989
6. Miedzianik, 1986
7. ebenda S. 88
8. Grandin, 1988
9. ebenda S. 3
10. Grandin, 1990
11. ebenda S. 2
12. Grandin, 1992
13. Barber, 1996
14. Williams, 1992
15. ebenda S. 69–70

Motorische Unbeholfenheit

1. Manjiviona und Prior, 1995
2. Ehlers und Gillberg, 1993; Ghaziuddin et al., 1994; Gillberg, 1989; Szatmari et al., 1990; Tantam, 1991
3. Volkmar et al., 1994
4. Gillberg, 1989
5. Hallett et al., 1993
6. Tantam, 1991
7. Manjiviona und Prior, 1995
8. Manjiviona und Prior, 1995; Tantam, 1991
9. Grandin, 1992
10. Gillberg, 1989
11. Grandin, 1984
12. ebenda S. 165
13. Manjiviona und Prior, 1995
14. Tantam, Evered und Hersov, 1990
15. Midzianik, 1986

16. ebenda S. 4
17. Asperger, 1991
18. Grandin, 1988
19. ebenda S. 165
20. Kerbeshian und Burd, 1986; Marriage und Miles, 1993; Sverd, 1991; Wing und Attwood, 1987
21. Realmunto und August, 1991; Wing und Attwood, 1987
22. Maurer und Damasio, 1982; Szatmari et al., 1990; Vilensky, Damasio und Maurer, 1981
23. Courchesne, 1995; El-Badri und Lewis, 1993; Hashimoto et al., 1995; McKelvey et al., 1995
24. Grandin, 1988

Kognition

1. Frith, 1989; Happé, 1994
2. Happé, 1994
3. Garnett und Attwood, 1995
4. Grandin, 1992
5. ebenda S. 123
6. Ozonoff und Miller, 1995
7. Bowler, 1992
8. Frith und Happé, 1994
9. Cesaroni und Garber, 1991, S. 308
10. ebenda S. 307
11. Minshow et al., 1992
12. Prior und Hoffmann, 1990
13. Tirosh und Canby, 1993
14. Asperger, 1944
15. ebenda S. 75
16. ebenda S. 55
17. Bosch, 1970
18. ebenda S. 42–43
19. Asperger, 1991
20. ebenda S. 76
21. Goldstein, Minshew und Siegel, 1994
22. Frith, 1989
23. Ellis et al., 1994; Klin et al., 1995
24. Carpentieri und Morgan, 1994
25. Bosch, 1970
26. ebenda S. 41–43

27. Ghaziuddin, Leininger und Tsai, 1995; Tantam, 1991
28. Hurlburt, Happé und Frith, 1994
29. Grandin, 1988
30. ebenda S. 145
31. Grandin, 1995
32. Grandin, 1988
33. Gillberg, 1992; Wolff, 1995
34. Grandin, 1995; Ratey und Johnson, 1997
35. ebenda
36. Asperger, 1979
37. ebenda S. 49

Die sensorische Empfindlichkeit

1. Rimland, 1990
2. Garnett und Attwood, 1995; Rimland, 1990
3. Grandin, 1988
4. ebenda S. 3
5. White und White, 1987
6. ebenda S. 224
7. ebenda S. 225
8. Jolliffe et al., 1992
9. ebenda S. 15
10. Cesaroni und Garber, 1991, S. 306
11. White und White, 1987
12. ebenda S. 224
13. Jolliffe et al., 1992
14. Bettison, 1996
15. Berard, 1993
16. Bettison, 1996; Rimland und Edelson, 1995
17. Grandin, 1984
18. ebenda S. 155
19. ebenda S. 156
20. ebenda S. 151
21. Grandin, 1988
22. ebenda S. 4–5
23. ebenda S. 13
24. Grandin, 1988, S. 4
25. Barron und Barron, 1992
26. ebenda S. 96
27. White und White, 1987, S. 224
28. Jolliffe et al., 1992, S. 15
29. Cesaroni und Garber, 1991
30. ebenda S. 305
31. Harrison und Baron-Cohen, 1995

Service

1. Asperger, 1944
2. La Couteur et al., 1996; Bolton et al., 1994; Piven et al., 1997
3. Gillberg, 1989, 1991; Gillberg, Gillberg und Staffenburg, 1992
4. Anneren et al., 1995; Gillberg, 1989
5. Saliba und Griffith, 1990
6. Anneren et al., 1995; Gillberg, 1989
7. Wing, 1981
8. Gillberg, 1989
9. Rickarby, Corrithers und Mitchell, 1991
10. Ghaziuddin, Shakal und Tsai, 1995; Rickarby et al., 1991
11. Ghaziuddin et al., 1995; Gillberg, 1989
12. Burgoine und Wing, 1983
13. McKelvey et al., 1995; Fletcher et al., 1995; Happé et al., 1996; Prior und Hoffman, 1990; Rumsey und Hamburger, 1988; Volkmar et al., 1996
14. Ellis et al., 1994; McKelvey et al., 1995
15. Perkins und Wolkind, 1991
16. Ehlers und Gillberg, 1993; Gillberg, 1989; Szatmari et al., 1989
17. Rickarby et al., 1991
18. Asendorf, 1993
19. Bishop, 1989; Brook und Bowler, 1992; Shields et al., 1996
20. Gillberg, 1983
21. Eisenmajer et al., 1996
22. Frith, 1991
23. Wolff, 1995
24. Tantam, 1991; Wolff, 1995
25. Ryan, 1992
26. Szatmari et al., 1995
27. Eisenmajer et al., 1996; Kerbeshian, Burd und Fisher, 1990; Manjiviona und Prior, 1995; Ozonoff, Rogers und Pennington, 1991; Szatmari, Bartolucci und Bremner, 1989
28. Gillberg, 1989
29. Ehlers und Gillberg, 1993
30. McLennan, Lord und Schoppler, 1993
31. Gordon et al., 1993; McDougle, Price und Goodman, 1990; McDougle et al., 1992; Szabo und Bracken, 1994
32. Grandin, 1990
33. ebenda S. 32
34. Wing, 1981
35. Tantam, 1991
36. Wolff, 1995
37. DeLong und Dwyer, 1988
38. Berthier, 1995
39. Baron-Cohen, 1988
40. Fisman et al., 1996; Gillberg und Rastam, 1992
41. Gillberg und Gillberg, 1996
42. Grandin, 1995
43. ebenda S. 133
44. Baron-Cohen, 1988; Cooper, Mohamed und Collacott, 1993; Everall und Le Couteur, 1990; Mawson, Grounds und Tantam, 1985
45. Ghaziuddin, Tsai und Ghaziuddin, 1991
46. Simblett und Wilson, 1993
47. Newsom, 1995
48. Bebbington und Sellers, 1996
49. Morgan, 1996
50. Gething und Rigg, 1996
51. Gray, 1996
52. Davies, 1994
53. Gray, 1996
54. Gillberg, 1991
55. ebenda S. 138
56. Baron-Cohen et al., 1997
57. Grandin, 1992
58. ebenda S. 123
59. Grandin, 1995
60. ebenda S. 139
61. Wolff, 1995
62. Tantam, 1988

Stichwortverzeichnis

A
Adoleszenz 26, 49, 171
Aggression 179
Akzelerationsprogramme 107
Akzent 19, 83
Alltagsroutine 108
Angst 26, 108
– Entspannung 174
– Kontrolle 178
– sensorische Empfindlichkeit 144
– verringern 92, 109, 149
– Versagensangst 133
Anstrengung, körperliche 174, 184
Antidepressiva 177
Anweisungen, schriftliche 90
Arbeiten, hastiges 116
Arbeitgeber 204
Arbeitsvermittlung 27
Ärger 180
Asperger Hans 9, 14, 22
Asperger-Syndrom 23, 24
– Abgrenzung 170
– Aufklärung 199
– Begriff 14, 198
– Diagnosekriterien 30
– Merkmale 15
– residuales 26
– Vererbung 160
Aufmerksamkeitsdefizit-Hyperaktivitäts-Syndrom (ADHS) 166, 167
Aufmerksamkeitsdefizit-Syndrom 22
Aussprechen von Gedanken 88
Australische Skala 18
Autismus
– Diagnose 14
– frühe Kindheit 23

B
Ball spielen 114
Beeinträchtigung
– auditive 89
– soziale 30, 165
Beruf, geeigneter 202
Betreuer, pädagogischer 192, 194

Beurteilung, fachärztliche diagnostische 16
Bewegung
– Förderprogramm 113
– Probleme 113
– unbeholfene 15, 113
Beziehungen
– normale 187
– romantische 53
Bilderlexikon der Gefühle 67
Blickkontakt 31, 56

C
Chaos 100
Comic-Strip-Gespräche 77, 184
Computer 98, 102

D
Denken
– einseitiges 129
– soziales 43
– visuelles 139
Depression 139, 176, 179
– Behandlung 180
– Medikamente 177
Diagnosestellung, pragmatische 170
Differenzialdiagnose 21
Dominanz 31

E
Echolalie 118
Ehepartner 188, 189
Einschätzskala 16
Einstein, Albert 47
Einzelgänger 207
Emotionen 58, 60, 64
– Arbeitsheft 66
– Mangel 31
– Messlatte 64
– Spiel 61
– verstehen und ausdrücken 47
Empfindlichkeit
– auditive 144, 147, 149
– Berührungsempfindlichkeit 150
– Geschmacksempfindlichkeit 153
– visuelle 154, 155
Entschuldigungssatz 63

Entspannung 42
– Alkohol 180
– Beschäftigungen 102
– Techniken 182
Entwicklungsphasen 48, 49
Essen 115, 153

F
Fähigkeiten
– kognitive 14
– motorische 20, 112
– sprachliche 14, 72, 92
Fähigkeiten, soziale
– allgemein 14
– Berufsleben 203
– Spiel 62
Familienleben 163
Fantasie 24, 169, 208
– Fantasiespiele 38
– Fantasiewelt 171
Fehlinterpretation
– durch andere 66
– von Sprache 72
Fertigkeiten, soziale und emotionale 18
Finger, biegsame 116
Förderprogramm
– heilgymnastisches 113
Fragiles-X-Syndrom 161
Freunde 55
– ersetzen 52
– gleichaltrige 50
– Übungsbogen 51
– Wahl 188
Freundeskreis-Programm 187
Freundschaft 50
– Bücher 53
– Kontrolle 39
– Strategie 56

G
Gedankenblindheit 126
Gedankenpausen 74
Gefühle
– ausdrücken 61
– erklären 39
– sprechen über 67
– verstehen 12, 20, 31
Gefühlshüte 61
Gefühlsmasken 61

Gehirnbereich,
funktionsgestörter 162
Gelenke, lockere 116
Geräusche 20, 21, 148
Geschichten, fantastische 139
Geschwister 24, 52
Gesicht
– Ausdruck 57
– Fragebogen 210
– maskengleiches 119
Gespräch
– Unterbrechung 77
Gesprächsführung 47
Gesprächsrhythmus 76
Gestik
– begrenzte 211
– imitieren 117
– unbeholfene 213
Gleichaltrige 13
– Druck 17
– Interaktion 17, 30, 211
Gleichgewicht, inneres 109
Gleichgewichtssinn 114
– trainieren 120
glücklich sein 60
Grimassen 20, 112
Grundschule
– Förderung 193
– Grundschulkinder 51
– Leistungen 134
Gruppentraining
– Sozialverhalten 42

H
Halluzinationen 168
Handschrift 112, 115, 116
Hausunterricht 176
Helferberufe 203
high-functioning autism 170
Hörintegrationstraining 149
Hörsensitivität 146

I
Informationsvermittlung 192
Instrument 117
Integrationstherapie,
sensorische 152
Intelligenzquotient 135
Intelligenztest 135
Interessen
– gefährliche 98, 103
– idiosynkratische 166
– monotone 165

Internat 197
Internet 55
Interpretation, wörtliche 37, 81
Isolation 179, 194

K
Kanner, Leo 14
Katatonie 119, 121
Kichern 65, 88
Klangempfindlichkeit 144, 147
Kleinhirn, Dysfunktion 120
Kognition 124
Kommentare, unangebrachte 73
Kommunikation
– fehlende 14
– nonverbale 15, 31
Konkurrenzgeist, fehlender 33
Konversation
– Rollenspiele 73
Körpersprache 17
– verstehen 46
Kreativität
– fördern 107
Kriminalität 191
Kritik 133, 185, 198
Kurzgeschichten 35

L
Lachen, unangebrachtes 65,
180
Langzeitentwicklung 53
Langzeitgedächtnis 12, 129, 134
Lärm 145
– vermeiden 148
Lebensgeschichten 43
Lehrer 40, 46, 47
Lernen
– in Trainingsgruppen 42
– Lerngeschichten 76
Lesen
– Empathie 62
– Gedankenlesen 126
Lichtintensität 144
Lieblingskleidung 152
Lügen 82

M
Mädchen
– Langzeitprognose 172
Magersucht 185
Medikamente
– Alternative 176
– Angst 176, 178

Mimik 17, 31, 212
Mitgefühl 67, 76, 141
Modulation 84, 213
Monolog 9, 74, 169
Moralvorstellungen 54, 186, 192
Motivation 13, 104, 194
Mozart, Wolfgang Amadeus 47
Musik 149, 156
– Bewegung 119
– Entspannung 149, 174

N
Nachahmung 117, 136
– verzögerte 171
Nachfrage, fehlende spontane
76
Naivität 51, 63, 192
Necken 82

O
Ohrschutz 148
Ordnung 102, 107, 109

P
Palilalie 118
Panik 26, 144, 173
– kognitive Verhaltenstherapie
177
Paranoia 169
Parkinson 120
– parkinsonsche Symptome 119
– parkinsonsche Züge 121
Pausenhof
– Isolation 13
Perfektion 133
Personenverehrung 99
Pragmatik 72
Pressen 152
Prosodie 72
Provokation 181

R
Rechnen 131, 141
Recklinghausen-Krankheit 164
Redeweise, pedantische 12,
15, 211
Redewendungen 81, 83
Regeln
– soziale 18, 187
– Spiele 114
Rhetorikunterricht 42, 62, 79
Rhythmus 83
Rhythmusgefühl 117

Rollenspiele 47, 62, 73
Routinen 99
Rückzugszeiten 175

S
Sachbücher 126
Sammeln 96, 97, 104
Sarkasmus 82
Schizophrenie 167
Schmerz
– emotionaler 180
– Empfindlichkeit 20, 144
Schule 195, 196
– Angst 173
– höhere 197
– Schulleistung 134
– Schulwechsel 196
– spezielle 192
Schwangerschaft 161
Selbstbeherrschung 181, 182
Selbstgespräche 89
Selbsthilfegruppen 193
Selbstständigkeit, berufliche
204
Sklerose, tuberöse 164
Sozialverhalten
– Erlernen 43, 207
– Regeln 24, 33, 34
– Trainingsgruppen 42
Spezialinteresse 96
– Beruhigung 173
– Entspannung 106
– Umgang 103, 104
Spiele
– meiden 24, 31
– Spielregeln 32
– üben 38
Sprachfluss 91
Sprachmelodie 19, 83

Sprachstörung, semantisch-
pragmatische 165
Sprachverzerrung 89, 93
Sprechweise, monotone 84
Starre 119
Störung, zwanghafte
– Abgrenzung 101
Stottern 92
Straftaten 27, 191
Stress
– durch Veränderungen 108
– Entspannung 106
– sozialer Kontakt 175
– Stressmanagement-Programm
174
– Stressniveau 182, 183
– Ursachen 168
Stundenpläne 108, 109
Synästhesie 156

T
Tagebuch 67, 108
Talent 106
Taubheit, selektive 90
Täuschungsmanöver 125
Team 40, 133
Teenager 186
– Angst 176
– Gefühle verstecken 172
– körperliche Aktivität 174
Theaterunterricht 62, 79
Themawechsel 74
Theory of Mind 124
Tics 118
Tourette-Syndrom 118, 164
Trainingsgruppen 42
Trauer 62
Traumwelt 137

U
Unbehagen 65
– Klangempfindlichkeit 145
Unbeholfenheit
– motorische 13, 112, 212
Unterhaltung 207
– Mängel 73
– paarweise 79
Unterrichtsmöglichkeiten,
alternative 176

V
Verhaltensregeln
– angemessene 194
– auffällige 33
– Freundschaft 187
Verhaltenstherapie, kognitive
177
Verkehrsmittel 12, 97
Versagensangst 133
Verstellung 82
Verstummen 92
Vorbild 40
Vorschulalter 48

W
Wahnvorstellungen 168
Wahrnehmungsverzerrung 154
Wirklichkeit und Fiktion 139
Wortgebrauch, idiosynkratischer
87
Wortwahl 17, 86
Wut 180

Z
Zahlen 131
Zubettgehen 99
Zukunftsprognosen 205
Zwangshandlungen 26
Zwangsstörung 118

Liebe Leserin, lieber Leser,

hat Ihnen dieses Buch weitergeholfen? Für Anregungen, Kritik, aber auch für Lob sind wir offen. So können wir in Zukunft noch besser auf Ihre Wünsche eingehen. Schreiben Sie uns, denn Ihre Meinung zählt!

Ihr TRIAS Verlag

E-Mail-Leserservice
kundenservice@trias-verlag.de

Lektorat TRIAS Verlag
Postfach 30 05 04
70445 Stuttgart
Fax: 0711 89 31-748

... mehr zum Thema

Programmplanung: Sibylle Duelli
Redaktion: Anne Beck, Stuttgart
Bildredaktion: Christoph Frick

Umschlaggestaltung und Layout:
CYCLUS Visuelle Kommunikation, Stuttgart

Bildnachweis:
Umschlagfoto: Getty Images
Fotos im Innenteil: S. 4: plainpicture/Fancy
Images/Oliver Rossi, S. 10: plainpicture/West-
end61/Uwe Umstätter, S. 28: plainpicture/Folio
Images/Kristiina Kontoniemi, S. 70: plainpicture/
Maskot, S. 94: plainpicture/Fancy Images/Louis
Held, S. 110: plainpicture/Cultura/Annie Engel,
S. 122: plainpicture/Folio Images/Doris Beling,
S. 142: plainpicture/Jasmin Sander, S. 158: plain-
picture/Narratives/Emma Lee
Die abgebildeten Personen haben in keiner Weise
etwas mit der Krankheit zu tun.

Aus dem Englischen übersetzt von Maria Buchwald

© Tony Attwood 1998; Foreword © Lorna Wing 1998
This Translation of Asperger's Syndrome is publis-
hed by arrangement with Jessica Kingsley Publis-
hers Ltd.
Englischer Originaltitel: Asperger's Syndrome. A
Guide for Parents and Professionals

4. Auflage

© der deutschen Übersetzung 2000 Georg Thieme
Verlag Stuttgart

© 2000, 2016 TRIAS Verlag in
Georg Thieme Verlag KG,
Rüdigerstraße 14, 70469 Stuttgart

1.–3. Auflage 2000, 2005, 2010 TRIAS Verlag in MVS
Medizinverlage Stuttgart GmbH & Co KG

Printed in Germany

Satz und Repro: Fotosatz Buck, Kumhausen
Gesetzt in Adobe InDesign CS6
Druck: AZ Druck und Datentechnik GmbH, Kempten

Gedruckt auf chlorfrei gebleichtem Papier

ISBN 978-3-432-10281-8

Auch erhältlich als E-Book:
eISBN (PDF)   978-3-432-10282-5
eISBN (ePub)   978-3-432-10283-2

1 2 3 4 5 6

**Bibliografische Information der Deutschen
Nationalbibliothek**
Die Deutsche Nationalbibliothek verzeichnet diese
Publikation in der Deutschen Nationalbibliografie;
detaillierte bibliografische Daten sind im Internet
über http://dnb.d-nb.de abrufbar.

Wichtiger Hinweis: Wie jede Wissenschaft ist die
Medizin ständigen Entwicklungen unterworfen. Forschung und klinische Erfahrung erweitern unsere
Erkenntnisse. Ganz besonders gilt das für die Behandlung und die medikamentöse Therapie. Bei allen in diesem Werk erwähnten Dosierungen oder
Applikationen, bei Rezepten und Übungsanleitun-
gen, bei Empfehlungen und Tipps dürfen Sie darauf
vertrauen: Autoren, Herausgeber und Verlag haben
große Sorgfalt darauf verwandt, dass diese Anga-
ben dem Wissensstand bei Fertigstellung des Wer-
kes entsprechen. Rezepte werden gekocht und aus-
probiert. Übungen und Übungsreihen haben sich in
der Praxis erfolgreich bewährt.

Eine Garantie kann jedoch nicht übernommen werden. Eine Haftung des Autors, des Verlags oder seiner Beauftragten für Personen-, Sach- oder Vermö-
gensschäden ist ausgeschlossen.

Geschützte Warennamen (Warenzeichen®) werden
nicht besonders kenntlich gemacht. Aus dem Fehlen eines solchen Hinweises kann also nicht geschlossen werden, dass es sich um einen freien
Warennamen handelt.

Besuchen Sie uns auf facebook!
**www.facebook.com/
trias.tut.mir.gut**

Lassen Sie sich inspirieren!
**www.pinterest.com/
triasverlag**